## 万彩红

女，西北政法大学图书馆副研究馆员。主要研究方向为历史学、文献学、法史学。发表《古人的图书价值观及其影响》《道家地位变迁在古典目录学上的印证》《“版本学”在藏书治学中的运用》《浅析汉武帝“罢黜百家,独尊儒术”》等文章 20 余篇。

## 董青梅

女，西北政法大学法治学院副教授，硕士研究生导师。陕西省“三秦学者”创新团队支持计划“西北政法大学基层社会法律治理研究创新团队”成员，陕西省“八五”普法讲师团成员。主要研究方向为法律文化、法理学等。在《齐鲁学刊》《西北大学学报》《法学杂志》《理论导刊》《法律方法》等刊物发表文章 70 余篇。

国家出版基金项目
NATIONAL PUBLICATION FOUNDATION

中国传统法哲学基本范畴研究

丛书主编 於兴中 李其瑞

# 法与气

万彩红 董青梅 著

知识产权出版社
全国百佳图书出版单位
—北京—

**图书在版编目（CIP）数据**

法与气 / 万彩红，董青梅著. — 北京：知识产权出版社，2023.6
（中国传统法哲学基本范畴研究 / 於兴中，李其瑞主编）
ISBN 978-7-5130-8514-4

Ⅰ. ①法…　Ⅱ. ①万… ②董…　Ⅲ. ①法哲学—研究—中国—古代　Ⅳ. ①D909.22

中国版本图书馆CIP数据核字（2022）第240020号

**责任编辑：** 薛迎春　　**责任校对：** 潘凤越
**封面设计：** 黄慧君　　**责任印制：** 刘译文

**法与气**
万彩红　董青梅　著

| | |
|---|---|
| **出版发行：** 知识产权出版社有限责任公司 | **网　　址：** http：//www.ipph.cn |
| **社　　址：** 北京市海淀区气象路50号院 | **邮　　编：** 100081 |
| **责编电话：** 010-82000860 转 8724 | **责编邮箱：** 471451342@qq.com |
| **发行电话：** 010-82000860 转 8101/8102 | **发行传真：** 010-82000893/82005070/82000270 |
| **印　　刷：** 三河市国英印务有限公司 | **经　　销：** 新华书店、各大网上书店及相关专业书店 |
| **开　　本：** 880mm × 1230mm　1/32 | **印　　张：** 9.875 |
| **版　　次：** 2023年6月第1版 | **印　　次：** 2023年6月第1次印刷 |
| **字　　数：** 257千字 | **定　　价：** 89.00元 |

ISBN 978-7-5130-8514-4

# 丛书编委会

（以姓氏笔画为序）

# 总　序

酝酿多年的“中国传统法哲学基本范畴研究”丛书即将付梓，作为丛书主编，我们在深感荣幸的同时，也不免有些忐忑，觉得有不少问题需要予以澄清和交代。本丛书将是国内外首批研究中国传统法哲学基本内涵的系列著述，其本身的学术意义在于，它既是一个奠基之作，又是引领该领域学术研究之滥觞。中国作为一个拥有数千年文明史和深厚法律文化传统的国家，迄今尚未有一本系统研究中国传统法哲学基本范畴的著作面世，实属憾事。鉴往知来，没有对过往的梳理和挖掘，就没有深刻的反省和明晰的方向。只有挖掘历史，才能推陈出新和面向未来。可见，建立体现中国特色的“中国的”法哲学，依然任重而道远。

有鉴于此，很有必要认真研究中国传统法哲学的基本内涵及精髓要义。从“五伦五常”“四维八德”等基本范畴入手，阐发这些概念固有的含义及其与法之关系，并在此基础上，通过概念分析方法展现一种以中国元素为特点的、中国传统法哲学的范畴体系，进而将其推介给国际法哲学界。这便是本项目研究的目的和拟承担的任务。

本丛书以严谨的、专业化的原创性学术研究为原则，以爬梳、整理大量可靠的史料和文献为基础，旨在全面深入地挖掘并展示中国传统文化中有关“法”的基本概念体系，或者说有关支撑中国“法”概念的相关概念体系，以及随着历史变化这些概念的时代内涵和长久的生命力，力争让世界法学界更多地了解中国的法学话语体系及其法律制度的特色，增强中国法学研究的世界影响力。这一持续的努力，必将对西方社会了解中国传统法律文化，理解中国推进国家治理体系和治理能力现代化及中国法治发展模式，提供更深远的历史视角和更丰厚的文献基础。

## 一、什么是法哲学？

本丛书主要探讨的是中国传统法哲学的基本概念，因此，首先有必要澄清什么是法哲学这个问题。法哲学不同于法律思想史和法律制度史，但与两者均有联系。“philosophy of law”这个说法是欧洲的，而不是英美的，但是后来英美学界也接受了这个说法，大体上用指法理学（jurisprudence）。德国学者阿图尔·考夫曼（Arthur Kaufmann）区分了法律学说（legal doctrine, rechtsdoktrin）、法律理论（legal theory, rechtstheorie）和法哲学(philosophy of law, rechtsphilosophie)，认为学说是关于某一事物的详细说法，比如公序良俗、自由意志。好多学说的集合就构成理论。比如民法理论就是由好多学说构成的，合同法、刑法以及行政法理论亦然。从理论中提炼出来的最基本的抽象的概念就构成了法哲学。法哲学的基本概念其实并不多，但它们适用于各个法律部门，比如公正、权利、自由等。无论民法、刑法、刑事诉讼法，还是宪法、行政法，都要讲公正、权利、自由，等等。

然而，如果从已经出版的法哲学著作的体例来看，人们对法哲学的理解还是大不相同的，至少可以分出三种类型来。第一种是比较传统的写法，探讨法律是什么，法律的功能是什么，法律和其他学科之间的关系如何，这方面的著作可以庞德的《法哲学导论》为例子。[1]第二种是将法哲学这个概念等同于法理学。内容不仅包括法哲学的基本概念，而且包括各个部门法学的一些基本

---

〔1〕［美］庞德：《法哲学导论》，于柏华译，商务印书馆 2020 年版。

原理。这类作品比较任性，有时候会包括一些作者认为重要，但事实上并不重要的题目。这在丹尼斯·帕特森（Dennis Patterson）、安德瑞·马默（Andrei Mamor）等人的法哲学著作中可以窥见一斑。[1]第三种类型是个人根据自己的喜好，或者侧重某一个学派，或者侧重某一个群体，或者侧重某些问题，详细陈述，称之为法哲学的著作。比如登特列夫（d' Entreves）的《自然法》[2]，副标题是"法律哲学导论"，实际上谈的是自然法。再如德沃金的法哲学读本，它实际上是德沃金选择了自己认为重要的一些问题，和几位同人一起写成的一本书，名曰"法哲学"，实际上探讨的是编者认为重要的法律问题，既没有体系，也没有多少理论。[3]

本丛书在狭义的角度使用法哲学这一术语，主要涉及诸如仁义礼智信等重要的概念，而这些概念不同于西方法哲学的基本概念。实际上，它们在中国古代社会中起到了理顺人际关系、规范社会秩序的作用。这些重要的概念或范畴在一定意义上就是一种中国人认为的"法"，"仁政""义理""礼和""睿智""诚信"，它们无不发挥着规范人们行为之功能。正如董仲舒在《举贤良对策》中所言："仁谊礼知信，五常之道"，"常道"实际上就是与天地长久的经常法则。也正是"五伦"等这些基本的范畴，构成了中国人对"法"的独特理解和认识，成为支撑中国传统法哲学体系的四梁八柱。

## 二、世界法哲学大要及中国法哲学的缺席

世界主要发达国家均为人类法治文明贡献了具有民族特色的

---

〔1〕 Dennis Patterson, *A Companion to the Philosophy of Law and Legal Theory*, Wiley-Blackwell, 1st Edition, 1999; Andrei Marmor, *Philosophy of Law*, Pinceton University Press, 2014.

〔2〕［意］登特列夫：《自然法：法律哲学导论》，李日章等译，新星出版社 2008 年版。

〔3〕 Ronald Dworkin, *The Philosophy of Law*, Oxford University Press, 1977.

法哲学，例如，德国的概念法学、英国的分析法学、美国的经济分析法学，等等，都是具有鲜明民族文化特征的法哲学。西方传统文化中的基本概念对其法哲学及法治文明发达起到了重要作用。产生于两希文化的“正义”“权利”“平等”“自由”“法治”等概念，在西方的历史长河中起到了举足轻重的导向作用，而对这些概念的研究也从未中断。关于这些概念的研究形成了不同的学术派别和研究传统，较为显著的包括关于权利和正义的自然法学说、实证主义学说、功利主义学说，等等。

截至目前，无论汉语世界还是英语世界，还没有一本系统探讨中国传统法哲学概念范畴的著述问世。梁启超的《中国法理学发达史》以法理学之名论述法律思想史。民国时期，学者陈顾远著有《中国文化与中华法系》，倡导“四维八德”（礼义廉耻，忠孝仁爱信义和平）的法律理论；杨鸿烈著有《中国法律发达史》等书，言及法律制度与法律思想，具有国际视野。台湾学者张伟仁的近著《寻道》一书，从比较法的立场探讨古代思想家的法律思想，是一本重要的法学著作。台湾学者黄源盛著有《中国传统法制与思想》等书，制度史与思想史并重。梁治平的《寻求自然秩序的和谐》尝试从文化解释立场对中国古代法文化进行研究。江山的《中国法的理念》是一部从历史与逻辑视角分析中国法的内在精神理念的学术著作。俞荣根先生的《礼法传统与中华法系》等书是法律文化研究中的杰作。日本学者对中国法制史颇有研究，著述甚夥，但对中国法律哲学的研究尚未有显著成果。西方学者200多年前开始翻译并研究中国法律及其历史，间或有人论及法的基本概念。具有里程碑意义的一项研究是D. 布迪和C. 莫里斯的《中华帝国的法律》，主要从案例入手探讨中国清代法律制度，偶有提及法律概念。还有，德国汉学家何意志的《中国法律文化概要》一书，也从历史和区域的视角展示了中国法文化的诸要素。但是，上述优秀著述所讨论的并不是法哲学的概念范畴。

当然，从某种意义上来说，作为一门学问或知识体系，法哲学就是法哲学，无所谓东西之分。所以提倡发展中国传统法哲学基本概念范畴体系，似乎并不是一件可为之事。然而，对法哲学有过关注的人都会注意到，目前我们所说的法哲学的基本概念都是来自西学。虽然这些基本概念具有相当的普适性，但这并不排除其他文化里发展出法哲学的可能性。尽管可以说，中国传统法哲学也是世界法哲学的一个组成部分，但是，中国传统法哲学有其鲜明的自身特点和独有的概念系统。举例而言。现在通行的法哲学，也就是我们都能够接受的普遍（一般）的法哲学，主要是以正义、自由、平等、权利、法治等概念组成的。反观中国历史文化上的一些主要概念，诸如仁、义、礼、智、信等，这些概念事实上与现有的法哲学的概念是大不相同的，而建立在中国的这些传统文化价值上的法哲学有它自己的原创性和独特性。

当然，更重要的可能是因为哲学并不是一种科学，尽管当初科学是从哲学里分离出来的一个学科。随着科学主义思潮的勃兴，科学后来成为普适的学问。科学体现了客观性和唯一性，其解决的是真假的问题，要么真要么假，不存在既真又假的事物。如果将美国的物理学和中国的物理学予以区分，未免有点儿可笑。因为物理学就是物理学，在美国或中国都是一样的学问。而哲学则不然，哲学中主要范畴所代表的价值观并不是科学的定理，哲学既要面对真假问题，更要解决善恶的问题，而对善恶的价值评判又是多元的，往往带有很大的民族特点和文化色彩。故此，中国哲学或美国哲学的提法是能够讲得通的。因为它们所包含的核心价值、所研究的基本范畴、所采用的方式方法都是不一样的。或者说，不能将物理学区分为中国的或美国的，是由于这是一个事实（科学）领域的问题，而可以将哲学区分为中国的或美国的，在于它是一个价值（文化）领域的问题。

近代以来，中国法学的研究基本上从欧美法学汲取灵感、移植问题并照搬解决问题的方法，根本原因是我们尚不具备从事自主性研究的理论准备和相应的学术水平。而欧美法学在世界范围内的影响及其话语霸权也不允许弱势文化发展具有自己特色的法学。面对全球所出现的新形势新态势，中国亟待建设和完善自我的学术体系、话语体系，尤其在深入挖掘优秀传统文化资源方面，要具有“为天地立心，为生民立命，为往圣继绝学，为万世开太平”的志向和勇气。

近年来，世界法哲学研究呈现“无王期”的时代特征，为中国法哲学的发展提供了很好的契机。在21世纪初以来的法哲学国际舞台上，已经很难分清谁是主流谁是非主流。一个百家争鸣，平起平坐，派别林立，主次不分的状态已然形成。这为中国法学研究彻底摆脱受制于欧美法学、依附于欧美法学的被动局面提供了机会，为我们独辟蹊径开展自主研究，开创构建中国法哲学体系的研究提供了可能。而对中国传统法哲学基本范畴的整理挖掘，并从中厘定哪些概念或范畴是中国传统法哲学的“根概念”，哪些是由这些“根概念”派生出来的“次概念”，不仅对推动中华优秀传统法治文化创造性转化、创新性发展大有裨益，而且是建构具有中国特色、中国风格、中国气派法哲学体系的奠基性工作。

## 三、本丛书的特点

中国古代虽然没有分化出西方意义或科学意义上的法哲学，但中国人对法的根本看法和价值评判却是一直存在的，只是它没有形成体系化的一种学说而已。既然中国古代没有形成体系化的法哲学，那么，研究中国传统法哲学基本范畴实际上就是在做一种基于传统的建构。这显然是一个非常艰巨的任务，非一人能及之事。因此，本丛书最大的一个特点，首先就在于它是一项集体的努力。本丛书旨在从中国传统文化的资源中寻找建构材料和元素，挖掘历代典籍中关于中国传统文化的主要概念，借以发展具有中国特色的法哲学。这涉及法律著述、历代判例、法律注疏、州县志书、出土文物、铭文、碑刻、文学作品等诸多资源，它是一项浩大的文化工程，意义重大但很有难度。所幸学界对这些资源已有比较系统的整理，而各位作者已经掌握现有的文献检索技术。这是以往的研究无法相比的。

其次，本丛书在方法上也具有比较鲜明的特点。考虑到面对浩繁复杂的文献材料，个人的努力毕竟有限，本丛书除了个人的画龙点睛般的概括和评述，更多是一种注重文献资料的收集、整理和发掘的工作。在一定的意义上来说，本丛书也是一套中国古代法哲学基本范畴的文献资料汇辑。最低限度，本丛书提供了进一步研究中国传统法哲学基本范畴的基础材料。有兴趣的学者可以在本丛书的基础上，进一步挖掘、收集更广泛的材料，从事更进一步、更深入的研究。

本丛书的另一个特点在于，它是一次历史研究方面的新的努力。本丛书所收集的材料，除了官修史书、志书，也就是主要的典籍里面的内容，还注重收集历代律法条疏对一些基本概念的体现，以及判牍案例和文学作品中的一些内容。律法条疏、判牍案例是为了证明当时存在过这样一种概念，且被裁判者所接受。从某种意义上来说，文学作品反映了大众对于某种法律概念或者某一种法律制度的态度。合而观之，这些都从不同侧面构成了中国古代法哲学或者法传统的基本面貌。

中国传统法哲学基本范畴研究，是全面复兴传统文化的国家重大战略需求在法学领域的重要体现。长期以来，法学研究中对传统文化重视不足，西方话语体系充斥在法学研究的各个方面，急需通过深入挖掘传统文化中可资治国理政的优秀文化遗产，梳理和提炼出具有中国气派和中国文化特色的法学话语体系，积极汲取中华法系中的治理智慧，为国家治理体系现代化奠定文化基础。

从文化和政治的角度来说，本丛书也具有非常重要的意义。它为中国学界寻回文化自信铺垫一个良好的开端。众所周知，中国自鸦片战争以来失去了文化的自信，甚至一度对中国传统文化是否存在继承性和民族性产生了质疑。在学术研究上随西方学者身后亦步亦趋，长久以来没有能够建立起自己的学术传统。法国人、德国人从来不会在乎美国人、英国人说什么，因为他们有文化上的自信。他们自己内部进行的学术讨论本身就足以支撑他们的文化传统不断地衍更。而文化自信首先体现在对自己文化的概念范畴上的自信。中国现在国力逐渐强大，自信心重回的可能性也已经受到了民族文化复兴政策的支持。这种民族文化的复兴应该是全方位的，遍及各个领域的。但概念范畴的复兴式的重构乃是民族文化复兴的开端。法哲学方面的研究应该位列其中。相信其他领域里也有同样的项目正在进行。

长期以来，中外学界对中国传统文化多有误读、误解和误译，乃至武断的批判及质疑。在法学领域，中国传统法哲学的基本范畴是什么？这些范畴之间是何种关系？这些基本范畴不同于自由、平等、博爱等为支撑的西方法哲学话语体系的特征有哪些？事实上，传统中国关于治理国家和社会、规范民众行为的整套观念和制度不同于西方意义上的法律、道德或者宗教这样可区分的规范系统，在中国传统文化中不存在西方意义上的纯粹的“法”这样的一种规范系统，简单用西方法哲学中的概念来理解中国的“仁”“义”“礼”“智”“信”等终究是缘木求鱼。当然，关于这些概念的诠释和重建是一项艰巨浩大的工程，需要文化界各个领域的共同努力，本项目只能从法哲学的角度作出自己的贡献。

基于上述考虑及国际法学发展现状，我们提出对中国传统法哲学范畴的系统建构，进而推动建立中国法哲学发展这一高远目标。但我们清醒地认识到欲速则不达，本着坐十年冷板凳的决心，从基本概念的全面梳理及研究入手，用一本著作研究一个基本范畴。令人欣喜的是，已经完成的五部书稿达到了我们预期目标，为后续研究提供了很好的范例，并增强了信心。

在比较文化研究中一个引人瞩目的问题是，在轴心时代东西方都出现了各自文化中的核心概念，比如两希文化中的正义、权利、自由、法治、平等等概念，中国文化中的仁义礼智信天道神气德等概念，而在此后的过程中，西方有无数的书籍和文章探讨自己文化中的概念，而在中国，探讨关于自己文化中的那些概念的专著至今寥寥无几，为什么？我们认为，其中的一个主要原因在于各自熟知的研究方法不同。大体上，西方文化中通行的是概念分析的方法，而中国文化中被普遍接受的乃是综合的方法。本丛书第一次以概念分析普遍化的研究方式，将中国古代法哲学精神展现给世界学界，期待为打通中国法学界乃至世界法学界交流的渠道作出贡献。

## 四、本丛书涵盖的范围及前景

本丛书的主要任务是用概念分析普遍化的方法围绕特定的范畴收集史料，其所注重的是中国历史上相关的法哲学范畴如何表现在不同的史料里，而不是就某一概念的理论阐释。具体而言，作者不需要做大量的分析和讨论，而需要把精力放在收集相关材料，整理文献，并把它编辑成册。最后呈现的作品，不是某一个作者或某一个专家的观点，而是原汁原味的传统的存在，即在下述各种资源中某一个具体概念的表述、体现或反映。

主要涉及的文献资源有：历代典籍中关于特定概念和法的关系的论述、历代律典、判例、法律注疏、法律史料，如历代《刑法志》、州县志、出土文物、铭文、帛书、碑刻、文学作品、中外学者对中国法律传统的研究成果以及不同解释，等等。

收集材料不一定要全。材料收集当然越多越好，尤其是时间跨度上的历时性要有代表或标志意义，不能只是一个或两个朝代的资料。“全”指的是不要遗漏重要的节点或不能跨越的律典、文献或判例。尽量避免重复收集。如果同一个内容在不同的书里多次出现，只需选取一个出处即可。

就具体题目而言，最后的“产品”应该是中国文化中关于该题目的论述、描述、解释、刻画、反映、展现、运用的综合或整合，而不是某一学者或作者个人对该题目的精深的研究。书的主要内容应该是史料，而不是作者的论述，简言之，就是关于某一题目的有组织的资料汇编。作者的任务是识别并选择自己认为某一题目最为重要的资料，将它们分门别类，加上导言或适量的说明、评注，汇编成辑。

在写作过程中，每位作者都明确采取了相应步骤：第一步，选取与某一概念有关的段落，可长可短，视具体情况而定。第二步，注明该段落的出处，越详细越好，包括作者名、书名、出版社、出版年、版本、页码等细节。第三步，在该段落前加上一两句注释或提示，说明该段落的核心思想。第四步，以此类推，待选够一定数量的段落之后，将所选段落根据其核心思想进行归类总结并加上相应的标题。第五步，将各类段落的核心内容汇总，组织一段总的介绍，作为一章的导言。

在选取相应段落并标以说明时，最重要的是让材料“说话”。力图避免受到先入为主的概念的影响。即，避开儒家、法家、道家这样的分类的影响，也不必在意“德治”与“法治”的分野，等等。更要避免作者自己的建构和评论，对材料的“论”仅以说明其本意为目的。

首批出版的五本著作——《法与礼》《法与气》《法与名》《法与信》《法与刑》——为“中国传统法哲学基本范畴研究”丛书第一阶段研究成果。现已接洽外译工作，期望尽快将中国学界的这一最新研究成果介绍给国际法哲学界、国际汉学家及中国问题专家。

现已开展研究的中国传统法哲学基本范畴，主要由法哲学、法史学界具有实力的中青年学者撰写。后续拟推出“法与中”“法与情”“法与神”“法与仁”“法与民”“法与圣”等，作为第二阶段研究成果。仍在研究的基本范畴包括：“法与天”“法与理”“法与道”“法与德”“法与智”“法与义”“法与君”“法与俗”“法与律”“法与兵”“法与贞”“法与孝”“法与乐”等。这些基本涵盖了中国传统法律文化和法律思想中的经典范畴及核心概念。根据研究写作进展等情况，这一清单还可能有所微调。

应该明确的是本丛书所指中国传统法哲学基本概念乃是“法与×”这样的结合概念，而不是纯粹的单个的哲学概念。比如，“法与德”，重点在于这对概念的关系的阐述，而不是将两者分而述之，指出“法”是什么含义，而“德”又是什么含义。

书的结构大体上可分为典籍、律典、判例、官民报刊、文学作品、学者评论等各章，但不一定每本都采取这个体例。有些概念，比如“气”“乐”“神”，可能找不到具体案例，那就不必有案例这一章。作者可根据具体题目和内容自己斟酌安排全书章节。

总之，本丛书拟在深入而全面地研究梳理中国传统法哲学的基本范畴，对重要的基本概念追根溯源、正本清源，细考历史流变，探究多重意涵，并将其按照一定的体例系统化、学术化。丛书主要任务及目标是：使用概念分析方法发掘中国传统文化资源，搜罗整理中国传统法哲学的核心元素和主要素材，为推动构建真正意义上的中国（传统）法哲学做好扎实全面的学术积累和文献基础。期望以此为起点与示范，推动建立体现中国特色和水平的中国法哲学，并为中外法治文明交流与对话开拓新领域。

“中国传统法哲学基本范畴研究”丛书从动议、论证、启动、撰写，到第一批著作的出版，历经数年。2015 年该丛书入选“十三五”国家重点出版物出版规划项目，2021 年入选国家出版基金项目。其间得到诸多专家学者的关心和帮助，没有他们的认同和鼓励，该项目的推进可能会更加缓慢。他们是俞荣根教授、黄源盛教授、梁治平研究员、姜永琳教授，在首批书即将付梓之际，对他们表示衷心的感谢！知识产权出版社领导给予了大力支持，庞从容、薛迎春两位女士付出了大量辛劳，在此谨致谢意！同时，该套丛书在文献梳理、考据和编辑过程中难免出现一些疏漏和差错，也由衷地期盼专家学者和广大读者批评指正。

主编谨识

2022年12月

# 序

2021年5月，因中国社会科学院法学研究所杨一凡教授、西南政法大学俞荣根教授、沈阳师范大学法学院车流畅副教授的推荐，知识产权出版社庞从容编辑联系到了我，说有部“法与气”的书稿要我审阅，是“中国传统法哲学基本范畴研究”丛书中的一部。我有些犹豫。由于我自法律思想史专业研究生毕业后，就基本上只看“史部”书，而不再读“经部、子部、集部”书，生疏不少了。一则是因为回到了法制史教学与研究，制度的研讨更多些；二则因为后来法学核心课程调整只剩下“中国法制史”，与其他同道一样，我也不再“摸”法律思想史资料了，除非自己的科研所急需。

思想史著作阅读，本科时期曾泛读过侯外庐、赵纪彬、杜国庠等先生的《中国思想通史》五大卷；硕士研究生期间读儒家、法家、黄老道家，聚焦于战国、秦汉之际法律思想，已经主要是从法学专业角度进行了。但我哲学功底向来差，对古代哲学的一些概念，尤其是比较基础的概念“理”“气”“太极”“道”之类，难以在头脑中建立形而上的把握，对许多陈述，感觉上也一直缺乏有信心的认知。所以，一时间对是否接受任务，觉得为难。好在最终总算比较顺利地完成了审稿工作。书稿付梓之时，庞从容编辑又希望我作个序。我一度建议由相对熟悉思想史的同行朋友来做这个事，但没能遂愿，只好再由自己硬着头皮上了。

接到书稿阅读，对我来说，是一个难得的学习过程。

这部书稿，从多方位、多角度展开了对法与气关系的探讨。全书以“绪论”为引论，也作为总论；正文四章，分别从古代典籍文献、古代法典、古代案例、古典文学作品四个维度，讲述其中所涉及的法与气。第一章“古代典籍文献”，专指先秦诸子及后世著名学者文集，经、史、子、集当中的27种代表性文献涉及本主题者，皆有广泛采集，主要显示10种“气”与法的关系，包括天地之气、阴阳刚柔之气、四时五行之气、同元和风之气、音声质料五六寒温之气、精神志意亢悍角争浩然之气、身体呼吸哀乐善恶忧怨愁冤之气、顺逆正邪治乱之气、人民堪舆空血之气、综合各气与法等；10种“气”的提出，是对“气”所进行的分类，因而具有分论的性质。

第二章“古代法典”、第四章“古典文学作品”的结构方式相同。法典从两汉诏令、唐宋制敕诏册书、元明格令及唐宋元明清五朝律典类文献中，摘取相关论述，尤以汉唐宋诏令为多；文学作品选取散文、诗歌、小说、戏剧等类型，作者则包含了贾谊、陆贾、柳宗元、李白、白居易、苏轼、关汉卿、杨士奇、方苞、曹雪芹等汉、唐、宋、元、明、清等六朝人物的几十部（篇）作品。这两章都采取设置专题的方式进行叙述，前者有君臣职守、封官赐爵、恩赦德宥、刑罚责伐、封禅祭祀、岁历音律、巡行抚慰等与气的关系七大类，后者有德礼教化、法制政令、吏治得失、狱政狱情、兴亡治乱、圣贤凡庸等与气的关系六大类，也可以理解为是分论。

第三章“古代案例”，取材以判例判牍、法医文献等为主；而结构则侧重刑狱处理各环节，如现场勘验、案件审理、判决作出、刑狱疏理、息讼之法等内容，虽也属专题，但毕竟有所不同，同样属分论。

总之，四章皆以展现古代哲人对“法”与“气”关系的认识和看法为主线。

这样做的成功之处，是比较详尽地搜罗了中国古代有关“气”的各种论述及评论（包括截然相反的观点，也均收录进来），这对于有志于了解及研究“气”的读者，有较大的益处：省却了翻查检索之累，能比较广泛地读到关于各种“气”的说明或阐述；同时，对整体把握“气”以及个别研究某一种“气”，也有好处。因而，本书稿的资料汇聚及排比之功，值得肯定。

当然，本书是一个关系型命题的作品，即不是单独讲论“法”，也不是单独讨论“气”，而是讨论“法”与“气”的关系；也即既要说清“法”，也需要说清“气”，这本来是很不易的。本书揭示或罗列中国古代的“法”与“气”关系时，给出了“法”的范围，虽有多义性——“六义”，但主要还是指“典章制度、刑罚律令”两项；“气”虽也有多义性，但对其进行的五个方面的分类——本体根源之气、自然现象之气、伦理道德之气、社会状况之气、生命意识之气等，涵盖了“气”的基本形式，在叙述中也大体呈现了这些“气”的核心方面。在“法”与“气”的基本关系上，该书概括了两点，一是“法”与“气”相表里、互致用，二是“法”与“气”相独立、互不预。这是两种对立的观点。作者应当是倾向于前者的，否则不会写此书。

该书结构之呼之欲出的，应该是讨论“气论”哲学对法（法律、法令）的影响，包括对法律整体面貌等的影响，以及对立法、司法、执法、守法等环节的影响，等等；而且，对法律产生影响的这些“气”，主要是哪些类型的“气”，以及究竟是如何影响的，通过什么环节或途径而影响的，等等，应该出现。比如，“气”是否具有一体多面：在自然，气是天地、阴阳、四时、五行之气；在社会，则是顺逆、正邪、民风之气。如此等等，需要坐实。因而，本书广泛罗列各种“气”，展开有余，聚拢仍显不足。就像中医学讨论“气论”哲学，要把功夫花在中医药方面的应用一样，本书如果能把“气论”哲学对法（法律、法令）的影响，进行广泛、深入探讨的话，效果会更好。期待在再版修订时，在这些方面作出努力。毕竟，本书已经为此打好了一定的基础。

是为序。

霍存福

2023 年 2 月 5 日

于沈阳师范大学 3U 生居

# 目 录

# 绪论

## 一、传统文化中的法

法（law）在西方哲学中有自然存在的规律或定律、应然存在的社会原理或观念、人为制定的法律或规则等多种含义。[1]在中国，法也有标准规范、效法模仿、典章制度、刑罚律令、原理规律、方法技巧等不同的含义指称。

### 1. 标准规范

“标准规范”是法的最早含义，由西周文化中代表器物铸造的“型范”和“模”套好状态的“佱”字演衍而来。“佱”字也是宗周文献体系中“法”字由以转写而来的原初文字，许慎《说文解字》中“法”字条末即言“佱”是“法”的“古文字”。[2]其后，经过周末春秋南北文化融合，并受南方图腾崇拜中獬豸的文化意象的影响，从而实现以“灋”代“佱”的历史过程，“法”概念的“标准规范”含义得到广泛使用，如《论语·子罕》“法语之言，能无从乎”，及西汉扬雄借以此语，命其书名曰《法言》等。

### 2. 效法模仿

“法”字的“效法模仿”含义是春秋中后期至战国时代各地文化融合后，“灋”字得到广泛使用后衍生而成的。在诸子百家著作中，“法”的这一含义得到了充分表达，如《管子》中“版法者，法天地

---

〔1〕严存生：《法律的人性基础》，中国法制出版社 2016 年版，第 23 页。

〔2〕李平：《“法”义新论》，载《现代法学》2013 年第 2 期，第 42 页。

之位，象四时之行，以治天下”[1]，《道德经》言“人法地，地法天，天法道，道法自然”等。

3. 典章制度

同“效法模仿”含义一样，“法”的“典章制度”或曰“纲纪宪章”的含义也是其内涵在春秋中后期至战国时代演衍的产物。简牍及传世文献中所见的“先王之法”“祖宗旧法”等即是在此意义上使用。传统文化中典章制度包括政治制度、礼仪规则、道德规范、风俗习惯等多个方面，故而“法”包含的典章制度含义囊括了政法、礼则、道德、习俗等多个方面。

4. 刑罚律令

《尚书·吕刑》中“惟作五虐之刑曰法”“上下比罪、无僭乱辞，勿用不行，惟察惟法，其审克之”，是现存文献中对“法”的刑罚律令含义的最早记载。《吕刑》也被称为我国现存最早的法律文献。战国时代，李悝主持编定第一部成文法典《法经》，正式以“法”代“刑”。商鞅“改法为律”，制定《秦律》六篇，又完成了从“法”到“律”的内涵延伸。此后，代表“刑罚律令”的“法”的内涵得到深化，历代法典在命名上亦以“律”“法”“刑”等为称，如《唐律疏议》《宋刑统》《庆元条法事类》等。清末西方法学思想和文化传入后，“法”成为涵盖法律文化和刑罚制度等的广义范畴而被普遍应用，且其影响延续至今。

5. 原理规律

“原理规律”是对自然界和人类社会一切事物运行状态特点的抽象概括。早期，古代文化中一般用“常”“理”来表达，如《荀子·天论》曰：“天行有常，不为尧存，不为桀亡”，《庄子·秋水》

---

〔1〕〔清〕戴望:《管子校正》,《诸子集成》(第五册)，中华书局1954年版，第399页。

曰：“是未明天地之理，万物之情者也”。后来，随着“法”字的广泛使用和内涵展延，它也具备了“原理规律”的意义，如辛弃疾《议练民兵守淮疏》云“窃计两淮户口不减二十万，聚之使来，法当半至，犹不减十万”[1]，即用此义。

6. 方法技巧

“方法”是现代汉语中常用的词语，是由“方”和“法”结合而成的，代表由“方”和“法”的本义引申出的“技巧”或“办法”的含义，在古代则或称“方”，或称“法”，如苏轼《教战守》中“教之以进退坐作之方”[2]，沈括《梦溪笔谈·采草药》曰：“古法采草药多用二月八月”[3]等。所以，“方法技巧”也是“法”内在的含义之一。

此外，“法”在长期的演变、使用和同外来文化的融合过程中，还衍生出姓氏、数学术语、佛教教义等义项，在社会文化生活中扮演着重要鲜活的角色，展示出内涵丰富性和范畴多元性的独特风貌。

## 二、传统文化中的气

气是东西方文化的基本概念和范畴之一，是人类在探索世界本原、从事社会活动、处理各种关系中抽象出的词语和物象。气在东西方哲学领域占有重要地位，并对东西方的哲学发展和文化存在产生了巨大影响。古希腊哲学中即有气、水、火、土是构成世界万物的基本元素的观念，中国清末产生的物质论也是由早期的气源论、道源论、天源论等发展而来。传统文化中的气概念经历了一个不断演变转化的过程，其内涵日益丰富多样，并贯穿于自然、人文、社会等多方面，且呈现出独特的泛生命意识、泛道德伦理和先验感性等特征。

---

〔1〕 徐汉明校注：《辛弃疾全集校注》，华中科技大学出版社 2012 年版，第 803 页。

〔2〕〔宋〕苏轼：《苏轼集》，顾之川校点，岳麓书社 2000 年版，第 30 页。

〔3〕〔清〕沈括：《梦溪笔谈译注》，王洛印译注，北京联合出版公司 2015 年版，第 294 页。

## （一）气概念的历史演变

1. 先秦时代，气概念的萌芽

先秦时代是中国文明的立基和开创时代，是语言文字形成和各种概念范畴的萌芽时代。气作为一种形而上的本体论探索概念和形而下的物质形态语言表述而形诸文献。《国语·周语》中始有天地之气与阴阳二气概念结合论证自然现象的思想。此后，《左传》《易传》《管子》等文献中又出现了世界本源精气、元气及自然物质形态等的六气、四时之气、善气、恶气及气息等概念范畴。早期的各种气概念和范畴，在《管子》《礼记》《吕氏春秋》等书中已显现出气概念的整合与抽象比附及其与社会政事活动相互联系的观念，是后世气论哲学思想的滥觞和源头。

2. 汉唐时代，气概念的发展

汉代董仲舒承继并发展先秦哲学思想，从“天人合一”思想出发，论述了气与自然现象的风雨雷电、社会政治的治乱兴衰、伦理道德的仁义礼智善恶等的相互感召及互动关系，使气论哲学在更广泛的关联层面上展开。“他在气本论基础上所建构的宇宙图式，是对先秦气论的深化和发展。”〔1〕而王充则在其著作《论衡》中，以朴素唯物论的笔调，阐述了元气作为宇宙万物之本原化生万物、阴阳二气相互转化的自然属性及温暖寒暑气候变化与社会政事不相关联等唯物观点，将古典气论哲学向前推进了一大步。汉末，佛教的传入使中国文化与域外文化进行了第一次碰撞和融合。此后的魏晋南北朝和隋唐时代，经学中的气在“批判佛教和拥护佛教的论争中，则有着相应深化的踪迹”；佛教在因果报应论、众生论等观点中也表达了祸福之气、含气等思想；道教则在先秦气论思想的基础上进一步探

〔1〕 曾振宇：《中国气论哲学研究》，山东大学出版社 2001 年版，第 59 页。

索人类起源并发展了气论思想指导下的养生学和药物学。这些都为宋明及清代理气论思想的产生起了铺垫引领作用。[1]

3. 宋清时代，气概念的深衍

宋明漫长的历史过程中，占学术主流的是濂、洛、关、闽四大学派开创的理学思想，从早期周敦颐，程颐、程颢兄弟，张载，朱熹到明代后学王守仁、湛若水等人，他们的理论在对理气关系和概念做深入阐述的同时，也表现出理念上的差异和分歧。但无论是程颐、程颢、朱熹等人认为的理先气后，还是张载等人秉持的气先理后，都是从哲学思辨的角度展开论述，相比唐代以前的感性比附模式，前者显得专深而理智。同时，他们也进一步强调并提出元气、气象、气质之性等气论名词，大大丰富了气概念的内涵范畴。以考据学为主流的清代学术，虽然已不把理学作为思维之要，但对气的探讨仍在继续。王夫之以“诚”指代原初本然之气，戴震在气本论下对朱子思想进行了驳辩，康有为、梁启超等人则对元气、民气等的体用做了大量论述。这些都使气论哲学在宋至清的漫长历史时期得到了理论深研和探讨，突破了汉唐时代抽象比附的思维格局。

4. 清末近代，气概念的转化

清末西学东渐浪潮对中国传统文化和理念造成了巨大的冲击。古典气论哲学的重点由形而上的本体论转向形而下的物质论。严复翻译《天演论》引入达尔文进化论的观点，颠覆了传统神秘主义思想下天、气或道产生万物的观点，并用“西方近代自然科学和哲学成就对中国古典气论”[2]进行解构重建，将气阐释为具有一定重量和

〔1〕［日］小野泽精一、福永光司、山井涌编：《气的思想：中国自然观与人的观念的发展》，李庆译，上海人民出版社 2014 年版，第 248、第 252 页。

〔2〕曾振宇：《中国气论哲学研究》，山东大学出版社 2001 年版，第 384 页。

引斥力的不断运动的构成万物的基本元素。而孙中山则用“物质”范畴进一步对气做哲学抽象，标志着气本体论哲学向致用论范畴的历史转化。

### （二）气概念的内涵特性

中国传统气概念在长期的发展过程中形成了丰富的内涵和泛生命意识、泛道德伦理等特性。

1. 气概念的丰富内涵

古典气概念内涵从大的方面可分为本体根源之气、自然现象之气、伦理道德之气、社会状况之气、生命意识之气等方面。本体根源之气有元气、精气、天地之气等；自然现象之气有春气、夏气、秋气、冬气、寒气、温气、五气、六气等；伦理道德之气有善气、恶气、正气、直气、同气等；社会状况之气有和气、民气、怨气、冤气、风气等；生命意识之气有血气、魂气、魄气、体气等。这些丰富的气内涵从精神之体到形质之用，内在地包含了形而上、形而下不同蕴义，涵盖了天人之际和社会人文伦理的方方面面，展现出独特的华夏气文化风貌。

2. 气概念的内在特性

传统气本论中，气本然地具有生命意识并包含仁、义、礼、智、信等伦理德目和道德伦常，分为阴阳刚柔、四时五行并按一定的规律有序运行，社会政事活动和人的日常行为要参照效仿气的运行规律，以求达到人与气的和谐参配，使风调雨顺、国泰民安。这使气呈现出泛生命意识、泛道德伦理性的内在特点。同时，古典气概念的内涵丰富多样，没有纯粹单一的概念可以概指其不同的内涵；以气为理论基点的哲学思考也充满了直观感性和先验色彩，表现为抽象比附的思维模式，使得传统气概念亦呈现出先验感性的特点。

## 三、法与气的相互关系

法作为自然和社会发展的规律及协调社会关系和秩序的规范、制度、刑罚、惯例等，具有质用的实践性和工具手段价值意义。气所具有的形而上、形而下双重意义则使其自身兼具本原的主体根基和形用的实践运用双重价值。传统文化中，"法""气"关系即依其本体、质用论的分野表现为相表里、互致用和相独立、互不预的两大流派，前者以管子、董仲舒为代表，并占据传统法政文化的主流地位；后者以荀子、王充等为代表，被时人称为"叛经之论"而受到贬抑，却代表了法学人文化、社会化的发展方向。

### （一）法与气相表里、互致用

法与气相表里、互致用的关系可分为气为法之基、法为气之用、法与气交相利还相动三个层次。

1. 气为法之基

（1）气为法理之源

传统法学原理中的"厚德简刑""德主刑辅"思想来源于气论哲学中"阴""阳"二气及其代表的德刑含义。如董仲舒《春秋繁露》言："阳，天之德，阴，天之刑也。阳气暖而阴气寒，阳气予而阴气夺，阳气仁而阴气戾，阳气宽而阴气急，阳气爱而阴气恶，阳气生而阴气杀。是故阳常居实位而行于盛，阴常居空位而行于末。天之好仁而近，恶戾之变而远，大德而小刑之意也。……是故天数右阳而不右阴，务德而不务刑；刑之不可任以成世也，犹阴之不可任以成岁也；为政而任刑，谓之逆天，非王道也。"[1]"天地之间，有阴阳之

---

〔1〕《春秋繁露·阳尊阴卑》，见〔汉〕董仲舒：《春秋繁露》（上册），中华书局1975年版，第393页。

气，常渐人者，若水常渐鱼也。……为人主者……好仁恶戾，任德远刑，若阴阳。”[1]“天出阳为暖以生之，地出阴为清以成之，不暖不生，不清不成，然而计其多少之分，则暖暑居百而清寒居一，德教之与刑罚犹此也。故圣人多其爱而少其严，厚其德而简其刑，以此配天。”[2]此外，古代法学思想中的“中和”“议亲”等原理也是在天人关系探讨中由天地、阴阳之气的“中”“和”之道抽象而来的。如《淮南子·氾论训》中认为，“天地之气莫大于和，和者，阴阳调，日夜分，而生物。春分而生，秋分而成，生之与成，必得和之精”，所以在人事政法上，就应做到“以身体之”，“宽而栗，严而温，柔而直，猛而仁”，刑罚政令应实现举措有度、刚柔严猛得中的“贵和”状态。否则就会出现“恩推则懦，懦则不威；严推则猛，猛则不和；爱推则纵，纵则不令；刑推则虐，虐则无亲”的不和谐状态。[3]而古代重视德礼教化和“恤刑”“宽刑”等政策的思想，也直接来源于导迎维护培养“善气”“和气”“元气”，以求国家长治久安、风调雨顺等气论哲学。明代诏令中就有“尤念兵戎事重，供亿甚劳，加以逋负相仍，科征未息，在在皆然。方欲省刑薄敛，任贤使能，培养元气，扫除灾孽，以保我国家亿万年之祚。所有宽恤事宜条列于后……”[4]的记载，明确从培养元气上实行宽恤刑罚的举措。

（2）气为法政之依

早在尧舜时代，先民即按照四时节气等制定岁历、告时授事。《左传正义·昭公二十五年》记载赵简子向子大叔问礼中所用子产的

---

〔1〕《春秋繁露·天地阴阳》，见〔汉〕董仲舒：《春秋繁露》（下册），中华书局 1975 年版，第 599 页。

〔2〕《春秋繁露·基义》，见〔汉〕董仲舒：《春秋繁露》（上册），中华书局 1975 年版，第 434 页。

〔3〕《淮南子·氾论训》，见〔东汉〕高诱注：《淮南子》，《诸子集成》（第七册），中华书局 1954 年版，第 216—217 页。

〔4〕《皇明诏制·正德五年》，见〔明〕孔贞运辑：《皇明诏制》（卷六），续修四库全书本，第 458 册，上海古籍出版社 2002 年版，第 224 页。

话说明“作为政令制度内容的‘礼’和‘法’,也以气为其根据”[1]。《十三经注疏·礼记正义·祭义》中孔子解释神道设教说：“气也者，神之盛也。魄也者，鬼之盛也。合鬼与神，教之至也。众生必死，死必归土，此之谓鬼。骨肉毙于下，阴为野土。其气发扬于上，为昭明，焄蒿凄怆，此百物之精也，神之著也。因物之精，制为之极，明命鬼神，以为黔首则，百众以畏，万明以服。”[2]明确以气化的鬼神作为百姓行为规范的设定依据。影响汉代以后中国意识形态的重要人物董仲舒则通过天地之气分为阴阳、四时、五行等气的抽象结构形态，论证了人事政治制度和伦理规范的形而上学依据，这也是历代政治中按季节时令布政、按亲疏贵贱分等设教的理论根据。所以，在古代天人合一的思想背景下，人类社会的礼法政治制度和道德规范、伦理规则的产生都是以气的运行规律和自然属性为依据的，由气化构并共同组成统一的宇宙实体。

（3）气为法刑之则

气在作为德刑关系及“中和”“恤刑”等理论渊源和礼法政治制度、伦理道德规范依据的同时，无形中充当了人类各种活动和行为的标准和规范。人类社会的各种活动都要遵守其规律原则而不得随意违背，刑法律令等司法实践活动亦复如是。《管子·七法》中将“天地之气，寒暑之和，水土之性，人民鸟兽草木之生物”称为“则”，认为立法定制、发号施令必须先明了“则”，如果“不明于则，而欲措仪画制，犹立朝夕于运均之上，摇竿而欲定其末”。[3]即把天地之气和寒暑、水土及人和其他生物的自然规律和属性作为法令制定的准则。《礼记·礼运》以包含了天地、阴阳、四时、五行等气内涵的天地、阴阳、四时、五行等作为圣人制定规则的标准和法

---

〔1〕 张立文主编：《气》，中国人民大学出版社 1990 年版，第 22—23 页。

〔2〕《礼记正义》（卷四十七），见〔清〕阮元校刻：《十三经注疏》，中华书局 1980 年版，第 1595 页。

〔3〕《管子·七法》，见盛广智译注：《管子译注》，吉林文史出版社 1998 年版，第 58 页。

则，言“圣人作则，必以天地为本，以阴阳为端，以四时为柄，以日星为纪，月以为量，鬼神以为徒，五行以为质，礼义以为器，人情以为田，四灵以为畜。以天地为本，故物可举也。以阴阳为端，故情可睹也。以四时为柄，故事可劝也。以日星为纪，故事可列也。月以为量，故功有艺也。鬼神以为徒，故事有守也。五行以为质，故事可复也。礼义以为器，故事行有考也。人情以为田，故人以为奥也。四灵以为畜，故饮食有由也”。[1]《淮南子·时则训》也将度量天地自然阴阳二气的规则制度天、地、春、夏、秋、冬定为社会政治活动和司法活动的绳、准、规、衡、矩、权六种规范，所谓“制度阴阳，大制有六度，天为绳，地为准，春为规，夏为衡，秋为矩，冬为权。绳者，所以绳万物也；准者，所以准万物也；规者，所以圆万物也；衡者，所以平万物也；矩者，所以方万物也；权者，所以权万物也。……明堂之制，静而法准，动而法绳，春治以规，秋治以矩，冬治以权，夏治以衡，是故燥湿寒暑以节至，甘雨膏露以时降”[2]。这就由传统气论哲学中的阴阳、四时气理概念比附人类社会的法则纪量、权衡规矩，实现了气学概念到人文规则的理论转换。

2. 法为气之用

（1）法为气理之现

在“天人合一”思想体系下，产生宇宙万物和人类社会的“天”、“天地之气”或“气”分为阴阳、四时、五行，并本然地具有德行，仁、义、礼、智、信道德范畴及四时刑赏运转和五行五德相生相克的运行规律。人类社会的道德法制、伦理规范都是以“天”、

[1]《礼记正义》（卷二十二），见〔清〕阮元校刻：《十三经注疏》，中华书局 1980 年版，第 1424 页。

[2]《淮南子·时则训》，见〔东汉〕高诱注：《淮南子》，《诸子集成》（第七册），中华书局 1954 年版，第 86—87 页。

“天地之气”或“气”为本原依据，是“天”、“天地之气”或“气”的内在属性和外在展现。在董仲舒的学说中，“封建的等级秩序是阴阳两种法则在社会生活中的表现”，“五行的关系就是社会伦理的关系”[1]；王充则认为，“伦理道德观念是元气本原固有内在属性之一，具体表现为仁、义、礼、智、信‘五常之气’”[2]；王夫之以为，“‘诚’作为阴阳未分的原初本然之气，其中已先验性地‘包五德’了……人性中的仁义礼智信伦理观念，是‘诚’在气化过程中的社会化外现”[3]。他们都从形而上的根源上探讨法与气的体用关系，构建了传统社会的理论结构，并揭示了人类社会活动的法对其形而上理论渊源的体现和彰显属性——社会道德、伦理规范、法律制度都是“天”、“天地之气”或“气”及其规律在人间的展现，人间的各种社会活动都要符合其内在属性并效法其运行规律，即所谓“人副天数”“以德配天”，以实现天人秩序的有序和谐。

（2）法为气义之践

人类社会的道德法制、伦理规范等在抽象的本体论理论层面是对“气”“阴阳”“四时五行之气”等概念背后的哲学理论的体现和反映，在现实的实践层面又是对其所含义理的效法实施和践行。因为天地之气的极致是和，所以在施政用刑时要践行和道，达到宽而栗、严而温、柔而直、猛而仁的“贵和”状态；因为天的道主要体现在阴阳二气的交替变化，地的道主要在于刚柔形气变换，所以在政事上就要效法天地之道，讲究刚柔得中、正而不邪；因为四时有节气变化、五行之气流转，阴阳、四时、元气和顺，就会风调雨顺、国泰民安，所以要告时授事、按时令布政赏罚、行四季迎气和郊祀之礼，并讲究职官之间的相互制衡和仁义礼智信德则；因为人与万物一

[1] 冯友兰：《冯友兰文集》，长春出版社 2017 年版，第 38 页。
[2] 曾振宇：《中国气论哲学研究》，山东大学出版社 2001 年版，第 149—150 页。
[3] 曾振宇：《中国气论哲学研究》，山东大学出版社 2001 年版，第 351—352 页。

体同气，血缘亲属皆是“同气”，所以议刑时讲究敦伦睦族；因为民众刑狱有怨冤之气会伤害天地国家和气，所以重视疏理刑狱、清明政治；等等。伦理规范、刑法政治通过践行“气”“阴阳”“四时五行之气”等所含义理，最终达到“与天地合其德，与日月合其明，与四时合其序，与鬼神合其吉凶。先天而天弗违，后天而奉天时”〔1〕，与自然万物协调发展的良好状态。

（3）法为气质之用

传统气概念范畴中，气除了具有形而上的本体论意义，还包含构成万物的质料和表述事物状态的形质的形而下含义，比如构成人体的血气、呼吸之气，构成自然物质的空气、毒气，物体具有的气味、气色及表示人的精神状态的精神志意之气、浩然之气等。作为社会实践行为和活动的法，往往在遵循气本体论规范原理的同时，也要借助气形质质料的义项开展司法活动和实践。古代司法官员审断案情时，“以五听察其情：一曰气听，二曰色听，三曰视听，四曰声听，五曰词听”〔2〕，就是通过观察人的气息等来判断直佞。南宋郑克的《折狱龟鉴》中言：“凶残之人，气貌当异，故不待问之而色动、诘之而辞屈，唯环坐而熟视之，其人已得矣。高之明察，尤可称也”〔3〕，则直接通过气貌来断定凶手。在司法检验中，也会借助气缘、气介物等来勘破案情。宋慈《洗冤集录》中记载：“凡自割喉下，只是一出刀痕。若当下体死时，痕深一寸七分，食系、气系并断；如伤一日以下体死，深一寸五分，食系断，气系微破；如伤

〔1〕《周易正义》（卷一），见〔清〕阮元校刻：《十三经注疏》，中华书局1980年版，第17页。

〔2〕《唐六典·大理寺》，见〔唐〕李林甫等：《唐六典》（卷十八），中华书局1992年版，第502页。

〔3〕〔南宋〕郑克编纂：《折狱龟鉴》，载杨一凡、徐立志主编：《历代判例判牍》（第1册），中国社会科学出版社2005年版，第457页。

三、五日以后死者，深一寸三分，食系断。须头髻角子散慢。”[1]这是根据检查气介物——气系状况来判断自杀者的死亡时期。气形质质料的义项普遍存在于传统文化生活的各个方面，泛在而零散，没有统一的形式和规范。司法活动中对作为形质质料的气质的运用，是气概念广泛用于社会实践的直观体现。

3. 法与气交相利还相动

“气为法之基”“法为气之用”表现的是法与气的相表里关系，两者之间的相互致用关系可以用“交相利还相动”来概括，即法与气彼此相利且感应互动，我们分别从法利于气、气利于法、法气互感三个方面来阐述。

（1）法利于气

法利于气表述社会规范、礼仪制度和法律纪纲等对气的积极调解促进作用。具体呈现为：礼义规范和法度的制定，可制止“气”的过度失分，使阴阳刚柔四气和畅、民心和顺、血气和平、移风易俗、国家安宁。如《礼记正义·乐记》载：“是故先王本之情性，稽之度数，制之礼义，合生气之和，道五常之行，使之阳而不散，阴而不密，刚气不怒，柔气不慑，四畅交于中，而发作于外，皆安其位，而不相夺也”[2]。《春秋左传正义·昭公二十五年》载：“气为五味，发为五色，章为五声。淫则昏乱，民失其性。是故为礼以奉之。……民有好恶、喜怒、哀乐，生于六气，是故审则宜类，以制六志。”用礼乐刑杀整肃国家可使民众清气疏曜，吉祥强健，如王夫之《黄书》所言：“故圣人先号万姓而示之以独贵，保其所贵，匡其终乱，施于孙子，须于后圣，可禅，可继，可革，而不可使夷类间

---

〔1〕《洗冤集录·自刑》，见〔南宋〕宋慈：《洗冤集录校译》，杨奉琨校译，群众出版社1980年版，第62页。

〔2〕《礼记正义》（卷三十八），见〔清〕阮元校刻：《十三经注疏》，中华书局1980年版，第1535页。

之。然后植其弱，掖其僵，扬其洁，倾其滓，冠昏饮射以文之，哭踊虞祔以哀之，堂廉级次以序之，刑杀征伐以整之，清气疏曜，血脉强固，物不干人，沴不侵祥；黄钟以节之，唱叹以浏之，故礼乐兴，神人和，四灵集，而朱草、醴泉相踵而奔其灵也”；饮食之法、宫室之法、葬埋之法可充虚继气、防伤民体气；[1] 等等。

（2）气利于法

气利于法主要是指在司法实践中，气对法的积极影响和作用。如《管子·版法解》载：“乘夏方长，审治刑赏，必明经纪，陈义设法。断事以理，虚气平心，乃去怒喜。若倍法弃令而行怒喜，祸乱乃生，上位乃殆”[2]；《淮南子·齐俗训》载：“故古之圣王，能得诸己，故令行禁止，名传后世，德施四海。是故凡将举事，必先平意清神；……故水激则波兴，气乱则智昏；智昏不可以为政，波水不可以为平。”[3] 刑赏断事、治理国家，需要虚气平心，气平意清，方可令行禁止、纲纪得理。《潜书·仁师》中载：“主臣一心，上下共体，内外同气，何细不闻，何隐不达”[4]，《淮南子·精神训》曰：“夫血气能专于五藏而不外越，则胸腹充而嗜欲省矣。胸腹充而嗜欲省，则耳目清、听视达矣。耳目清，听视达，谓之明。……精神盛而气不散则理，理则均，均则通，通则神，神则以视无不见，以听无不闻也，以为无不成也。”[5] 这些又说明听察析理时上下同气、血气归藏、精气不散泄有利于明辨事理、治事理政。此外，好的气候环境、风水气运等对法制礼教、社会风尚的影响作用也散见于传统

---

〔1〕〔清〕毕沅校注，吴旭民校点：《墨子》，上海古籍出社 2014 年版，第 92 页。

〔2〕《管子·版法解》，见〔清〕戴望：《管子校正》，《诸子集成》（第五册），中华书局 1954 年版，第 340 页。

〔3〕《淮南子·齐俗训》，见〔东汉〕高诱注：《淮南子》，《诸子集成》（第七册），中华书局 1954 年版，第 173 页。

〔4〕《潜书·仁师》，见〔清〕唐甄：《潜书》，古籍出版社 1955 年版，第 194 页。

〔5〕《淮南子·精神训》，见〔东汉〕高诱注：《淮南子》，《诸子集成》第七册，中华书局 1954 年版，第 100—101 页。

文献中，充分体现了古人对影响政法规范的主客观因素的觉悟和重视。

（3）法气互感

法气互感是人类社会活动、道德礼仪、刑罚律令及政治行为与本体、自然或社会的“气”“阴阳之气”“寒温之气”“逆气”等相互感应互动的关系表达，是传统“天人合一”思想体系下，“天人感应”观在“法”“气”概念上的显现，对古代的政治生活和法律文化产生了深刻影响。在内涵上，“法气互感”包含气的善恶感召响应政治刑德善恶、政治刑德善恶感召响应气的善恶变化、通过人为政治刑德以淆气的变化三个方面。《国语》中西周伯阳父说：“夫天地之气，不失其序。若过其序，民乱之也。阳伏而不能出，阴迫而不能烝，于是有地震。”〔1〕王夫之《黄书》中说“间气际离，纯气际合。合气恒昼，离气恒夜。无平不陂，无往不复，否泰之所都也”〔2〕等，都是古代对气序变乱导致政治变乱、气的善恶感召响应政治刑德善恶认识的阐释。《礼记正义·月令》《吕氏春秋》等书中对于政令失时的影响记载，如“孟秋行冬令，则阴气大胜，介虫败谷，戎兵乃来。行春令，则其国乃旱，阳气复还，五谷无实。行夏令，则国多火灾，寒热不节，民多疟疾”〔3〕，反映了政治刑德善恶对气的善恶变化的感召响应。“天人合一”论的内涵在赋予人与天之间互动性的同时，最终落脚于人强健勇为、顺应自然规律，制定社会规则并主动协调掌控天人关系。在“法”“气”概念上，则表现为人通过政治刑德来改善救复不良“气”感，实现自然和社会有序良好运转。这一点清代王夫之做了最好的总结：“间气际离，纯气际合。合气恒

〔1〕〔春秋〕左丘明：《国语》，〔三国吴〕韦昭注，胡文波校点，上海古籍出版社 2015 年版，第 18 页。

〔2〕〔清〕王夫之：《黄书　噩梦》，中华书局 1956 年版，第 4 页。

〔3〕《礼记正义》（卷十六），见〔清〕阮元校刻：《十三经注疏》，中华书局 1980 年版，第 1373 页。

昼，离气恒夜。无平不陂，无往不复，否泰之所都也。虽然，亦存其人焉。昔者轩辕之帝也，上承羲、炎，下被有周，敦亲贤，祚神明，建万国，树侯王，君其国，子其民，修其徼圉，差共政教，顺其竟緑，乘其合，稍其离，早为之所，而无夸大同。然后总其奔奏，戴其正朔，徕其觐请，讲其婚姻，缔其盟会，系以牧伯，纠以州长，甥舅相若，死丧相闻，水旱相周，兵戎相卫，仕宦羁旅往来，富贵相为出入，名系一统，而实存四国。此三、五之代寓涣散于纠缠，存天地之纯气而戒其割裂，故气应以正而天报以合，数千年之间，中区之内訚訚如也。”〔1〕虽然“法”“气”相互感应使人不能违背气的规范和运行规律，但人不是被动地顺从和依附，而是可以通过发挥其作为天地之精的主观能动性，达到参赞“气”“天地之气”等化育的效果，如此为人的存在和人治理社会的价值做了理论肯定。

### （二）法与气相独立、互不预

古代在天人关系的探讨上，除了“天人合一”的主流思想，还产生了以荀子、王充、柳宗元等为代表人物的“天人相分”思想理念。“天人相分”作为一股伏流，相续不断，质疑“天人合一”思想，并形成“天道自然”“天人不相预”等观点，作为对万物本原、自然和人及其社会活动关系的认识表达。“天人相分”在以“道”“元气”或“气”为万物本原、自然规律的哲思范畴中，表现为“道”“元气”或“气”与人及人类社会的礼法政刑等的相互独立和互不干预。总括来看，这一理念包括“元”“气”等是自然的、德法政治讲究时数，及法与气各有运行规律而互相不干预几个方面。

1. “元”“气”任自然

“元”在古代有“开始”“根源”“天”“道”等宇宙万物根

〔1〕〔清〕王夫之：《黄书　噩梦》，中华书局1956年版，第4页。

源始极的意义，所以此处以“元”代表古代形而上的哲学概念“天”“道”，来探讨其与另一个形而上哲学概念“气”在“天人相分”理念下的哲学思想。“天人合一”观认为，代表“天”“道”的“元”和“气”作为万物的本源是有意识的，并按其有意识的旨意运行；“天人相分”理念下，代表“天”“道”的“元”和“气”是自然化合的产物，并按自然规律运行，不具有先验的感知和意识。如老子“道生之，德畜之，物形之，势成之。是以万物莫不尊道而贵德。道之尊，德之贵，夫莫之命而常自然”〔1〕；荀子“天行有常，不为尧存，不为桀亡”〔2〕；王充“天地，含气之自然也”〔3〕，“天地合气，万物自生”〔4〕，“夫天道，自然也，无为”〔5〕，“谓天自然无为者何？气也，恬淡无欲，无为无事者也”〔6〕，“天之动行也，施气自然也”〔7〕等，都从唯物论的角度来看待“元”“气”的产生和运行，突破了“天人合一”观下泛生命意识特性的本体论基调。

2. 德法论时数

“天人合一”观认为道德法纪和政治受有意识的“天”“道”“气”等影响感应，德法顺应其规律则吉祥和顺、天下太平，否则会招致灾异变乱；“天人相分”观下道德法纪和政治不是依据有意识性的“天”“道”“气”等产生并受其支配，而是人类自身调节社会关系和矛盾的产物，受到时世变迁的时数制约。管子、荀子从“兴功惧暴”“定分止争”的角度探讨了礼法起源，将法律政令的制定和支配权交给了人类自身。商鞅、韩非子则从“爱民”、“便事”、维

---

〔1〕《老子》，上海古籍出版社 2013 年版，第 125 页。
〔2〕〔清〕王先谦：《荀子集解》（上册），中华书局 1988 年版，第 307 页。
〔3〕《论衡·谈天篇》，见〔东汉〕王充：《论衡》，上海人民出版社 1974 年版，第 165 页。
〔4〕《论衡·自然篇》，见〔东汉〕王充：《论衡》，上海人民出版社 1974 年版，第 277 页。
〔5〕《论衡·谴告篇》，见〔东汉〕王充：《论衡》，上海人民出版社 1974 年版，第 224 页。
〔6〕《论衡·自然篇》，见〔东汉〕王充：《论衡》，上海人民出版社 1974 年版，第 277 页。
〔7〕《论衡·说日篇》，见〔东汉〕王充：《论衡》，上海人民出版社 1974 年版，第 169 页。

护君权和统治的需要，阐释礼法因时、因世而制定、变化，所谓“……法者所以爱民也，礼者所以便事也。是以圣人苟可以强国，不法其故；苟可以利民，不循其礼”[1]；“制度时，则国俗可化，而民从制……故圣人之为国也，不法古，不修今，因世而为之治，度俗而为之法”[2]。对于自然灾害和社会治乱，他们也没有从天人感应的角度来自我归罪，而是从礼法政治是否与社会发展阶段的“时”合宜、是否讲究统治方法“数”及社会发展所遭“时”“运气”的偶然性来予以解释。韩非子即认为，“故治民无常，唯治为法。法与时转则治，法与世宜则有功。故民朴而禁之以名则治，世知维之以刑则从。时移而治不易者乱，能治众而禁不变者削”[3]。“有术之国，不用誉则毋适，境内必治，任数也。亡国使兵公行乎其地，而弗能圉禁者，任人而无数也。自攻者人也，攻人者数也。故有术之国，去言而任法。”[4]《商君书·算地》亦言：“主操名利之柄而能致功名者，数也。圣人审权以操柄，审数以使民。数者，臣主之术，而国之要也。故万乘失数而不危、臣主失术而不乱者，未之有也。”[5]王充《论衡·明雩篇》则以尧、汤时遭遇洪水、大旱为例，论证了政治治乱与社会发展的“时”“运气”有关，政治清明时发生自然灾害是遭遇的“时”“运气”所致，与政治得失无关。[6]由此可见，“天人合一”

---

〔1〕《商君书·更法》，见〔清〕严万里校：《商君书》，《诸子集成》（第五册），中华书局1954年版，第2页。

〔2〕《商君书·壹言》，见〔清〕严万里校：《商君书》，《诸子集成》（第五册），中华书局1954年版，第18—19页。

〔3〕《韩非子·心度》，见〔清〕王先慎：《韩非子集解》，《诸子集成》（第五册），中华书局1954年版，第365页。

〔4〕《韩非子·心度》，见〔清〕王先慎：《韩非子集解》，《诸子集成》（第五册），中华书局1954年版，第366页。

〔5〕《商君书·算地》，见〔清〕严万里校：《商君书》，《诸子集成》（第五册），中华书局1954年版，第12页。

〔6〕《论衡·明雩篇》，见〔东汉〕王充：《论衡》，上海人民出版社1974年版，第236页。

观中所讲的“时”指的是时令节气；而“天人相分”观下，“时”则更多指社会发展的时代世势。德法依时变迁，依数运用的观点，由较少探讨形而上范畴的法家商鞅、韩非子等提出，作为一种隐性的天人相分思想，突破有意识的“天”“道”“气”等本体决定论，强调人类社会自身在政治法律上的主导地位，在中国传统法哲学中闪烁着独特的思想光芒。

3. 法与气各有理互不预

以“元”“气”自然产生并按自然规律运行，道德法纪依时变化、讲究“时”“数”为基的天人相分观内在地决定“法”和“气”有其自身运行规律，互不干涉、互动感应。王充《论衡》在元气自然论的基础上，大量运用逻辑推理和自然实证辩驳“天人感应”思想，指出“人不能以行感天，天亦不随行而应人”〔1〕，宣扬其无神论和天人相分理念。王充认为，“夫天之运气，时当自然，虽雩祭请求，终无补益”。“寒温自有时，不合变复之家。且从变复之说，或时燕王好用刑，寒气应至；而衍囚拘而叹，叹时霜适自下。世见适叹而霜下，则谓邹衍叹之致也”。〔2〕即天的运气和寒温之气都是自然运行的结果，不会因人类礼法政刑活动而改变。唐代柳宗元继承前代气化宇宙观念，发展荀子、王充等人的“天人相分”思想，明确提出“天人不相预”观点。在其所著《天爵论》中言：“道德与五常，存乎人者也。克明而有恒，受于天者也。呜呼！后之学者，尽力于所及焉。或曰：‘子所谓天付之者，若开府库焉，量而与之耶？’曰：‘否’。其各合乎气者也。庄周言天曰自然，吾取之。”〔3〕《天说》中亦言：“天地，大果蓏也；元气，大痈痔也；阴阳，大草木也；其乌能赏功而罚祸乎？功者自功，祸者自祸，欲望其赏罚者大谬；呼而怨，

〔1〕《论衡·明雩篇》，见〔东汉〕王充：《论衡》，上海人民出版社 1974 年版，第 236 页。
〔2〕《论衡·感虚篇》，见〔东汉〕王充：《论衡》，上海人民出版社 1974 年 1 版，第 78 页。
〔3〕《天爵论》，见〔唐〕柳宗元：《柳宗元集》，中国书店 2000 年版，第 46 页。

欲望其哀且仁者,愈大谬矣"[1]。《答刘禹锡天论书》中又与刘禹锡答辩曰："生植与灾荒，皆天也；法制与悖乱，皆人也。二之而已。其事各行不相预，而凶丰理乱出焉。究之矣，凡子之辞，枝叶甚美，而根不直取以遂焉。"[2]这就从气化宇宙的自然性出发，阐述了道德法纪的人为属性与天地、元气、阴阳的自然属性及二者之间的彼此独立、互不干预，从而对"天人合一"观下的"天人感应"论予以有力反驳。

传统文化中，"法""气"关系的相表里、互致用和相独立、互不预两大流派，是古代"天人合一"和"天人相分"思想在"气"与"法"层面的展开。"相表里、互致用"是"天人合一"思想在"法""气"关系上的展现，伴随"天人合一"思想占据传统"法""气"关系主流地位，并成为官方主流政治哲学而得到实践运用；"相独立、互不预"是"天人相分"思想在"法""气"关系上的展现，作为一种伏流，潜伏在传统哲学思想长河中，得到法家和部分以法治世者的赞赏和应用，并代表社会法学的发展方向，在近代东西方文化的交融中得到发展和重视。

---

〔1〕《天说》，见〔唐〕柳宗元:《柳宗元集》，中国书店 2000 年版，第 242 页。

〔2〕《答刘禹锡天论书》，见〔唐〕柳宗元:《柳宗元集》，中国书店 2000 年版，第 426 页。

# 第一章 古代典籍中的法与气

典籍是具有巨大社会影响和广泛社会认同的经典文献，对人类精神文化、政治生活和习俗风尚起到直接的引领和建构作用。在古代漫长的历史过程中形成的十三经、诸子论纂、哲人名著和史学要籍，承载着传统民族精神和学术思潮，是传统文化中的典籍文献。这些典籍在“究天人之际、通古今之变”[1]的哲思中，探讨人与自然、社会和他人的关系，提出了天地之气、阴阳之气、四时之气、五行之气、同气、元气、和气、风气、音气、质料之气、五气、六气、寒气、温气、精气、神气、志意之气、亢悍气、角争气以及顺逆正邪之气、哀乐善恶之气、人气、民气、空气、血气等气学概念，并对其与政治制度、刑罚律令等法学概念的关系做了相应思考。《周易正义》《管子》《春秋繁露》等书从天人合一的角度阐述了天地、四时、阴阳等气与政治法律活动的相互制约影响和感应互动；《荀子》《论衡》则在天人相分的理念下指出自然产生的天地、四时、阴阳和寒温等气与人类社会的政令制度、道德法纪互不干涉、彼此独立。由此形成传统法气关系论中相关联和相独立两大思想流派，并由后世所沿袭。

传统典籍文献中气学概念种类多样、内涵丰富，展现古代哲人对气概念范畴与法概念范畴关系认识和看法的典籍主要有：十三经中的《周易》《尚书》《周礼》《礼记》《左传》《论语》《孟子》；诸子论纂中的《管子》《庄子》《文子》《荀子》《韩非子》《商君书》《墨子》《吕氏春秋》等；哲人名著中的《春秋繁露》《论衡》《二程遗书》《朱子语类》《张子正蒙》《黄书》《大同书》《梁启超全集》等；史学要籍中的《国语》《汉书》《旧唐书》《宋史》等。

## 一、天地之气与法

天气、地气和天地之气是传统文化中极为重要的气概念。天在

〔1〕《汉书·司马迁传》，见〔汉〕班固：《汉书》，中华书局2011年版，第2735页。

古代有本原始基、万物主宰、宇宙空间、自然天象等含义。相应地，天气在古代多被用来表达作为本原始基、万物主宰、宇宙空间、自然天象的天的运行变化状态和规律。地在古代指地球、土地、大地、地表等人类得以生存的地方。地气也是古人对地球、土地、大地、地表及其生长于其上的动植物等运行变化规律的概括。天地之气则是天气和地气的综合表述。从《周易正义》《礼记正义》《管子》《春秋繁露》《二程遗书》《论衡》等典籍来看，古人对于天气、地气或天地之气与法概念相互关系的认识，从大的方面可概括为天人合一思想下的相互参副感应观和天人相分思想下的彼此独立观两种。天人合一思想下的参副感应观认为：天地之气影响社会盛衰和国家治乱，政令礼法的制定首先要明了天地之气、四时五行等的运行规则，并按照其运行规律而设置，且在实施中要效法天地之气的中和之道；如果政令与天地之气的运行规律相顺应，则风调雨顺，国泰民安，否则会招致自然灾害和社会动乱。天人相分思想下的彼此独立观认为：政治善恶与天地之气、自然灾害等毫无关联；天地变气、雷雨灾害都是自然现象，并不是因为刑罚政事失当而引起的。

（1）天地之气影响草木荣衰、贤人出没、国家治乱。天地二气交通闭藏与否，影响草木繁荣衰落及贤人出没。二气交通则草木蕃殖，贤人现世；二气不相交通，则草木不蕃，贤人隐退。天地之气相合，又有阴阳之分、四时之别和五行之性。天地之气按五行规律运行时，相克逆失序则国家动乱，相顺生有序则国家安治。

> 天地变化，草木蕃，天地闭，贤人隐。《易》曰“括囊无咎无誉”，盖言谨也。
>
> ［疏］“天地变化”至“盖言谨也”。正义曰：此一节明六四爻辞。“天地变化”，谓二气交通，生养万物，故草木蕃滋。“天地闭，贤人隐”者，谓二气不相交通，天地否闭，贤人潜隐。天地通则草木蕃，明天地闭草木不蕃；

“天地闭，贤人隐”，明天地通则贤人出，互而相通，此乃“括囊无咎”，故贤人隐属天地闭也。[1]

幽王二年，西周三川皆震。伯阳父曰：“周将亡矣！夫天地之气，不失其序；若过其序，民乱之也。阳伏而不能出，阴迫而不能烝，于是有地震。今三川实震，是阳失其所而镇阴也。阳失而在阴，川源必塞；源塞，国必亡。”[2]

天地之气，合而为一，分为阴阳，判为四时，列为五行。行者，行也，其行不同，故谓之五行。五行者，五官也，比相生而间相胜也。故谓治，逆之则乱，顺之则治。[3]

（2）政令当依天地之气运行规律而设。人君当依天地自然之气的盈虚消长运行规律建功布政、生杀予夺，从而辅相天地所宜之物，使之安其性、得其宜。春夏，万物生发时节，天气盛大，依天地二气升降和合、草木萌发，制定相应的农事政策和活动，如修封疆、相丘陵、戒春事、赐与、修门闾等；秋冬万物凋落时节，天气消杀，依天地二气升降闭塞，制定相应的国事政策和活动，如谨盖藏、行罪罚等。如政事失时，则会造成地气上泄、人民流亡等灾殃。

①乾下坤上。泰：小往大来，吉亨。

《象》曰：天地交，泰。后以财成天地之道，辅相天地

〔1〕《周易正义》（卷一），见〔清〕阮元校刻：《十三经注疏》，中华书局1980年版，第19页。

〔2〕〔春秋〕左丘明：《国语》，〔三国吴〕韦昭注，胡文波校点，上海古籍出版社2015年版，第18页。

〔3〕《春秋繁露·五行相生》，见〔汉〕董仲舒：《春秋繁露》，中华书局1975年版，第457页。

之宜，以左右民。泰者，物大通之时也。上下大通，则物失其节，故财成而辅相，以左右民也。

正义曰：……“天地之道”者，谓四时也，冬寒、夏暑、春生、秋杀之道。若气相交通，则物失其节。物失其节，则冬温、夏寒、秋生、春杀。君当财节成就，使寒暑得其常，生杀依其节，此天地自然之气，故云“天地之道”也。……若天气大同，则所宜相反。故人君辅助天地所宜之物，各安其性，得其宜，据物言之，故称“宜”也。[1]

②坤下艮上。剥：不利有攸往。

《彖》曰：剥，剥也，柔变刚也。不利有攸往，小人长也。顺而止之，观象也。君子尚消息盈虚，天行也。

正义曰：“剥，剥也”者，释剥卦名为“剥”，不知何以称“剥”，故释云“剥”者解“剥”之义，是阴长解剥于阳也。“君子尚消息盈虚天行”者，解所以在剥之时，顺而止之。观其颜色形象者，须量时制变，随物而动。君子通达物理，贵尚消息盈虚，道消之时，行消道也，道息之时，行息道也；在盈之时，行盈道也；在虚之时，行虚道也。若值消虚之时，存身避害，“危行言逊”也。若值盈息之时，极言正谏，建事立功也。“天行”谓逐时消息盈虚，乃天道之所行也。春夏始生之时，天气盛大，秋冬严杀之时，天气消灭，故云“天行”也。[2]

③孟春之月……是月也，天气下降，地气上腾，天

---

〔1〕《周易正义》（卷二），见〔清〕阮元校刻：《十三经注疏》，中华书局1980年版，第28页。

〔2〕《周易正义》（卷三），见〔清〕阮元校刻：《十三经注疏》，中华书局1980年版，第38页。

地和同，草木萌动。王命布农事，命田舍东郊，皆修封疆，审端经术。善相丘陵、阪险、原隰、土地所宜，五谷所殖，以教道民，必躬亲之。田事既饬，先定准直，农乃不惑。[1]

④孟冬之月……是月也……天子始裘。命有司曰："天气上腾，地气下降，天地不通，闭塞而成冬。"命百官谨盖藏。命司徒循行积聚，无有不敛。……是月也，命工功有不当，必行其罪，以穷其情。师效功，陈祭器，按度程，毋或作为淫巧，以荡上心，必功致为上。物勒工名，以考其诚。……是月也，乃命水虞、渔师收水泉池泽之赋，毋或敢侵削众庶兆民，以为天子取怨于下。其有若此者，行罪无赦。孟冬行春令，则冻闭不密，地气上泄，民多流亡。行夏令，则国多暴风，方冬不寒，蛰虫复出。行秋令，则雪霜不时，小兵时起，土地侵削。[2]

⑤桓公曰："当何时作之？"管子曰："春三月，天地干燥，水纠列之时也。山川涸落，天气下，地气上，万物交通。故事已，新事未起，草木荑生可食。寒暑调，日夜分，分之后，夜日益短，昼日益长。利以作土功之事，土乃益刚。令甲士作堤大水之旁，大其下，小其上，随水而行。地有不生草者，必为之囊。大者为之堤，小者为之防，夹水四道，禾稼不伤。岁埤增之，树以荆棘，以固其地，杂之以柏杨，以备决水。民得其饶，是谓流膏，令下贫守之，往往而为界，可以毋败。当夏三月，天地气壮，大暑

〔1〕《礼记正义》（卷十四），见〔清〕阮元校刻：《十三经注疏》，中华书局1980年版，第1356页。

〔2〕《礼记正义》（卷十七），见〔清〕阮元校刻：《十三经注疏》，中华书局1980年版，第1381—1382页。

至，万物荣华，利以疾藕杀草秽，使令不欲扰，命曰不长。不利作土功之事，放农焉，利皆耗十分之五，土功不成。当秋三月，山川百泉踊，降雨下，山水出，海路距，雨露属，天地凑汐。利以疾作，收敛毋留，一日把，百日铺。民毋男女皆行于野。不利作土功之事，濡湿日生，土弱难成。利耗什分之六，土工之事亦不立。当冬三月，天地闭藏，暴雨止，大寒起，万物实熟。利以填塞空隙，缮边城，涂郭术，平度量，正权衡，虚牢狱，实廥仓，君修乐，与神明相望。凡一年之事毕矣，举有功，赏贤，罚有罪，迁有司之吏而第之。不利作土工之事，利耗什分之七，土刚不立。昼日益短，而夜日益长，利以作室，不利以作堂。四时以得，四害皆服。”〔1〕

（3）顺天时气劝课人务。春耕秋熟，夏育冬藏，要顺应天气时节，以东南西北四方之名和四方之官配合农务，劝课农事，完成农业生产和管理。

乃命羲和，钦若昊天，历象日月星辰，敬授民时。分命羲仲，宅嵎夷，曰旸谷。寅宾出日，平秩东作。日中，星鸟，以殷仲春。厥民析，鸟兽孳尾。申命羲叔，宅南交。平秩南为，敬致。日永，星火，以正仲夏。厥民因，鸟兽希革。分命和仲，宅西，曰昧谷。寅饯纳日，平秩西成。宵中，星虚，以殷仲秋。厥民夷，鸟兽毛毨。申命和叔，宅朔方，曰幽都。平在朔易。日短，星昴，以正仲冬。厥民隩，鸟兽鹬毛。帝曰：“咨！汝羲暨和。期三百有六旬有六日，以闰月定四时，成岁。允厘百工，庶绩咸熙。”……

---

〔1〕《管子·度地》，见盛广智译注：《管子译注》，吉林文史出版社1998年版，第552页。

［疏］“乃命”至“咸熙”正义曰：一岁之事，在东则耕作，在南则化育，在西则成熟，在北则改易，故以方名配岁事为文，言顺天时气以劝课人务也。春则生物，秋则成物。日之出也，物始生长，人当顺其生长，致力耕耘。日之入也，物皆成熟，人当顺其成熟，致力收敛。东方之官当恭敬导引日出，平秩东作之事，使人耕耘。西方之官当恭敬从送日入，平秩西成之事，使人收敛。日之出入，自是其常，但由日出入，故物有生成。虽气能生物，而非人不就。勤于耕稼，是导引之。勤于收藏，是从送之。〔1〕

（4）天地之气、四时五行等运行规律为立法定制、发号施令之基。则、象、法、化、决塞、心术、计数，都是治理匡正天下的要数和纲领。其中的“则”就是天地之气及四时五行、人兽草木等的运行生长规律。立法定制、发号施令必须先明了“则”；筹措政治、规划仪制亦必须知晓“则”。

则、象、法、化、决塞、心术、计数。根天地之气，寒暑之和，水土之性，人民鸟兽草木之生物，虽不甚多，皆均有焉，而未尝变也，谓之“则”。义也、名也、时也、似也、类也、比也、状也谓之“象”。尺寸也、绳墨也、规矩也、衡石也、斗斛也、角量也谓之“法”。渐也、顺也、靡也、久也、服也、习也谓之“化”。予夺也、险易也、利害也、难易也、开闭也、杀生也谓之“决塞”。实也、诚也、厚也、施也、度也、恕也谓之“心术”。刚柔也、轻重也、大小也、实虚也、远近也、多少也谓之“计

〔1〕《尚书正义》（卷二），见〔清〕阮元校刻：《十三经注疏》，中华书局 1980 年版，第 119 页。

数”。不明于则，而欲措仪画制，犹立朝夕于运均之上，摇竿而欲定其末。不明于象，而欲论材审用，犹绝长以为短，续短以为长。不明于法，而欲治民一众，犹左书而右息之。不明于化，而欲变俗易教，犹朝揉轮而夕欲乘车。不明于决塞，而欲驱众移民，犹使水逆流。不明于心术，而欲行令于人，犹倍招而必射之。不明于计数，而欲举大事，犹无舟楫而欲经于水险也。故曰：错仪画制，不知则不可；论材审用，不知象不可；治民一众，不知法不可；变俗易教，不知化不可；驱众移民，不知决塞不可；布令必行，不知心术不可；举事必成，不知计数不可。[1]

（5）以相应之政对应天地变气。“形之时变”是人们对天地五种精气的运动、毁灭、前进、后退等过程和规律的把握。一般情况下人们对地的变气所采取的相应措施为：在其出现之处祈祷解决；对水的变气所采取的相应措施为：用精诚之心对待并有所预备；对天的变气所采取的相应措施为：坚守正道来对待。

“请问形有时而变乎？”对曰：“阴阳之分定，则甘苦之草生也。从其宜，则酸咸和焉，而形色定焉，以为声乐。夫阴阳进退，满虚亡时，其散合可以视岁。唯圣人不为岁罢，知满虚，夺余满，补不足，以通政事，以赡民常。地之变气，应其所出；水之变气，应之以精，受之以豫；天之变气，应之以正。且夫天地之精气有五，不必为沮其亟而反其重。陔动毁之进退，即此数之难得者也。此形之时变也。”[2]

〔1〕《管子·七法》，见盛广智译注：《管子译注》，吉林文史出版社1998年版，第58页。
〔2〕《管子·侈靡》，见盛广智译注：《管子译注》，吉林文史出版社1998年版，第371页。

（6）行社祭之礼以接天地之气。国君举行社祭大礼，通过沐浴霜露风雨，实现与天地之气接通。

> 天子大社，必受霜露风雨，以达天地之气也。是故丧国之社屋之，不受天阳也；薄社北牖，使阴明也。[1]

（7）宾礼之位设，效法天地之气特质。宾主座位朝向的礼仪，效法天地之气的特质。宾客依天地的严凝之气、尊严气、义气而坐于西北，主人法天地的温厚之气、盛德气、仁气坐于东南。

> 宾主，象天地也。介僎，象阴阳也。三宾，象三光也。让之三也，象月之三日而成魄也。四面之坐，象四时也。天地严凝之气，始于西南而盛于西北，此天地之尊严气也，此天地之义气也。天地温厚之气，始于东北而盛于东南，此天地之盛德气也，此天地之仁气也。主人者尊宾，故坐宾于西北，而坐介于西南以辅宾。宾者，接人以义者也，故坐于西北。主人者，接人以德厚者也，故坐于东南。而坐僎于东北，以辅主人也。仁义接，宾主有事，俎豆有数，曰圣。圣立而将之以敬曰礼，礼以体长幼曰德。德也者，得于身也。故曰："古之学术道者，将以得身也。是故圣人务焉。"[2]

（8）施政用刑效法天地之气的和道。天地之气的极致是和，所以圣人体天地之气的和道，在施政用刑时做到宽而栗、严而温、柔而直、猛而仁的贵和状态。

---

〔1〕《礼记正义》（卷二十五），见〔清〕阮元校刻：《十三经注疏》，中华书局 1980 年版，第 1449 页。

〔2〕《礼记正义》（卷六十一），见〔清〕阮元校刻：《十三经注疏》，中华书局 1980 年版，第 1683 页。

老子曰：天地之气，莫大于和。和者，阴阳调，日夜分，故万物春分而生，秋分而成，生与成，必得和之精。故积阴不生，积阳不化，阴阳交接，乃能成和。是以圣人之道，宽而栗，严而温，柔而直，猛而仁。夫太刚则折，太柔则卷，道正在于刚柔之间。夫绳之为度也，可卷而怀也，引而申之，可直而布也，长而不横，短而不穷，直而不刚，故圣人体之。夫恩推即懦，懦即不威；严推即猛，猛即不和；爱推即纵，纵即不令；刑推即祸，祸即无亲，是以贵和。〔1〕

（9）秉天气中和之质，德形于内为治国之本。《淮南子》中的《泰族》篇，旨在宣扬道德纲纪义旨。古五帝三王，秉持天气、天心的中和之质，道德内含而陶化万物，就可使群生归心、祥瑞来至；如果内无道德而专用法制，则福祥不归，兆民弗化。所以说德形于内，才是治理国家的根本。

《泰族》者，横八极，致高乘，上明三光，下和水土，经古今之道，治伦理之序，总万方之指，而归之一本，以经纬治道，纪纲王事，乃原心术，理性情，以馆清平之灵，澄彻神明之精，以与天和相婴薄。所以览五帝三王，怀天气，抱天心，执中含和，德形于内，以著凝天地，发起阴阳，序四时，正流方，绥之斯宁，推之斯行，乃以陶冶万物，游化群生，唱而和，动而随，四海之内，一心同归。故景星见，祥风至，黄龙下，凤巢列树，麟止郊野。德不内形，而行其法藉，专用制度，神祇弗应，福祥不归，四海不宾，兆民弗化。故德形于内，治之大本。此《鸿烈》

〔1〕《文子·上仁》，见李德山：《文子译注》，黑龙江人民出版社 2003 年版，第 264 页。

之《泰族》也。[1]

（10）人生于天地之气并偶于天地之气。董仲舒认为：“元”为人和万物之本，人虽然生于天气、遵奉天气，但不能与天之元相联系，而与天共同违背“元”的作为。人气介于天气、地气之间。人是天地精气所生物中最贵者，故能“为仁义”“偶天地”，与天地之气的阴阳动静相参副互应。

①故人唯有终始也，而生不必应四时之变，故元者为万物之本，而人之元在焉，安在乎？乃在乎天地之前，故人虽生天气，及奉天气者，不得与天元、本天元命、而共违其所为也。[2]

②天德施，地德化，人德义。天气上，地气下，人气在其间。春生夏长，百物以兴，秋杀冬收，百物以藏。故莫精于气，莫富于地，莫神于天，天地之精所以生物者，莫贵于人。人受命乎天也，故超然有以倚。物疢疾莫能为仁义，唯人独能为仁义；物疢疾莫能偶天地，唯人独能偶天地。人有三百六十节，偶天之数也；形体骨肉，偶地之厚也；上有耳目聪明，日月之象也；体有空窍理脉，川谷之象也；心有哀乐喜怒，神气之类也。观人之体一，何高物之甚，而类于天也。物旁折取天之阴阳以生活耳，而人乃烂然有其文理。是故凡物之形，莫不伏从旁折天地而行，人独题直立端尚，正正当之。是故所取天地少者，旁折之；所取天地多者，正当之。此见人之绝于物而参天地。是故人之身，首妢员，象天容也；发象星辰也；耳目戾戾，象日月

〔1〕《淮南子·要略》，见〔东汉〕高诱注：《淮南子》，《诸子集成》（第七册），中华书局1954年版，第372—373页。

〔2〕《春秋繁露·玉英》，见〔汉〕董仲舒：《春秋繁露》，中华书局1975年版，第73页。

也；鼻口呼吸，象风气也；胸中达知，象神明也；腹胞实虚，象百物也。百物者最近地，故要以下，地也。天地之象，以要为带。颈以上者，精神尊严，明天类之状也；颈而下者，丰厚卑辱，土壤之比也。足布而方，地形之象也。是故礼，带置绅必直其颈，以别心也。带而上者尽为阳，带而下者尽为阴。各其分，阳，天气也；阴，地气也。故阴阳之动，使人足病，喉痹起。则地气上为云雨，而象亦应之也。天地之符，阴阳之副，常设于身，身犹天也，数与之相参，故命与之相连也。[1]

（11）忠孝之义行取法于地、推功于天气的美德。董仲舒认为：地“出云为雨，起气为风”，然而却不居功，归功于天，说是天气所为，取法“地事天”及土德有功而不居的行为就是忠孝之义行及地之义。

河间献王问温城董君曰：“孝经曰：‘夫孝……’。”王曰：“善哉！天经既得闻之矣，愿闻地之义。”对曰：“地出云为雨，起气为风，风雨者，地之所为。地不敢有其功名，必上之于天。命若从天气者，故曰天风天雨也，莫曰地风地雨也。勤劳在地，名一归于天，非至有义，其庸能行此。故下事上，如地事天也，可谓大忠矣。土者，火之子也，五行莫贵于土。土之于四时无所命者，不与火分功名。木名春，火名夏，金名秋，水名冬。忠臣之义，孝子之行，取之土。土者，五行最贵也，其义不可以加矣。五声莫贵于宫，五味莫美于甘，五色莫盛于黄，此谓孝者地

〔1〕《春秋繁露·人副天数》，见〔汉〕董仲舒：《春秋繁露》，中华书局1975年版，第439页。

之义也。”王曰：“善哉！”[1]

（12）雷震而亡是天地怒恶之气与人怒恶之气相感合的结果。程颐认为：霹雳为天地的怒气恶气；人作恶有恶气，与天地的怒气恶气（雷）相感应会合就会被震死。

问：“人有不善，霹雳震死，莫是人怀不善之心，闻霹雳震惧而死否？”曰：“不然，是雷震之也。”“如使雷震之，还有使之者否？”曰：“不然，人之作恶，有恶气，与天地之恶气相击搏，遂以震死。霹雳，天地之怒气也。如人之怒，固自有正，然怒时必为之作恶，是怒亦恶气也。怒气与恶气相感故尔。且如今人种荞麦，自有畦陇，霜降时杀麦，或隔一畦麦有不杀者，岂是此处无霜，盖气就相合处去也。”[2]

（13）政治贤明可致天气清明。君王能遵从天道，减轻课税，裁汰冗员，选择贤才，革除弊政，则可使天气清明、国泰民安。

王者规天道，长万族，顺其所从，珍其所宠，则性命正矣。累上以为益尊，则天位凝矣。忘恩以远怨，则和平臻矣。节养以息民，返不率以归农，则民志定矣。革陋宋鬻贩之私，则大公行矣。百年之内，乘千岁之弊，仍科目而减其额，核资格而难其选，则始基立矣。然后抑浮藻，登德行，立庠序，讲正学，厉廉耻，易科目，升孝秀，俟之必世之后而天气清，人维固，禽心息，口行泯。沄沄陶陶，太和旋复。[3]

[1]《春秋繁露·五行对》，见〔汉〕董仲舒：《春秋繁露》，中华书局1975年版，第378页。

[2]〔宋〕程颢、程颐：《二程遗书》，上海古籍出版社2000年版，第289页。

[3]〔清〕王夫之：《黄书　噩梦》，中华书局1956年版，第4页。

（14）天地之气与刑德祸庆相感召。天地之气，与刑罚恩德相互召呼，与灾祸喜庆相互感应。

天地之气，刑德相召，祸喜相感。〔1〕

（15）雷雨灾异来自天气，与国君政治无关。王充辩驳灾异是国君政治触动天，天发动怒气以应之的观点，认为：天能动物，物不能动天；天气变于上，人物应于下；雷雨来自天气，天以雷雨责怒人的说法是不对的。

①以夏树物，物枯不生；以秋收谷，谷弃不藏。夫为政教，犹树物收谷也。顾可言政治失时，气物为灾；乃言天为异以谴告之，不改，为灾以诛伐之乎！儒者之说，俗人言也。〔2〕

②论灾异者，已疑于天用灾异谴告人矣。更说曰："灾异之至，殆人君以政动天，天动气以应之。譬之以物击鼓，以椎扣钟，鼓犹天，椎犹政，钟鼓声犹天之应也。人主为于下，则天气随人而至矣。"曰：此又疑也。夫天能动物，物焉能动天？何则？人物系于天，天为人物主也。故曰："王良策马，车骑盈野。"非车骑盈野，而乃王良策马也。天气变于上，人物应于下矣。故天且雨，商羊起舞，使天雨也。商羊者，知雨之物也，天且雨，屈其一足起舞矣。故天且雨，蝼蚁徙，蚯蚓出，琴弦缓，固疾发，此物为天所动之验也。〔3〕

③圣人君子，于道无嫌，然犹顺天变动，况成王有周公之疑，闻雷雨之变，安能不振惧乎？然则雷雨之至也，殆

〔1〕〔清〕王夫之：《黄书　噩梦》，中华书局1956年版，第21页。

〔2〕《论衡·谴告篇》，见〔东汉〕王充：《论衡》，上海人民出版社1974年版，第227页。

〔3〕《论衡·变动篇》，见〔东汉〕王充：《论衡》，上海人民出版社1974年版，第229页。

且自天气；成王畏惧，殆且感物类也。夫天道无为，如天以雷雨责怒人，则亦能以雷雨杀无道。古无道者多，可以雷雨诛杀其身，必命圣人兴师动军，顿兵伤士，难以一雷行诛，轻以三军克敌，何天之不惮烦也？[1]

④夫雷，天气也，盛夏击折，折木破山，时暴杀人。使太岁所破，若迅雷也，则声音宜疾，死者宜暴；如不若雷，亦无能破。[2]

（16）天地和变之气与政治善恶无关。王充认为：瑞应和灾变一样，是没有确定的种类的；阴阳之气是天地之气；天地不会为政治的善恶而专门产生和变之气。

夫瑞应犹灾变也。瑞以应善，灾以应恶，善恶虽反，其应一也。灾变无种，瑞应亦无类也。阴阳之气，天地之气也，遭善而为和，遇恶而为变，岂天地为善恶之政，更生和变之气乎？[3]

（17）天地之气无憎害之举。王充辩驳关于太岁的言说，认为太岁之气是天地之气，不会因为被触动而害人。

神莫过于天地，天地不害人。人谓百神，百神不害人。太岁之气，天地之气也，何憎于人，触而为害？且文曰："甲子不徙。"言甲与子殊位，太岁立子不居甲，为移徙者，运之而复居甲。为之而复居甲，为移徙时者，亦宜复禁东西徙。甲与子钧，其凶宜同。不禁甲，而独忌子，为移徙时者，竟妄不可用也。人居不能不移徙，移徙不能不触岁，触

〔1〕《论衡·感类篇》，见〔东汉〕王充：《论衡》，上海人民出版社1974年版，第288页。
〔2〕《论衡·难岁篇》，见〔东汉〕王充：《论衡》，上海人民出版社1974年版，第378页。
〔3〕《论衡·讲瑞篇》，见〔东汉〕王充：《论衡》，上海人民出版社1974年版，第260页。

岁不能不得时死。工伎之人，见今人之死，则归祸于往时之徙。俗心险危，死者不绝，故太岁之言，传世不灭。[1]

## 二、阴阳刚柔之气与法

阴气、阳气、刚气、柔气是古人对事物内在包含的两个对立面和属性及其发展变化的积极和消极两种状态的概念表述。阴气、柔气代表事物潜在的和缓、收敛、消极等属性和运动状态；阳气、刚气代表事物显在的强健、生发、积极等属性和运动状态。古代典籍中，《周易正义》通过阐释《易经》中天地之道及“乾”“豫”卦爻中阴阳刚柔之气的含义，指出圣人治国理事，要效法阴阳刚柔之气的特性，布德施惠、刚柔得中。《管子》《礼记正义》《春秋繁露》《淮南子》等则从阴阳刚柔之气与法制政令的“参淆互感”观出发，认为礼乐制度、政令刑罚等都要效法阴阳刚柔之气的运行规律来制定，能顺应阴阳刚柔之气以行事，或在社会政治活动中善于治理协调阴阳或刚柔之气就可以达到理想的治理效果，反之，则会导致阴阳失序、灾异来谴的不良结果。王充《论衡》突破传统天罚刑赏认知，指出春夏阳气盛而温，秋冬阴气盛而寒，这些都是自然现象，与德赏刑罚没有关系；盛夏“阳气炽烈，阴气干之，激射𩆜裂，中杀人物”也是自然现象，并不是“天罚阴过”。

（1）治国处世效法乾卦阳气之德。乾卦以纯阳之性，行阳气生化万物且使之各得其所之德。圣人当效法乾卦纯阳之德，行善道，长万物；合万物，使开通；和万物，使得其理；贞固干事，使物各得其正，实现治事上的元、亨、利、贞。乾卦的初九爻，阴气盛，阳气潜在地下，故称“潜龙”。圣人效法这个卦爻，在小人得势、邪道盛行时隐退而不作为。

[1]《论衡·难岁篇》，见〔东汉〕王充：《论衡》，上海人民出版社 1974 年版，第 379 页。

①乾下乾上。乾：元、亨、利、贞。

［疏］正义曰："乾"者，此卦之名。谓之卦者，《易经》云："卦者挂也，言县挂物象，以示于人，故谓之卦。"但二画之体，虽象阴阳之气，未成万物之象，未得成卦，必三画以象三才，写天、地、雷、风、水、火、山、泽之象，乃谓之卦也……此乾卦本以象天，天乃积诸阳气而成天，故此卦六爻皆阳画成卦也。此既象天，何不谓之天，而谓之"乾"者？天者定体之名，"乾"者体用之称。故《说卦》云："乾，健也"。言天之体，以健为用。圣人作《易》本以教人，欲使人法天之用，不法天之体，故名"乾"，不名天也。天以健为用者，运行不息，应化无穷，此天之自然之理，故圣人当法此自然之象而施人事，亦当应物成务，云为不已，"终日乾乾"，无时懈倦，所以因天象以教人事。于物象言之，则纯阳也，天也。于人事言之，则君也。父也。以其居尊，故在诸卦之首，为《易》理之初。……"元、亨、利、贞"者，是乾之四德也。子夏传云："元，始也。亨，通也。利，和也。贞，正也。"言此卦之德，有纯阳之性，自然能以阳气始生万物而得元始亨通，能使物性和谐，各有其利，又能使物坚固贞正得终。此卦自然令物有此四种使得其所，故谓之四德：言圣人亦当法此卦而行善道，以长万物，物得生存而为"元"也。又当以嘉美之事，会合万物，令使开通而为"亨"也。又当以义协和万物，使物各得其理而为"利"也。又当以贞固干事，使物各得其正而为"贞"也。是以圣人法乾而行此四德，故曰"元、亨、利、贞"。〔1〕

〔1〕《周易正义》（卷一），见〔清〕阮元校刻：《十三经注疏》，中华书局1980年版，第13页。

②初九：潜龙勿用。《文言》备矣。

［疏］正义曰：居第一之位，故称“初”；以其阳爻，故称“九”。潜者，隐伏之名；龙者，变化之物。言天之自然之气起于建子之月，阴气始盛，阳气潜在地下，故言“初九潜龙”也。此自然之象，圣人作法，言于此潜龙之时，小人道盛，圣人虽有龙德，于此时唯宜潜藏，勿可施用，故言“勿用”。张氏云：“以道未可行，故称‘勿用’以诫之。”于此小人道盛之时，若其施用，则为小人所害。寡不敌众，弱不胜强，祸害斯及，故诫“勿用”。〔1〕

（2）效阴阳刚柔之气而立人事中正之道。圣人作《易》的主旨，就是为了顺应性命之理，用天德，效地德，立人事。天的道主要体现在阴阳二气的交替变化上，地的道主要在于刚柔形气变换。在人事上效法天地之道，就要刚柔得中，正而不邪。

①用九：见群龙无首，吉。（九，天之德也。能用天德，乃见“群龙”之义焉。）夫以刚健而居人之首，则物之所不与也。以柔顺而为不正，则佞邪之道也。故《乾》吉在“无首”，《坤》利在“永贞”。〔2〕

②昔者圣人之作《易》也，将以顺性命之理，是以立天之道曰阴与阳，立地之道曰柔与刚，在天成象，在地成形。阴阳者，言其气；刚柔者，言其形，变化始于气象而后成形。万物资始乎天，成形乎地，故天曰阴阳，地曰柔刚也。或有在形而言阴阳者，本其始也；在气而言柔刚者，

〔1〕《周易正义》（卷一），见〔清〕阮元校刻：《十三经注疏》，中华书局1980年版，第13页。

〔2〕《周易正义》（卷一），见〔清〕阮元校刻：《十三经注疏》，中华书局1980年版，第14页。

要其终也。[1]

（3）作乐崇德效法雷震布阳气之德。雷是阳气之声，出地，震动万物，使之被阳气而生。古代君王效法雷的这种德性，作乐崇德而荐祭上帝、配祀祖先。

坤下震上。豫：利建侯行师。

《象》曰：雷出地奋，豫。先王以作乐崇德。殷荐之上帝，以配祖考。

［疏］正义曰：案诸卦之象，或云“云上于天”，或云“风行天上”，以类言之，今此应云“雷出地上”，乃云“雷出地奋豫”者，雷是阳气之声，奋是震动之状。雷既出地，震动万物，被阳气而生，各皆逸豫，故曰“雷出地奋，豫”也。“先王以作乐崇德”者，雷是鼓动，故先王法此鼓动而作乐，崇盛德业，乐以发扬盛德故也。“殷荐之上帝”者，用此殷盛之乐，荐祭上帝也，象雷出地而向天也。“以配祖考”者，谓以祖考配上帝。[2]

（4）设立专职辨阴阳之气以占王梦之吉凶。占梦者的职责是掌握季节运行，观察天地会合，辨别阴阳之气，根据日、月、星辰占卜正、恶、思、寤、喜、惧六种梦的吉凶。在季冬时节，将吉梦进献给国王，用菜祭四方，以送走恶梦，并令方相氏开始驱逐疫鬼。

占梦掌其岁时，观天地之会，辨阴阳之气，以日、月、星辰占六梦之吉凶。一曰正梦，二曰恶梦，三曰思梦，四曰寤梦，五曰喜梦，六曰惧梦。季冬，聘王梦，献吉梦

〔1〕《周易正义》（卷九），见〔清〕阮元校刻：《十三经注疏》，中华书局1980年版，第93页。

〔2〕《周易正义》（卷二），见〔清〕阮元校刻：《十三经注疏》，中华书局1980年版，第31页。

于王，王拜而受之；乃舍萌于四方，以赠恶梦，遂令始难欧疫。[1]

（5）布德行刑须顺阴阳二气盛衰之义。春夏之时，阳气生发，万物萌长，天子布德行惠，礼贤纳士，以顺阳义；秋冬之时，杀气渐盛，阳气渐衰，阴气聚敛，人主命令司法部门严百刑、断刑狱，以顺阴义。如果四季节令所行不当，就会导致阴阳失序，社会不安，灾祸来临；反之则百谷丰实，水旱不作。

①季春之月，日在胃，昏七星中，旦牵牛中。……

是月也，生气方盛，阳气发泄，句者毕出，萌者尽达，不可以内。天子布德行惠，命有司发仓廪，赐贫穷，振乏绝。开府库，出币帛，周天下。勉诸侯，聘名士，礼贤者。[2]

②孟夏之月，日在毕，昏翼中，旦婺女中。其日丙丁。……

是月也，以立夏，先立夏三日，大史谒之天子曰："某日立夏，盛德在火。"天子亲帅三公、九卿、大夫，以迎夏于南郊，还反，行赏，封诸侯，庆赐遂行，无不欣说。乃命乐师，习合礼乐。命太尉赞桀俊，遂贤良，举长大。行爵出禄，必当其位。(《祭统》曰："古者禘也，发爵赐服，顺阳义也。于尝也，出田邑，发秋政，顺阴义也。")[3]

---

〔1〕《周礼注疏》（卷二十五），见〔清〕阮元校刻：《十三经注疏》，中华书局 1980 年版，第 808 页。

〔2〕《礼记正义》（卷十五），见〔清〕阮元校刻：《十三经注疏》，中华书局 1980 年版，第 1363 页。

〔3〕《礼记正义》（卷十五），见〔清〕阮元校刻：《十三经注疏》，中华书局 1980 年版，第 1365 页。

③孟秋行冬令，则阴气大胜，介虫败谷，戎兵乃来，行春令，则其国乃旱，阳气复还，五谷无实。行夏令，则国多火灾。寒热不节，民多疟疾。[1]

④仲秋之月，日在角，昏牵牛中，旦觜觿中。其日庚辛。其帝少皞，其神蓐收。其虫毛。其音商，律中南吕。其数九。其味辛，其臭腥。其祀门祭先肝。是月也，养衰老，授几杖，行麋粥饮食。乃命司服，具饬衣裳，文绣有恒，制有小大，度有长短。衣服有量，必循其故。冠带有常。乃命有司申严百刑，斩杀必当。毋或枉桡，枉桡不当，反受其殃。……是月也，日夜分，雷始收声，蛰虫坏户，杀气浸盛，阳气日衰，水始涸。日夜分，则同度量，平权衡，正钧石，角斗甬。[2]

⑤季秋之月，日在房，昏虚中，旦柳中。其日庚辛。其帝少皞，其神蓐收。其虫毛。其音商，律中无射。其数九。其味辛，其臭腥。其祀门，祭先肝。是月也，申严号令。官贵贱无不务内，以会天地之藏，无有宣出。是月也，霜始降，则百工休。乃命有司曰："寒气总至，民力不堪，其皆入室。"……是月也，草木黄落，乃伐薪为炭。蛰虫咸俯在内，皆墐其户。乃趣狱刑，毋留有罪。收禄秩之不当，供养之不宜者。（正义曰：春夏阳气宽施，许人主从时，虽禄秩不当，亦所权许。今秋阴气急敛，禁罚必当，是春夏所权置者，今悉收停之也。禄秩不当，谓彼人不应得禄，而王恩私与之者；供养不宜，谓非常之膳，求不可

---

〔1〕《礼记正义》（卷十六），见〔清〕阮元校刻：《十三经注疏》，中华书局1980年版，第1373页。

〔2〕《礼记正义》（卷十六），见〔清〕阮元校刻：《十三经注疏》，中华书局1980年版，第1374页。

得者也。）……季秋行夏令，则其国大水，冬藏殃败，民多鼽嚏。行冬令，则国多盗贼，边境不宁，土地分裂。行春令，则暖风来至，民气解惰，师兴不居。〔1〕

⑥春者，阳气始上，故万物生。夏者，阳气毕上，故万物长。秋者，阴气始下，故万物收。冬者，阴气毕下，故万物藏。故春夏生长，秋冬收藏，四时之节也。赏赐刑罚，主之节也。四时未尝不生杀也，主未尝不赏罚也。故曰："春秋冬夏不更其节也。"〔2〕

⑦初，殿中侍御史赵湘尝建言："圣王行法，必顺天道。汉制大辟之科，尽冬月乃断。此古之善政，当举行之。且十二月为承天节，万方祝颂之时，而大辟决断如故。况十一月一阳始出，其气尚微，议狱缓刑，所以助阳抑阴也。望以十一月、十二月内，天下大辟未结正者，更令详覆；已结正者，未令决断。所在厚加矜恤，扫除狱房，供给饮食、薪炭之属，防护无致他故。情可悯者，奏听敕裁。合依法者，尽冬月乃断。在京大辟人，既当春孟之月，亦行庆施惠之时。伏望万几之暇，临轩躬览，情可悯者，特从末减，亦所以布圣泽于无穷。况愚民之抵罪未断，两月亦非淹延。若用刑顺于阴阳，则四时之气和，气和则百谷丰实，水旱不作矣。"〔3〕

（6）日常礼仪依阴阳二气之义举行。饮食礼节按照阴阳二气之

〔1〕《礼记正义》（卷十六），见〔清〕阮元校刻：《十三经注疏》，中华书局1980年版，第1379—1380页。

〔2〕《管子·形势解》，见盛广智译注：《管子译注》，吉林文史出版社1998年版，第587页。

〔3〕《宋史·刑法志》，见〔元〕脱脱等：《宋史》，中华书局2011年版，第4973—4974页。

义来进行：飨礼、禘礼、饮礼属于养阳气之列，故在春季进行并伴有音乐；食礼、尝礼属于养阴气之列，故在秋季举行且不用音乐伴奏。社祭之礼也符合阴阳之义：社祭是祭土神，土是阴气，国君面南立于社坛的北墙外边，以表示对着阴面；败亡之国的社祭，其社坛上面就要加上一层覆盖物，使它不能接触上天的阳气；薄（亳）社只在北面开个小窗，使它只能接触来自阴处的光明。婚礼的举行也要符合阴阳二气之义：婚礼不用音乐，因为乐属于阳气，而婚礼要求女子深思阴静之义以修妇道，如果用属于阳气的音乐，会使她们的意志分散不定的。

> ①飨、禘有乐，而食、尝无乐，阴阳之义也。凡饮，养阳气也。凡食，养阴气也。故春禘而秋尝，春飨孤子，秋食耆老，其义一也，而食尝无乐。饮，养阳气也，故有乐。食，养阴气也，故无声。凡声，阳也。〔1〕

> ②社祭土而主阴气也，君南乡于北墉下，答阴之义也。日用甲，用日之始也。天子大社，必受霜露风雨，以达天地之气也。是故丧国之社屋之，不受天阳也；薄社北牖，使阴明也。〔2〕

> ③昏礼不用乐，幽阴之义也。乐，阳气也。昏礼不贺，人之序也。〔3〕

（7）以人性制定礼义规范，可使阴阳刚柔四气和畅于民心而不

〔1〕《礼记正义》（卷二十五），见〔清〕阮元校刻：《十三经注疏》，中华书局 1980 年版，第 1446 页。

〔2〕《礼记正义》（卷二十五），见〔清〕阮元校刻：《十三经注疏》，中华书局 1980 年版，第 1449 页。

〔3〕《礼记正义》（卷二十六），见〔清〕阮元校刻：《十三经注疏》，中华书局 1980 年版，第 1456 页。

相争夺。人民的意识、心理是感受外物而形成的。过去的君王根据人的情性制定礼义规范，使万物和而有序，阴阳适度，刚柔得中，这样也使得阴阳刚柔四气和畅融汇于人心中且表现于外面，从而各安其位、不相争夺。

> 夫民有血气心知之性，而无哀乐喜怒之常，应感起物而动，然后心术形焉。是故志微、噍杀之音作，而民思忧。啴谐、慢易、繁文、简节之音作，而民康乐。粗厉、猛起、奋末、广贲之音作，而民刚毅。廉直、劲正、庄诚之音作，而民肃敬。宽裕、肉好、顺成、和动之音作，而民慈爱。流辟、邪散、狄成、涤滥之音作，而民淫乱。是故先王本之情性，稽之度数，制之礼义，合生气之和，道五常之行，使之阳而不散，阴而不密，刚气不怒，柔气不慑，四畅交于中，而发作于外，皆安其位，而不相夺也。〔1〕

（8）晓顺阴阳之气以施政，即可无为而天下治。通晓阳气，掌握日月运行规律，用于人民劳作；通晓阴气，把握星历时令及其运行次序。掌握这些知识然后付诸政治实践，就可以达到不筮不卜而治理好天下的效果。

> 故通乎阳气，所以事天也，经纬日月，用之于民。通乎阴气，所以事地也，经纬星历，以视其离。通若道然后有行，然则神筮不灵，神龟不卜，黄帝泽参，治之至也。〔2〕

（9）为政善治阴阳之气即可化治天下。过去黄帝治理天下，协调日月运行的规律，治理阴阳之气，制定四时节令制度，匡正历律

〔1〕《礼记正义》（卷三十八），见〔清〕阮元校刻：《十三经注疏》，中华书局 1980 年版，第 1535 页。

〔2〕《管了·五行》，见盛广智译注：《管子译注》，吉林文史出版社 1998 年版，第 440 页。

周期，分别男女礼节，明确上下级的行为规范，从而使得民相亲、百官正、法令明、风俗淳、风雨调、祥瑞至。

①老子曰：昔黄帝之治天下，调日月之行，治阴阳之气，节四时之度，正律历之数，别男女，明上下，使强不掩弱，众不暴寡，民保命而不夭，岁时熟而不凶，百官正而无私，上下调而无尤，法令明而不暗，辅佐公而不阿，田者让畔，道不拾遗，市不预贾，故于此时，日月星辰不失其行，风雨时节，五谷丰昌，凤凰翔于庭，麒麟游于郊。〔1〕

②昔者黄帝治天下，而力牧、太山稽辅之，以治日月之行律，治阴阳之气，节四时之度，正律历之数，别男女，异雌雄，明上下，等贵贱，使强不掩弱，众不暴寡，人民保命而不夭，岁时孰而不凶，百官正而无私，上下调而无尤，法令明而不暗，辅佐公而不阿，田者不侵畔，渔者不争隈。道不拾遗，市不豫贾，城郭不关，邑无盗贼，鄙旅之人相让以财，狗彘吐菽粟于路，而无仇争之心。于是日月精明，星辰不失其行，风雨时节，五谷登孰，虎狼不妄噬，鸷鸟不塾搏，凤凰翔于庭，麒麟游于郊，青龙进驾，飞黄伏皂，诸北、儋耳之国，莫不献其贡职，然犹未及宓戏氏之道也。〔2〕

（10）协调阴阳之气和四时之节为治，即可盛而不败。过去的圣王，取法天、地、人三才，协调阴阳之气和四时节令，考察地势人

---

〔1〕《文子·精诚》，见李德山译注：《文子译注》，黑龙江人民出版社 2003 年版，第 37 页。

〔2〕《淮南子·览冥训》，见〔东汉〕高诱注：《淮南子》，《诸子集成》（第七册），中华书局 1954 年版，第 94—95 页。

情和五行之性等，制定生存之道、人伦礼仪、政治教化等治纲，实现了盛而不败的化治效果。

①老子曰：昔者之圣王，仰取象于天，俯取度于地，中取法于人；调阴阳之气，和四时之节，察陵陆水泽肥墩高下之宜，以立事生财，除饥寒之患，辟疾疢之灾，中受人事，以制礼乐，行仁义之道，以治人伦。列金木水火土之性，以立父子之亲而成家；听五音清浊六律相生之数，以立君臣之义而成国；察四时孟仲季之序，以立长幼之节而成官；列地而州之，分国而治之，立大学以教之，此治之纲纪也。得道则举，失道则废。夫物未尝有张而不弛，盛而不败者也，唯圣人可盛而不败。[1]

②昔者，五帝三王之莅政施教，必用参五。何谓参五？仰取象于天，俯取度于地，中取法于人，乃立明堂之朝，行明堂之令，以调阴阳之气，以和四时之节，以辟疾病之菑。俯视地理，以制度量，察陵陆水泽肥墩高下之宜，立事生财，以除饥寒之患。中考乎人德，以制礼乐，行仁义之道，以治人伦而除暴乱之祸。乃澄列金木水火土之性，故立父子之亲而成家；别清浊五音六律相生之数，以立君臣之义而成国；察四时季孟之序，以立长幼之礼而成官。此之谓参。制君臣之义，父子之亲，夫妇之辨，长幼之序，朋友之际，此之谓五。乃裂地而州之，分职而治之，筑城而居之，割宅而异之，分财而衣食之，立大学而教诲之，夙兴夜寐而劳力之。此治之纲纪也。[2]

---

〔1〕《文子·上礼》，见李德山译注：《文子译注》，黑龙江人民出版社 2003 年版，第 303 页。

〔2〕《淮南子·泰族训》，见〔东汉〕高诱注：《淮南子》，《诸子集成》（第七册），中华书局 1954 年版，第 351 页。

（11）至德之世垂拱而治，圣人呼吸阴阳之气而群生归顺。在道德最纯美的时代，人们扶持天地而委弃万物，以鸿濛作圭表，来去没有疆域的限制。圣人呼吸阴阳二气而众生归慕和顺。没有人特意治理引导，人和万物悄然生长，浑然纯粹，悠游自得，因此，即使有后羿的智慧也用不上。

> 至德之世，甘瞑于溷澜之域，而徙倚于汗漫之宇。提挈天地而委万物，以鸿濛为景柱，而浮扬乎无畛之际。是故圣人呼吸阴阳之气，而群生莫不颙颙然仰其德以和顺。当此之时，莫之领理决离，隐密而自成。浑浑苍苍，纯朴未散，旁薄为一，而万物大优，是故虽有羿之知而无所用之。〔1〕

（12）治民须尊奉天道、调阴阳之气。《淮南子》中的《天文》篇，讲的是调和阴阳之气，理顺日月运行规律，掌握开塞逆顺变化及星辰运行的次序，避祸趋吉，效法五星之神的活动规则，使人们能够尊奉天道、顺应变化，而不扰乱其正常规律。

> 《天文》者，所以和阴阳之气，理日月之光，节开塞之时，列星辰之行，知逆顺之变，避忌讳之殃，顺时运之应，法五神之常，使人有以仰天承顺，而不乱其常者也。〔2〕

（13）效阴阳二气之德而行厚德简刑之政。天地之间，有阴阳二气，阴阳的出入虚实代表了天地的德刑仁义道德品质。圣人和王者都应知晓天道天德，并效法天地阴阳之德，在政事上做到多爱少严、

---

〔1〕《淮南子·俶真训》，见〔东汉〕高诱注：《淮南子》，《诸子集成》（第七册），中华书局1954年版，第27页。

〔2〕《淮南子·要略》，见〔东汉〕高诱注：《淮南子》，《诸子集成》（第七册），中华书局1954年版，第370页。

厚德简刑、好仁恶戾，实现“配天”之义。同时君臣父子夫妇等纲常礼教也是阴阳之气在伦理规范上的体现。

①阴阳二物，终岁各壹出。壹其出，远近同度而不同意。阳之出也，常县于前而任事；阴之出也，常县于后而守空处。此见天之亲阳而疏阴，任德而不任刑也。是故仁义制度之数，尽取之天。天为君而覆露之，地为臣而持载之；阳为夫而生之，阴为妇而助之；春为父而生之，夏为子而养之；秋为死而棺之，冬为痛而丧之。王道之三纲，可求于天。天出阳为暖以生之，地出阴为清以成之，不暖不生，不清不成，然而计其多少之分，则暖暑居百而清寒居一，德教之与刑罚犹此也。故圣人多其爱而少其严，厚其德而简其刑，以此配天。……圣人之道，同诸天地，荡诸四海，变易习俗。〔1〕

②阳天之德，阴天之刑也。阳气暖而阴气寒，阳气予而阴气夺，阳气仁而阴气戾，阳气宽而阴气急，阳气爱而阴气恶，阳气生而阴气杀。是故阳常居实位而行于盛，阴常居空位而行于末。天之好仁而近，恶戾之变而远，大德而小刑之意也。……是故天数右阳而不右阴，务德而不务刑；刑之不可任以成世也，犹阴之不可任以成岁也；为政而任刑，谓之逆天，非王道也。〔2〕

③天地之间，有阴阳之气，常渐人者，若水常渐鱼也。所以异于水者，可见与不可见耳，其澹澹也。然则人之居

---

〔1〕《春秋繁露·基义》，见〔汉〕董仲舒：《春秋繁露》，中华书局1975年版，第434页。

〔2〕《春秋繁露·阳尊阴卑》，见〔汉〕董仲舒：《春秋繁露》，中华书局1975年版，第393页。

天地之间，其犹鱼之离水，一也。其无间若气而淖于水。水之比于气也，若泥之比于水也。……夫王者不可以不知天。知天，诗人之所难也，天意难见也，其道难理。是故明阳阴入出实虚之处，所以观天之志。辨五行之本末顺逆，小大广狭，所以观天道也。天志仁，其道也义。为人主者，予夺生杀，各当其义，若四时；列官置吏，必以其能，若五行；好仁恶戾，任德远刑，若阴阳。此之谓能配天。〔1〕

④《易》一物而三才：阴阳，气也，而谓之天；刚柔，质也，而谓之地；仁义，德也，而谓之人。〔2〕

（14）人主参天地阴阳之气以应治乱之世。天地的阴阳之气与人的阴阳之气相互感召呼应。人主参淆天地阴阳之气，治世以正气淆天地之化，乱世以邪气淆天地之化。

①百物去其所与异，而从其所与同，故气同则会，声比则应，其验皦然也。……天有阴阳，人亦有阴阳，天地之阴气起，而人之阴气应之而起，人之阴气起，天地之阴气亦宜应之而起，其道一也。明于此者，欲致雨，则动阴以起阴，欲止雨，则动阳以起阳，故致雨非神也。而疑于神者，其理微妙也。非独阴阳之气可以类进退也，虽不祥祸福所从生，亦由是也。无非已先起之，而物以类应之而动者也。〔3〕

②天者其道长万物，而王者长人。人主之大，天地之

---

〔1〕《春秋繁露·天地阴阳》，见〔汉〕董仲舒：《春秋繁露》，中华书局1975年版，第599页。

〔2〕〔宋〕张载：《张子正蒙》，上海古籍出版社2000年版，第197页。

〔3〕《春秋繁露·同类相动》，见〔汉〕董仲舒：《春秋繁露》，中华书局1975年版，第444页。

参也；奸恶之分，阴阳之理也；喜怒之发，寒暑之比也；官职之事，五行之义也。以此长天地之间，荡四海之内，殽阴阳之气，与天地相杂。是故人言：既曰王者参天地矣，苟参天地，则是化矣，岂独天地之精哉。王者亦参而殽之，治则以正气殽天地之化，乱则以邪气殽天地之化，同者相益，异者相损之数也，无可疑者矣。[1]

（15）寒温之变与赏罚无关。王充辩驳赏赐属于阳道，“阳气温，故温气应之”，诛杀属于阴道，“阴气寒，故寒气应之”的观点，认为寒温之变与赏罚无关。

①或曰：“以类相招致也。喜者和温，和温赏赐，阳道施予，阳气温，故温气应之。怒者愠恚，愠恚诛杀。阴道肃杀，阴气寒，故寒气应之。虎啸而谷风至，龙兴而景云起。同气共类，动相招致。故曰：‘以形逐影，以龙致雨。’雨应龙而来，影应形而去。天地之性，自然之道也。秋冬断刑，小狱微原，大辟盛寒，寒随刑至，相招审矣。”夫比寒温于风云，齐喜怒于龙虎，同气共类，动相招致，可矣。虎啸之时，风从谷中起；龙兴之时，云起百里内。他谷异境，无有风云。今寒温之变，并时皆然。百里用刑，千里皆寒，殆非其验。齐、鲁接境，赏罚同时，设齐赏鲁罚，所致宜殊，当时可齐国温、鲁地寒乎？[2]

②今熯薪燃釜，火猛则汤热，火微则汤冷。夫政犹火，寒温犹热冷也。顾可言人君为政，赏罚失中也，逆乱阴阳，使气不和，乃言天为人君为寒为温以谴告之乎！儒者之说又

〔1〕《春秋繁露·天地阴阳》，见〔汉〕董仲舒：《春秋繁露》，中华书局 1975 年版，第 601 页。

〔2〕《论衡·寒温篇》，见〔东汉〕王充：《论衡》，上海人民出版社 1974 年版，第 221 页。

> 言：人君失政，天为异；不改，灾其人民；不改，乃灾其身也。先异后灾，先教后诛之义也。曰：此复疑也。[1]

（16）阳阴二气激烈相冲至杀伤人物为天罚阴过之说不实。王充辩驳夏天阳气阴气激烈相冲至杀伤人物，为天惩罚人过错的观点。王充认为这种言论毫无根据，不正确。

> 盛夏阳气炽烈，阴气干之，激射毄裂，中杀人物。谓天罚阴过，外一闻若是，内实不然。夫谓灾异为谴告诛伐，犹为雷杀人罚阴过也。非谓之言，不然之说也。[2]

（17）雩祭焚巫之行源于阴阳二气之义。王充解释妖祥、鬼神、童谣、石言产生的原因，认为这些都是太阳之气作用的结果："荧惑守宿，国有祸败"，昭示国祸的童谣是荧惑促使的，因为世人认为童子为阳；雩祭的礼仪，舞童暴巫，是为"倍阴合阳"之义；"鲁僖遭旱，议欲焚巫"，是因为当时人们认为，巫含阳气，天旱是因为阳胜，所以通过焚巫来缓解旱情。

> ①天地之气为妖者，太阳之气也。妖与毒同，气中伤人者谓之毒，气变化者谓之妖。世谓童谣，荧惑使之，彼言有所见也。荧惑火星，火有毒荧。故当荧惑守宿，国有祸败。火气恍惚，故妖象存亡。龙，阳物也，故时变化。鬼，阳气也，时藏时见。阳气赤，故世人尽见鬼，其色纯朱。蜚凶，阳也。阳，火也。故蜚凶之类为火光，火热焦物，故止集树木，枝叶枯死。《鸿范》五行二曰火，五事二曰言。言、火同气，故童谣、诗歌为妖言。言出文成，故世有文书之怪。世谓童子为阳，故妖言出于小童。童、巫

---

〔1〕《论衡·谴告篇》，见〔东汉〕王充：《论衡》，上海人民出版社 1974 年版，第 227 页。
〔2〕《论衡·谴告篇》，见〔东汉〕王充：《论衡》，上海人民出版社 1974 年版，第 227 页。

含阳，故大雩之祭，舞童暴巫。雩祭之礼，倍阴合阳，故犹日食阴胜，攻社之阴也。日食阴胜，故攻阴之类。天旱阳胜，故愁阳之党。巫为阳党，故鲁僖遭旱，议欲焚巫。巫含阳气，以故阳地之民多为巫。巫党于鬼，故巫者为鬼巫。鬼巫比于童谣，故巫之审者，能处吉凶。吉凶能处，吉凶之徒也，故申生之妖见于巫。巫含阳，能见为妖也。申生为妖，则知杜伯、庄子义厉鬼之徒皆妖也。杜伯之厉为妖，则其弓、矢、投、措皆妖毒也。妖象人之形，其毒象人之兵。鬼、毒同色，故杜伯弓矢皆朱彤也。毒象人之兵，则其中人，人辄死也。中人微者即为腓，病者不即时死。何则？腓者，毒气所加也。妖或施其毒，不见其体；或见其形，不施其毒；或出其声，不成其言；或明其言，不知其音。若夫申生，见其体、成其言者也；杜伯之属，见其体、施其毒者也；诗妖、童谣、石言之属，明其言者也；濮水琴声、纣郊鬼哭，出其声者也。[1]

②苍犬噬吕后，吕后且死，妖象犬形也。武安且卒，妖象窦婴、灌夫之面也。故凡世间所谓妖祥、所谓鬼神者，皆太阳之气为之也。太阳之气，天气也。天能生人之体，故能象人之容。夫人所以生者，阴、阳气也。阴气主为骨肉，阳气主为精神。人之生也，阴、阳气具，故骨肉坚，精气盛。精气为知，骨肉为强，故精神言谈，形体固守。骨肉精神，合错相持，故能常见而不灭亡也。太阳之气，盛而无阴，故徒能为象，不能为形。无骨肉有精气，故一见恍惚，辄复灭亡也。[2]

〔1〕《论衡·订鬼篇》，见〔东汉〕王充：《论衡》，上海人民出版社1974年版，第346页。
〔2〕《论衡·订鬼篇》，见〔东汉〕王充：《论衡》，上海人民出版社1974年版，第347页。

## 三、四时五行之气与法

四时之气即春夏秋冬四季的气候物象。四时之气是古人对春夏秋冬四季自然物候变化发展规律的概念表述。五行之气即金气、木气、水气、火气、土气。五行学说是古代描述自然界物质状态及其相互转化关系的哲学理论。《尚书》中的《甘誓》和《洪范》篇中最早提出了水、火、木、金、土五行的概念，其中的“水”代表可以流动的物质，“火”代表可以燃烧散发热能的物质，“木”代表可以生长的物质，“金”代表坚固的物质，“土”代表可繁殖万物的物质。春秋战国秦汉之际，表示五行特性的五行之气的概念大量出现，并与阴阳之气、四时之气等概念结合起来，探讨其与人类社会政治、道德、法律之间的关系。《管子》《吕氏春秋》等书宣扬四时五行之气的运动规律是政治礼法活动的依据和根源，布政施法、德行政治要效法四时五行之气并顺应四时五行之气。《春秋繁露》从五行之气相生相胜的角度，阐释司农、司马、司营、司徒、司寇五官政事的相互助益和制衡，并指出政令制度与四时五行之气间的感应关系。而《论衡》则反对四时五行之气与德政刑罚相互感应作用的观点，通过举事例的方法论证了四季寒温变化与德政刑罚无关，显示了思辨的智慧和思想认识上的不同凡响。至唐代，四时五行之气与社会政治法律之间相互助益、感应互动的观念得到了一定的认同和应用，这一点，在孔颖达的《周易正义》《尚书正义》《礼记正义》等书中得到了很好的体现。

（1）以四时五行之气为则，行仁、礼、义、信之德。人汇聚了天地的德性和阴阳五行的灵秀之气，是天地之心和五行之端。圣人以天地、阴阳、四时、五行为效法和立事的准则。天有元（生养万物）、亨（通畅万物）、利（利益庶物）、贞（成就万物）四德流布于四时五行，圣人效法此四天德，而行仁、礼、义、信四事之德，以配天德及其四时五行之气。

①乾下乾上。乾：元、亨、利、贞。

……用九，天德不可为首也。

［疏］正义曰：此一节释经之“用九”之《象》辞。……但圣人以人事托之，谓此自然之功，为天之四德，垂教于下，使后代圣人法天之所为，故立天“四德”以设教也。庄氏云：“第一节‘元者善之长’者，谓天之体性，生养万物，善之大者，莫善施生，元为施生之宗，故言‘元者善之长’也。‘亨者嘉之会’者，嘉，美也。言天能通畅万物，使物嘉美之会聚，故云‘嘉之会’也。‘利者义之和’者，言天能利益庶物，使物各得其宜而和同也。‘贞者事之干’者，言天能以中正之气，成就万物，使物皆得干济。”庄氏之意，以此四句明天之德也，而配四时。“元”是物始，于时配春，春为发生，故下云“体仁”，仁则春也。“亨”是通畅万物，于时配夏，故下云“合礼”，礼则夏也。“利”为和义，于时配秋，秋既物成，各合其宜。“贞”为事干，于时配冬，冬既收藏，事皆干了也。于五行之气，唯少土也。土则分王四季，四气之行，非土不载，故不言也。“君子体仁足以长人”者，自此已下，明人法天之行此“四德”，言君子之人，体包仁道，泛爱施生，足以尊长于人也。仁则善也，谓行仁德，法天之“元”德也。“嘉会足以合礼”者，言君子能使万物嘉美集会，足以配合于礼，谓法天之“亨”也。“利物足以和义”者，言君子利益万物，使物各得其宜，足以和合于义，法天之“利”也。“贞固足以干事”者，言君子能坚固贞正，令物得成，使事皆干济，此法天之“贞”也。施于王事言之，元则仁也，亨则礼也，利则义也，贞则信也。不论智者，行此四事，并须资于知。……故曰：乾，元亨利贞，以君子之人，当行此四种之德。是以文王作《易》，称“元亨

> 利贞”之德，欲使君子法之。但行此“四德”，则与天同功，非圣人不可。唯云“君子”者，但易之为道，广为垂法。若限尚圣人，恐不逮余下。故总云“君子”，使诸侯公卿之等，悉皆行之。但圣人行此“四德”，能尽其极也。[1]

> ②故人者，其天地之德，阴阳之交，鬼神之会，五行之秀气也。故天秉阳，垂日星；地秉阴，窍于山川。播五行于四时，和而后月生也。是以三五而盈，三五而阙。五行之动，迭相竭也。五行四时十二月，还相为本也。五声六律十二管，还相为宫也。五味六和十二食，还相为质也。五色六章十二衣，还相为质也。故人者，天地之心也，五行之端也，食味、别声、被色而生者也。
>
> 故圣人作则，必以天地为本，以阴阳为端，以四时为柄，以日星为纪，月以为量，鬼神以为徒，五行以为质，礼义以为器，人情以为田，四灵以为畜。以天地为本，故物可举也。以阴阳为端，故情可睹也。以四时为柄，故事可劝也。以日星为纪，故事可列也。月以为量，故功有艺也。鬼神以为徒，故事有守也。五行以为质，故事可复也。礼义以为器，故事行有考也。人情以为田，故人以为奥也。四灵以为畜，故饮食有由也。[2]

（2）效法天显现四时节气之德，行不以刑制使物，而以观感化物之政。观卦“不以刑制使物，而以观感化物”，与天的神道相合。天的神道微妙而不可知见通晓，却显现出四时节气的变化且没有差

〔1〕《周易正义》（卷一），见〔清〕阮元校刻：《十三经注疏》，中华书局1980年版，第15页。

〔2〕《礼记正义》（卷二十二），见〔清〕阮元校刻：《十三经注疏》，中华书局1980年版，第1424页。

错。圣人效法天之神道，以“观”设教，不用言语教戒和威刑恐逼，“身自行善，垂化于人”，而“天下服”。

坤下巽上。观：盥而不荐，有孚颙若。（王道之可观者，莫盛乎宗庙。宗庙之可观者，莫盛于盥也。至荐简略，不足复观，故观盥而不观荐也。）……

顺而巽，中正以观天下，观，“盥而不荐，有孚颙若”，下观而化也。观天之神道，而四时不忒。圣人以神道设教，而天下服矣。（统说观之为道，不以刑制使物，而以观感化物者也。神则无形者也。不见天之使四时，“而四时不忒”，不见圣人使百姓，而百姓自服也。）

正义曰：顺而和巽，居中得正，以观于天下，谓之“观”也。此释观卦之名。“观盥而不荐，有孚颙若，下观而化”者，释“有孚颙若”之义，本由在下，观效在上而变化，故“有孚颙若”也。“观天之神道而四时不忒”者，此盛名观卦之美，言“观盥”与天之神道相合，观此天之神道而四时不有差忒。“神道”者，微妙无方，理不可知，目不可见，不知所以然而然，谓之“神道”，而四时之节气见矣。岂见天之所为，不知从何而来邪？盖四时流行，不有差忒，故云“观天之神道而四时不忒”也。“圣人以神道设教，而天下服矣”者，此明圣人用此天之神道，以“观”设教而天下服矣。天既不言而行，不为而成，圣人法则天之神道，本身自行善，垂化于人，不假言语教戒，不须威刑恐逼，在下自然观化服从，故云“天下服矣”。[1]

（3）效四时节气，春夏赏赐，秋冬行刑。大人、圣人的道德行

---

〔1〕《周易正义》（卷三），见〔清〕阮元校刻：《十三经注疏》，中华书局1980年版，第36页。

为与天地、日月、四时相合，并效法天地四时节气变化，春夏赏赐，秋冬行刑。

> ①夫大人者，与天地合其德，与日月合其明，与四时合其序，与鬼神合其吉凶。先天而天弗违，后天而奉天时。天且弗违，而况于人乎？况于鬼神乎？
>
> 正义曰：此明九五爻辞。但上节明大人与万物相感，此论大人之德，无所不合，广言所合之事。“与天地合其德”者，庄氏云：“谓覆载也”。“与日月合其明”者，谓照临也。“与四时合其序”者，若赏以春夏，刑以秋冬之类也。〔1〕

> ②是故天生神物，圣人则之。天地变化，圣人效之。天垂象，见吉凶，圣人象之。河出图，洛出书，圣人则之。
>
> [疏]正义曰：“是故天生神物，圣人则之”者，谓天生蓍龟，圣人法则之以为卜筮也。“天地变化，圣人效之”者，行四时生杀，赏以春夏，刑以秋冬，是圣人效之。“天垂象，见吉凶，圣人象之”者，若璿玑玉衡，以齐七政，是圣人象之也。〔2〕

（4）依四时气节等制定岁历，以告时授事。尧舜禹等先秦时代，君王或执掌历象的大臣效法昊天景象，根据日月、星宿、四时气节等运行规律制定或协同岁历，并按照岁历告知人民时节，指导人们从事生产和活动。

---

〔1〕《周易正义》（卷一），见〔清〕阮元校刻：《十三经注疏》，中华书局 1980 年版，第 17 页。

〔2〕《周易正义》（卷七），见〔清〕阮元校刻：《十三经注疏》，中华书局 1980 年版，第 82 页。

①岁二月，东巡守，至于岱宗，柴，望秩于山川，肆观东后。协时月正日，同律度量衡。

正义曰：舜既班瑞群后，即以其岁二月东行巡省守土之诸侯，至于岱宗之岳，燔柴告至，又望而以秩次祭于其方岳山川。柴望既毕，遂以礼见东方诸侯诸国之君，于此诸国协其四时气节、月之大小，正其日之甲乙，使之齐一。均同其国之法制、度之丈尺、量之斛斗、衡之斤两，皆使齐同，无轻重大小。〔1〕

②五纪。一曰岁（所以纪四时），二曰月（所以纪一月），三曰日（纪一日），四曰星辰（二十八宿迭见以叙气节，十二辰以纪日月所会），五曰历数（历数节气之度以为历，敬授民时）。〔2〕

③冯相氏掌十有二岁、十有二月、十有二辰、十日、二十有八星之位，辨其叙事，以会天位。冬夏致日，春秋致月，以辨四时之叙。（冬至，日在牵牛，景丈三尺。夏至，日在东井，景尺五寸。此长短之极。极则气至，冬无愆阳，夏无伏阴。春分日在娄，秋分日在角，而月弦于牵牛、东井，亦以其景知气至不。春秋冬夏气皆至，则是四时之叙正矣。）〔3〕

（5）布德施罚顺四时之气。君王及百官的政治活动顺应四时之气。春夏阳气著盛，布德施惠，静事毋刑，庆赏朝臣及诸侯，以顺

〔1〕《尚书正义》（卷三），见〔清〕阮元校刻：《十三经注疏》，中华书局1980年版，第127页。

〔2〕《尚书正义》（卷十二），见〔清〕阮元校刻：《十三经注疏》，中华书局1980年版，第190页。

〔3〕《周礼注疏》（卷二十六），见〔清〕阮元校刻：《十三经注疏》，中华书局1980年版，第818页。

阳气；秋冬阴气凝盛，征不义，诛暴慢，决狱严刑，赏赐死事兵帅，以顺秋冬寒阴之气。

①孟春之月，日在营室，昏参中，旦尾中。其日甲乙。（孟，长也。日月之行，一岁十二会，圣王因其会而分之，以为大数焉。观斗所建，命其四时。此云孟春者，日月会于诹訾，而斗建寅之辰也。凡记昏明中星者，为人君南面而听天下，视时以授民事。）……

是月也，以立春。先立春三日，大史谒之天子曰："某日立春，盛德在木。"天子乃斋。立春之日，天子亲帅三公、九卿、诸侯、大夫，以迎春于东郊。还反，赏公、卿、诸侯、大夫于朝。命相布德和令，行庆施惠，下及兆民。乃命大史，守典奉法，司天日月星辰之行，宿离不贷，毋失经纪，以初为常。（此立春立秋云"天子亲帅三公、九卿、诸侯、大夫"，立夏立冬云"亲帅三公、九卿、大夫"，不云诸侯，文不备，当亦有诸侯，故立夏下云"乃封诸侯"。于夏既然，明冬诸侯亦然。在孟春云"赏公、卿、诸侯、大夫于朝"，孟夏云"还乃行赏封诸侯，庆赐遂行，无不欣说"，孟秋云"还乃赏军帅武人于朝"，孟冬云"还乃赏死事恤孤寡"。四时所赏不同者，庾云："顺时气也。春阳气始著，仁泽之时，故顺其时而赏朝臣及诸侯也。至夏阳气尤盛，万物增长，故用是时庆赏转广，是以无不欣说也。秋阴气始著严凝之时，故从其时而赏军帅及武人也。至冬阴气尤盛，万物衰杀，故用是时赏死事者及其妻子也。"）[1]

---

〔1〕《礼记正义》（卷十四），见〔清〕阮元校刻：《十三经注疏》，中华书局 1980 年版，第 1352 页。

②季春之月……是月也，乃合累牛腾马，游牝于牧。牺牲、驹、犊，举书其数。命国难，九门磔攘，以毕春气。(《王居明堂礼》曰："季春出疫于郊，以攘春气。")[1]

③仲夏之月，日在东井，昏亢中，旦危中。其日丙丁。

…………

是月也，日长至，阴阳争，死生分。君子齐戒，处必掩身，毋躁。止声色，毋或进。薄滋味，毋致和。节耆欲，定心气。百官静事毋刑。以定晏阴之所成。[2]

④季夏之月，日在柳，昏火中，旦奎中。其日丙丁。

…………

是月也，树木方盛，乃命虞人入山行木，毋有斩伐。不可以兴土功，不可以合诸侯，不可以起兵动众。毋举大事以摇养气。毋发令而待，以妨神农之事也。水潦盛昌，神农将持功，举大事则有天殃。[3]

⑤孟秋之月，日在翼，昏建星中，旦毕中。其日庚辛。

…………

是月也，以立秋。先立秋三日，大史谒之天子曰："某日立秋，盛德在金。"大子乃齐。立秋之日，天子亲帅三公、九卿、诸侯、大夫以迎秋于西郊，还反，赏军帅、武人于朝。天子乃命将帅选士厉兵，简练桀俊，专任有功，

---

〔1〕《礼记正义》(卷十五)，见〔清〕阮元校刻:《十三经注疏》，中华书局1980年版，第1363页。

〔2〕《礼记正义》(卷十六)，见〔清〕阮元校刻:《十三经注疏》，中华书局1980年版，第1370页。

〔3〕《礼记正义》(卷十六)，见〔清〕阮元校刻:《十三经注疏》，中华书局1980年版，第1370页。

以征不义。诘诛暴慢，以明好恶，顺彼远方。是月也，命有司修法制，缮囹圄，具桎梏，禁止奸，慎罪邪，务搏执。命理瞻伤，察创视折。审断、决狱讼，必端平。戮有罪，严断刑。天地始肃，不可以赢。[1]

⑥季冬之月，日在婺女，昏娄中，旦氐中。其日壬癸。其帝颛顼，其神玄冥。其虫介。其音羽，律中大吕。其数六。其味咸，其臭朽。其祀行，祭先肾。天子居玄堂右个，乘玄路，驾铁骊，载玄旂，衣黑衣，服玄玉，食黍与彘，其器闳以奄。命有司大难，旁磔，出土牛，以送寒气。征鸟厉疾。乃毕山川之祀，及帝之大臣，天之神祇。[2]

（6）依四时节气布政施法。春夏秋冬四时政令不合时节，则会导致风雨失调，气候反常，进而发生自然灾害。所以要根据春夏秋冬四时的不同节气，举行“规”“衡”“矩”“权”不同的政事和生产生活活动。如春季“地气发”“天气下”“义气至”，就要“戒春事”“赐与”“修门闾”等，君王也要穿青色的衣服，吃酸味的食品，听角调的音乐，调制燥气……举动都要符合礼仪时数；夏季“绝气下”“大暑至”，就要“下爵赏”“尽善”等，君王也要穿红色的衣服，吃苦味的食品，听羽调的音乐，调理阳气……规定官员名分职守，使法令畅通，各安其位；秋季“小卯”“白露下”“始节”，就要“薄百爵”“收聚”“赋事”等，君王也要穿白色的衣服，吃辛味的食品，听商调的音乐，调理湿气……修治乡间的什伍编制，核定官职数字，养老恤弱，申明利害而不藏私心；冬季“始寒”“大寒”就要“尽刑”“至静”等，君王也要穿黑色的衣服，吃咸味的食品，听征

〔1〕《礼记正义》（卷十六），见〔清〕阮元校刻：《十三经注疏》，中华书局1980年版，第1373页。

〔2〕《礼记正义》（卷十七），见〔清〕阮元校刻：《十三经注疏》，中华书局1980年版，第1384页。

调的音乐，调理寒气……心怀慈厚，行为简朴等。

①仲春行秋令，则其国大水，寒气总至，寇戎来征。行冬令，则阳气不胜，麦乃不熟，民多相掠。行夏令，则国乃大旱，暖气早来，虫螟为害。[1]

②春行冬政肃。行秋政雷。行夏政阉。十二，地气发，戒春事。十二小卯，出耕。十二天气下，赐与。十二义气至，修门闾。十二清明，发禁。十二始卯，合男女。十二中卯。十二下卯。三卯同事，八举时节。君服青色，味酸味，听角声，治燥气，用八数，饮于青后之井。以羽兽之火爨。藏不忍，行欧养。坦气修通，凡物开静，形生理。合内空周外。强国为圈，弱国为属。动而无不从，静而无不同。举发以礼，时礼必得。和好不基。贵贱无司，事变日至。[2]

③夏行春政风。行冬政落。重则雨雹。行秋政水。十二小郢，至德。十二绝气下，下爵赏。十二中郢，赐与。十二中绝，收聚。十二大暑至，尽善。十二中暑。十二小暑终。三暑同事。七举时节，君服赤色，味苦味，听羽声，治阳气，用七数，饮于赤后之井，以毛兽之火爨。藏薄纯，行笃厚，坦气修通，凡物开静，形生理。定府官，明名分，而审责于群臣有司，则下不乘上，贱不乘贵，法立数得，而无比周之民，则上尊而下卑，远近不乖。[3]

---

〔1〕《礼记正义》（卷十五），见〔清〕阮元校刻：《十三经注疏》，中华书局1980年版，第1362页。

〔2〕《管子·幼官》，见盛广智译注：《管子译注》，吉林文史出版社1998年版，第75页。

〔3〕《管子·幼官》，见盛广智译注：《管子译注》，古吉林文史出版社1998年版，第76页。

④秋行夏政叶，行春政华，行冬政秏。十二期风至，戒秋事。十二小卯，薄百爵。十二白露下，收聚。十二复理，赐与。十二始节，赋事。十二始卯，合男女。十二中卯，十二下卯，三卯同事。九和时节，君服白色，味辛味，听商声，治湿气，用九数。饮于白后之井，以介虫之火爨。藏恭敬，行搏锐，坦气修通，凡物开静，形生理。闲男女之畜，修乡闾之什伍。量委积之多寡，定府官之计数。养老弱而勿通，信利周而无私。[1]

⑤冬行秋政雾，行夏政雷，行春政烝泄。十二始寒，尽刑。十二小榆，赐予。十二中寒，收聚。十二中榆，大收。十二大寒，至静。十二大寒之阴，十二大寒终，三寒同事。六行时节，君服黑色，味咸味，听征声，治阴气，用六数，饮于黑后之井，以鳞兽之火爨。藏慈厚，行薄纯，坦气修通，凡物开静，形生理。[2]

⑥制度阴阳，大制有六度，天为绳，地为准，春为规，夏为衡，秋为矩，冬为权。绳者，所以绳万物也；准者，所以准万物也；规者，所以员万物也；衡者，所以平万物也；矩者，所以方万物也；权者，所以权万物也。绳之为度也，直而不争，修而不穷，久而不弊，远而不忘，与天合德，与神合明，所欲则得，所恶则亡，自古及今，不可移匡，厥德孔密，广大以容，是故上帝以为物宗。准之以为度也，平而不险，均而不阿，广大以容，宽裕以和，柔而不刚，锐而不挫，流而不滞，易而不秽，发通而有纪，

---

〔1〕《管子·幼官》，见盛广智译注：《管子译注》，吉吉林文史出版社 1998 年版，第 76 页。

〔2〕《管子·幼官》，见盛广智译注：《管子译注》，吉吉林文史出版社 1998 年版，第 76 页。

周密而不泄，准平而不失，万物皆平，民无险谋，怨恶不生，是故上帝以为物平。规之为度也，转而不复，员而不垸，优而不纵，广大以宽，感动有理，发通有纪，优优简简，百怨不起。规度不失，生气乃理。衡之为度也，缓而不后，平而不怨，施而不德，吊而不责，当平民禄，以继不足，勃勃阳阳，唯德是行，养长化育，万物蕃昌，以成五谷，以实封疆，其政不失，天地乃明。矩之为度也，肃而不悖，刚而不愦，取而无怨，内而无害，威厉而不慑，令行而不废，杀伐既得，仇敌乃克，矩正不失，百诛乃服。权之为度也，急而不赢，杀而不割，充满以贯，周密而不泄，败物而弗取，罪杀而不赦，诚信以必，坚悫以固，粪除苛慝，不可以曲，故冬正将行，必弱以强，必柔以刚，权正而不失，万物乃藏。明堂之制，静而法准，动而法绳，春治以规，秋治以矩，冬治以权，夏治以衡，是故燥湿寒暑以节至，甘雨膏露以时降。[1]

（7）政事活动须顺四时节气。春夏秋冬四时与东南西北、星辰日月相对应。春气为风，生木与骨；夏气为阳，生火与气；秋气为阴，生金与甲；冬气为寒，生水与血。春德，即星德，喜欢增益宽余，所以要在春季顺应春德节气，颁布施行修堤治防、恤孤赐爵、解怨赦罪等五种政事；夏德，即日德，表现为施舍修乐，所以要在夏季顺应夏德节气，颁布施行举有功、赏有德、禁网罝等五种政事；秋德，即辰德，表现为忧哀、静正、严顺，所以要在秋季顺应秋德节气，颁布施行修墙垣、资畜聚、察过恶等五种政事；冬德，即月德，表现为淳越、温怒、周密，所以要在冬季顺应冬德节气，颁布施行捕奸遁、恤长老、断刑罚等五种政事。政事活动符合四时节气

〔1〕《淮南子·时则训》，见〔东汉〕高诱注.《淮南子》，《诸子集成》（第七册），中华书局1954年版，第86—87页。

德性，就会风调雨顺、人民安乐、国家富强，否则就会气候反常、节令失序。

①然则春夏秋冬将何行？东方曰星，其时曰春，其气曰风，风生木与骨。其德喜嬴，而发出节时。其事：号令修除神位，谨祷弊梗，宗正阳，治堤防，耕芸树艺，正津梁，修沟渎，甃屋行水，解怨赦罪，通四方。然则柔风甘雨乃至，百姓乃寿，百虫乃蕃，此谓星德。星者掌发，为风。是故春行冬政则雕，行秋政则霜，行夏政则欲。是故春三月以甲乙之日发五政。一政曰：论幼孤，舍有罪；二政曰：赋爵列，授禄位；三政曰：冻解修沟渎，复亡人；四政曰：端险阻，修封疆，正千伯；五政曰：无杀麑夭，毋蹇华绝萼。五政苟时，春雨乃来。[1]

②南方曰日，其时曰夏，其气曰阳，阳生火与气。其德施舍修乐。其事：号令赏赐赋爵，受禄，顺乡，谨修神祀，量功赏贤，以动阳气。大暑乃至，时雨乃降，五谷百果乃登，此谓日德。中央曰土，土德实辅四时入出，以风雨节，土益力。土生皮肌肤。其德和平用均，中正无私，实辅四时：春嬴育，夏养长，秋聚收，冬闭藏。大寒乃极，国家乃昌，四方乃服，此谓岁德。日掌赏，赏为暑。岁掌和，和为雨。夏行春政则风，行秋政则水，行冬政则落。是故夏三月以丙丁之日发五政。一政曰：求有功发劳力者而举之；二政曰：开久坟，发故屋，辟故窌以假贷；三政曰：令禁扇去笠，毋扱免，除急漏田庐；四政曰：求有德赐布施于民者而赏之；五政曰：令禁罝设禽兽，毋杀飞鸟。五

〔1〕《管子·四时》，见盛广智译注：《管子译注》，吉林文史出版社1998年版，第429页。

政苟时，夏雨乃至也。[1]

③西方曰辰，其时曰秋，其气曰阴，阴生金与甲。其德忧哀、静正、严顺，居不敢淫佚。其事：号令毋使民淫暴，顺旅聚收，量民资以畜聚。贾彼群干，聚彼群材，百物乃收，使民毋怠。所恶其察，所欲必得，义信则克。此谓辰德。辰掌收，收为阴。秋行春政则荣，行夏政则水，行冬政则耗。是故秋三月以庚辛之日发五政：一政曰：禁博塞，圉小辩，释忌斗。二政曰：毋见五兵之刃；三政曰：慎旅农，趣聚收；四政曰：补缺塞坼；五政曰：修墙垣，周门闾。五政苟时，五谷皆入。[2]

④北方曰月，其时曰冬，其气曰寒，寒生水与血。其德淳越、温怒、周密。其事，号令修禁徙民，令静止，地乃不泄，断刑致罚，无赦有罪，以符阴气。大寒乃至，甲兵乃强，五谷乃熟，国家乃昌，四方乃备，此谓月德。月掌罚，罚为寒。冬行春政则泄，行夏政则雷，行秋政则旱。是故冬三月以壬癸之日发五政。一政曰：论孤独，恤长老；二政曰：善顺阴，修神祀，赋爵禄，授备位；三政曰：效会计，毋发山川之藏；四政曰：捕奸遁，得盗贼者有赏；五政曰：禁迁徙，止流民，圉分异。五政苟时，冬事不过，所求必得，所恶必伏。[3]

（8）德刑之政效四时之气。圣王治理天下，效法天地道德和四

〔1〕《管子·四时》，见盛广智译注：《管子译注》，吉林文史出版社 1998 年版，第 430 页。

〔2〕《管子·四时》，见盛广智译注：《管子译注》，吉林文史出版社 1998 年版，第 430 页。

〔3〕《管子·四时》，见盛广智译注：《管子译注》，吉林文史出版社 1998 年版，第 431 页。

时之气的运行。春气生，夏气养，秋气杀，冬气收，暖暑居百而清寒居一，所以圣王治理国家社会，春夏用德赏，秋冬用刑罚，德主刑辅，厚德简刑。

①道生天地，德出贤人。道生德，德生正，正生事。是以圣王治天下，穷则反，终则始。德始于春，长于夏；刑始于秋，流于冬。刑德不失，四时如一。刑德离乡，时乃逆行，作事不成，必有大殃。月有三政，王事必理，以为久长。不中者死，失理者亡。国有四时，固执王事，四守有所，三政执辅。〔1〕

②版法者，法天地之位，象四时之行，以治天下。四时之行，有寒有暑，圣人法之，故有文有武。天地之位，有前有后，有左有右，圣人法之，以建经纪。春生于左，秋杀于右；夏长于前，冬藏于后。生长之事，文也；收藏之事，武也。是故文事在左，武事在右，圣人法之，以行法令，以治事理。凡法事者，操持不可以不正，操持不正则听治不公；听治不公则治不尽理，事不尽应。治不尽理，则疏远微贱者无所告诉；事不尽应，则功利不尽举。功利不尽举则国贫，疏远微贱者无所告诉则下饶。故曰：“凡将立事，正彼天植。”〔2〕

③天地之常，一阴一阳，阳者，天之德也，阴者，天之刑也。迹阴阳终岁之行，以观天之所亲，而任成天之功，犹谓之空，空者之实也。故清漂之于岁也，若酸咸之

---

〔1〕《管子·四时》，见盛广智译注：《管子译注》，吉林文史出版社 1998 年版，第 432 页。

〔2〕《管子·版法解》，见盛广智译注：《管子译注》，吉林文史出版社 1998 年版，第 626 页。

于味也，仅有而已矣。圣人之治，亦从而然。天之少阴用于功，太阴用于空。人之少阴用于严，而太阴用于丧。丧亦空，空亦丧也。是故天之道以三时成生，以一时丧死。死之者，谓百物枯落也；丧之者，谓阴气悲哀也。天亦有喜怒之气、哀乐之心，与人相副。以类合之，天人一也。春，喜气也，故生；秋，怒气也，故杀；夏，乐气也，故养；冬，哀气也，故藏；四者，天人同有之。有其理而一用之。与天同者大治，与天异者大乱。故为人主之道，莫明于在身之与天同者而用之。使喜怒必当义乃出，如寒暑之必当其时乃发也。使德之厚于刑也，如阳之多于阴也。是故天之行阴气也，少取以成秋，其余以归之冬。圣人之行阴气也，少取以立严，其余以归之丧。丧亦人之冬气。故人之太阴，不用于刑，而用于丧。天之太阴，不用于物，而用于空。空亦为丧，丧亦为空，其实一也，皆丧死亡之心也。[1]

④故天地之化，春气生而百物皆出，夏气养而百物皆长，秋气杀而百物皆死，冬气收而百物皆藏。是故惟天地之气而精，出入无形，而物莫不应，实之至，君子法乎其所贵。[2]

⑤阴阳二物，终岁各壹出。壹其出，远近同度而不同意。阳之出也，常县于前而任事；阴之出也，常县于后而守空处。此见天之亲阳而疏阴，任德而不任刑也。是故仁义制度之数，尽取之天。天为君而覆露之，地为臣而持载之；阳为夫而生之，阴为妇而助之；春为父而生之，夏为子

---

〔1〕《春秋繁露·五行对》，见〔汉〕董仲舒：《春秋繁露》，中华书局 1975 年版，第 378 页。

〔2〕《春秋繁露·循天之道》，见〔汉〕董仲舒：《春秋繁露》，中华书局 1975 年版，第 568 页。

而养之，秋为死而棺之，冬为痛而丧之。王道之三纲，可求于天。天出阳为暖以生之，地出阴为清以成之，不暖不生，不清不成，然而计其多少之分，则暖暑居百而清寒居一，德教之与刑罚犹此也。故圣人多其爱而少其严，厚其德而简其刑，以此配天。……圣人之道，同诸天地，荡诸四海，变易习俗。〔1〕

⑥天之道，春暖以生，夏暑以养，秋清以杀，冬寒以藏。暖暑清寒，异气而同功，皆天之所以成岁也。圣人副天之所行以为政，故以庆副暖而当春，以赏副暑而当夏，以罚副清而当秋，以刑副寒而当冬。庆赏罚刑，异事而同功，皆王者之所以成德也。庆赏罚刑与春夏秋冬，以类相应也，如合符。故曰王者配天，谓其道。天有四时，王有四政，四政若四时，通类也，天人所同有也。庆为春，赏为夏，罚为秋，刑为冬。庆赏罚刑之不可不具也，如春夏秋冬不可不备也。庆赏罚刑，当其处不可不发，若暖暑清寒，当其时不可不出也。庆赏罚刑各有正处，如春夏秋冬各有时也。四政者不可以相干也，犹四时不可相干也。四政者不可以易处也，犹四时不可易处也。故庆赏罚刑有不行于其正处者，春秋讥也。〔2〕

（9）五官政事按五行之气相生相胜。阴阳、四时和五行之气由天地之气分列而成。五行“木、火、土、金、水”，对应五方“东、南、中央、西、北”和五官“司农、司马、司营、司徒、司寇”，其中司农尚仁、司马尚智、司营尚信、司徒尚义、司寇尚礼。五行相生

〔1〕《春秋繁露·基义》，见〔汉〕董仲舒：《春秋繁露》，中华书局1975年版，第434页。

〔2〕《春秋繁露·四时之副》，见〔汉〕董仲舒：《春秋繁露》，中华书局1975年版，第437页。

相胜——木生火、火生土、土生金、金生水、水生木，金胜木、水胜火、木胜土、火胜金、土胜水。五官政事亦按五行之气相应地相生相胜，如司农以仁政延进人才，发展农耕，就会使仓廪充实、“司马实谷”，为木生火，如果司农瞒上欺下、横恣绝理，则由司徒诛之，是为金胜木；司马以智谋辅翼国君、未雨绸缪，就会使天下安宁，为火生土，如果司马专权擅政、劫惑其君，则由执法的司寇诛之，是为水胜火；司营以忠信微谏纳善、据义割恩就会使国势强盛、义理昭彰，为土生金，如果司营谄谀主上、赋敛无度，就会使百姓罢弊、民叛君穷，为木胜土；司徒以义理序列尊卑、讨伐不义，就会使四境安宁、邑无狱讼，为金生水，如果司徒诛杀无罪、攻战妄取，则由司马诛之，是为火胜金；司寇以礼仪升降揖让、据法听讼就会使百工尽职、农具敷用，为水生木，如果司寇听谒受贿、阿党不平，则由司营诛之，是为土胜水。

> ①天地之气，合而为一，分为阴阳，判为四时，列为五行。行者，行也，其行不同，故谓之五行。五行者，五官也，比相生而间相胜也。故谓治，逆之则乱，顺之则治。
>
> 东方者木，农之本。司农尚仁，进经术之士，道之以帝王之路，将顺其美，匡救其恶。执规而生，至温润下，知地形肥饶美恶，立事生则，因地之宜，召公是也。亲入南亩之中。观民垦草发淄，耕种五谷，积蓄有余，家给人足，仓库充实，司马实谷。司马，本朝也，本朝者，火也，故曰木生火。
>
> 南方者火也，本朝。司马尚智，进贤圣之士，上知天文，其形兆未见，其萌芽未生，昭然独见存亡之机，得失之要，治乱之源，豫禁未然之前，执矩而长，至忠厚仁，辅翼其君，周公是也。成王幼弱，周公相，诛管叔、蔡叔，以定天下。天下既宁以安君。官者，司营也，司营者土也，

故曰火生土。

中央者土，君官也。司营尚信，卑身贱体，夙兴夜寐，称述往古，以厉主意，明见成败，微谏纳善，防灭其恶，绝源塞隙，执绳而制四方，至忠厚信，以事其君，据义割恩，太公是也。应天因时之化，威武强御以成。大理者，司徒也。司徒者，金也，故曰土生金。

西方者金，大理，司徒也。司徒尚义，臣死君而众人死父。亲有尊卑，位有上下，各死其事，事不逾矩，执权而伐。兵不苟克，取不苟得，义而后行，至廉而威，质直刚毅，子胥是也。伐有罪，讨不义，是以百姓附亲，边境安宁，寇贼不发，邑无狱讼，则亲安。执法者，司寇也，司寇者，水也，故曰金生水。

北方者水，执法，司寇也。司寇尚礼，君臣有位，长幼有序，朝廷有爵，乡党以齿，升降揖让，般伏拜谒，折旋中矩，立则磬折，拱则抱鼓，执衡而藏，至清廉平，路遗不受，请谒不听，据法听讼，无有所阿，孔子是也。为鲁司寇，断狱屯屯，与众共之，不敢自专。是死者不恨，生者不怨，百工维时以成器械。器械既成，以给司农。司农者，田官也，田官者木，故曰水生木。〔1〕

②木者，司农也，司农为奸，朋党比周，以蔽主明，退匿贤士，绝灭公卿，教民奢侈，宾客交通，不劝田事，博戏斗鸡，走狗弄马。长幼无礼，大小相虏，并为寇贼，横恣绝理。司徒诛之，齐相是也。行霸任兵，侵蔡，蔡溃，遂伐楚，楚人降伏，以安中国。木者，君之官也，夫木者农也，农者民也，不顺如叛，则命司徒诛其率正矣，故曰

---

〔1〕《春秋繁露·五行相生》，见〔汉〕董仲舒：《春秋繁露》，中华书局1975年版，第457页。

金胜木。

火者，司马也，司马为谗，反言易辞以谮诉人，内离骨肉之亲，外疏忠臣，贤圣旋亡，谗邪日昌，鲁上大夫季孙是也。专权擅政，薄国威德，反以怠恶，谮诉其贤臣，劫惑其君。孔子为鲁司寇，据义行法，季孙自消，堕费、郈城，兵甲有差。夫火者，本朝，有邪谗荧惑其君。执法诛之，执法者水也，故曰水胜火。

土者，君之官也。其相司营。司营为神，主所为皆曰可，主所言皆曰善，谄顺主指，听从为比。进主所善，以快主意，导主以邪，陷主不义。大为宫室，多为台榭，雕文刻镂，五色成光。赋敛无度，以夺民财；多发徭役，以夺民时；作事无极，以夺民力。百姓愁苦，叛去其国，楚灵王是也。作干溪之台，三年不成，百姓罢弊而叛，及其身弑。夫土者，君之官也，君大奢侈过度失礼，民叛矣。其民叛，其君穷矣，故曰木胜土。

金者，司徒也。司徒为贼，内得于君，外骄军士，专权擅势，诛杀无罪，侵伐暴虐，攻战妄取，令不行，禁不止，将率不亲，士卒不使，兵弱地削，令君有耻，则司马诛之，楚杀其司徒得臣是也。得臣数战破敌，内得于君，骄蹇不恤其下，卒不为使，当敌而弱，以危楚国，司马诛之。金者，司徒，司徒弱不能使士众，则司马诛之，故曰火胜金。

水者，司寇也，司寇为乱，足恭小谨，巧言令色，听谒受赂，阿党不平，慢令急诛，诛杀无罪，则司营诛之，营荡是也。为齐司寇。太公封于齐，问焉以治国之要，营荡对曰："任仁义而已。"太公曰："任仁义奈何？"营荡对曰："仁者爱人，义者尊老。"太公曰："爱人尊老奈何？"营荡对曰："爱人者，有子不食其力；尊老者，妻长而夫拜之。”太公曰：“寡人欲以仁义治齐，今子以仁义乱齐，寡人立而诛之，以定齐国。”夫水者，执法司寇也。执法附党不平，依法刑人，则司营诛之，故曰土胜水。[1]

（10）依五行之气布德施政、除罪解愆。五行“木、火、土、金、水”，对应“春、夏、夏中、秋、冬”四时节候，在一年中各主七十二日。木春用事，要行柔惠、除桎梏、通障塞，布德施恩及于鳞木，则鱼龙并见、植物繁茂；如果君王无视礼敬、荒怠政事、暴征苛敛、扰乱民时，则会使木气不正、夏多暴风、生物衰败，欲补咎除愆，就要省徭役，薄赋敛，赈困穷。火夏用事，要举贤良、赏有功、正封疆，布德施恩及于火虫，则天降甘霖、凤凰来翔；如果君王不明事理、惑于谗邪、诛杀无辜、赏赐不当，则会使火气不正、秋多闪电、必有火灾，欲补咎除愆，就要举贤良、赏有功、封有德。土夏中用事，要循宫制、矜寡独、赐孝悌，布德施恩及于土倮，则五谷丰登、百姓亲附；如果君王不信仁贤、欺罔百姓、淫泆无度，则会使土气不正、五谷不成、百姓叛去，欲补咎除愆，就要省宫室、举孝悌、恤黎元。金秋用事，要修城垣、审群禁、诛不法，施政推恩及于金石毛虫，则凉风四至、麒麟出现；如果君王弃义贪财、重货轻民、好战善侵，则会使金气不正、秋多霹雳、白虎妄搏，欲补咎除愆，就要举廉洁，立正直，束甲械。水冬用事，要闭门闾、断刑罚、禁外徙，施政推恩及于水介，则醴泉出、灵龟现；如果君王逆天时、废祭祀、执法不顺，则会使水气不正、春夏雨雹、多有水害，欲补咎除愆，就要忧囹圄、案奸宄、诛有罪。

①凡帝王者之将兴也，天必先见祥乎下民。黄帝之时，天先见大螾大蝼。黄帝曰：“土气胜。”土气胜，故其色尚

〔1〕《春秋繁露·五行相胜》，见〔汉〕董仲舒：《春秋繁露》，中华书局1975年版，第449—457页。

黄，其事则土。及禹之时，天先见草木秋冬不杀。禹曰："木气胜。"木气胜，故其色尚青，其事则木。及汤之时，天先见金刃生于水。汤曰："金气胜。"金气胜，故其色尚白，其事则金。及文王之时，天先见火赤乌衔丹书集于周社。文王曰："火气胜。"火气胜，故其色尚赤，其事则火。代火者必将水，天且先见水气胜。水气胜，故其色尚黑，其事则水。水气至而不知数备，将徙于土。天为者时，而不助农于下。[1]

②日冬至，七十二日木用事，其气燥浊而青。七十二日火用事，其气惨阳而赤。七十二日土用事，其气浊而黄。七十二日金用事，其气惨淡而白。七十二日水用事，其气清寒而黑。七十二日复得木。木用事，则行柔惠，挺群禁。至于立春，出轻系，去稽留，除桎梏，开门阖，通障塞。存幼孤，矜寡独。无伐木。火用事，则正封疆，循田畴。至于立夏，举贤良，封有德，赏有功，出使四方。无纵火。土用事，则养长老，存幼孤，矜寡独，赐孝弟，施恩泽。无兴土功。金用事，则修城郭，缮墙垣，审群禁，饬甲兵，警百官，诛不法，存长老。无焚金石。水用事，则闭门闾，大搜索，断刑罚，执当罪，饬关梁，禁外徙。无决堤。[2]

③木者春，生之性，农之本也。劝农事，无夺民时，使民，岁不过三日，行什一之税，进经术之士。挺群禁，出轻系，去稽留，除桎梏，开门阖，通障塞。恩及草木，

---

〔1〕《吕氏春秋·孟春纪》，见〔东汉〕高诱注：《吕氏春秋》，《诸子集成》（第六册），中华书局1954年版，第2页。

〔2〕《春秋繁露·五行五事》，见〔汉〕董仲舒：《春秋繁露》，中华书局1975年版，第490页。

则树木华美，而朱草生；恩及鳞虫，则鱼大为，鳣鲸不见，群龙下。如人君出入不时，走狗试马，驰骋不反宫室。好淫乐，饮酒沉缅，纵恣，不顾政治，事多发役，以夺民时。作谋增税，以夺民财。民病疥搔温体，足胻痛。咎及于木，则茂木枯槁，工匠之轮多伤败。毒水渰群，漉陂如渔，咎及鳞虫，则鱼不为，群龙深藏，鲸出现。

火者夏，成长，本朝也。举贤良，进茂才，官得其能，任得其力，赏有功，封有德，出货财，振困乏，正封疆，使四方。恩及于火，则火顺人，而甘露降。恩及羽虫，则飞鸟大为，黄鹄出见，凤凰翔。如人君惑于谗邪，内离骨肉，外疏忠臣，至杀世子，诛杀不辜，逐忠臣，以妾为妻，弃法令，妇妾为政，赐予不当。则民病血壅肿，目不明。咎及于火，则大旱，必有火灾，摘巢探鷇，咎及羽虫，则飞鸟不为，冬应不来，枭鸱群鸣，凤凰高翔。

土者夏中，成熟百种。君之官。循宫室之制，谨夫妇之别，加亲戚之恩。恩及于土，则五谷成，而嘉禾兴。恩及倮虫，则百姓亲附，城郭充实，贤圣皆颉，仙人降。如人君好淫泆，妻妾过度，犯亲戚，侮父兄，欺罔百姓。大为台榭，五色成光，雕文刻镂，则民病心腹宛黄，舌烂痛。咎及于土，则五谷不成。暴虐妄诛，咎及倮虫，虫不为。百姓叛去，贤圣放亡。

金者秋，杀气之始也。建立旗鼓、杖把旄钺，以诛贼残，禁暴虐，安集，故动众兴师，必应义理。出则祠兵，入则振旅，以闲习之，因于搜狩，存不忘亡，安不忘危。修城郭，缮墙垣，审群禁，饬兵甲，警百官，诛不法。恩及于金石，则凉风出；恩及于毛虫，则走兽大为，麒麟至。如人君好战，侵陵诸侯，贪城邑之赂，轻百姓之命，则民病喉咳嗽，筋挛，鼻仇塞，咎及于金，则铸化凝滞，冻坚不成。四面张罔，焚林而猎，咎及毛虫，则走兽不为，白虎妄搏，麒麟远去。

水者冬，藏至阴也。宗庙祭祀之始，敬四时之祭，禘祫昭穆之序，天子祭天，诸侯祭土。闭门闾，大搜索。断刑罚，执当罪，饬关梁，禁外徙。恩及于水，则醴泉出，恩及介虫，则鼋鼍大为，灵龟出。如人君简宗庙，不祷祀，废祭祀，执法不顺，逆天时，则民病流肿、水张、痿痹、孔窍不通。咎及于水，雾气冥冥，必有大水，水为民害。咎及介虫，则龟深藏，鼋鼍呴。〔1〕

④王者与臣无礼貌，不肃敬，则木不曲直，而夏多暴风。风者，木之气也，其音角也，故应之以暴风。王者言不从，则金不从革，而秋多霹雳，霹雳者，金气也，其音商也，故应之以霹雳。王者视不明，则火不炎上，而秋多电。电者，火气也，其音征也，故应之以电。王者听不聪，则水不润下，而春夏多暴雨。雨者，水气也，其音羽也。故应之以暴雨。王者心不能容，则稼穑不成，而秋多雷。雷者，土气也，其音宫也，故应之以雷。〔2〕

⑤五行变至，当救之以德，施之天下，则咎除；不救以德，不出三年，天当雨石。木有变，春凋秋荣，秋木冰，春多雨，此徭役众，赋敛重，百姓贫穷叛去，道多饥人；救之者，省徭役，薄赋敛，出仓谷，振困穷矣。火有变，冬温夏寒，此王者不明，善者不赏，恶者不绌，不肖在位，贤者伏匿，则寒暑失序，而民疾疫；救之者，举贤良，赏有

〔1〕《春秋繁露·五行顺逆》，见〔汉〕董仲舒：《春秋繁露》，中华书局1975年版，第465—477页。
〔2〕《春秋繁露·五行五事》，见〔汉〕董仲舒：《春秋繁露》，中华书局1975年版，第487页。

功，封有德。土有变，大风至，五谷伤，此不信仁贤，不敬父兄，淫泆无度，宫室荣；救之者，省宫室，去雕文，举孝悌，恤黎元。金有变，毕昴为回三覆，有武，多兵，多盗寇，此弃义贪财，轻民命，重货赂，百姓趣利，多奸轨；救之者，举廉洁，立正直，隐武行文，束甲械。水有变，冬湿多雾，春夏雨雹，此法令缓，刑罚不行；救之者，忧囹圄，案奸宄，诛有罪，搜五日。〔1〕

⑥凡变复之道，所以能相感动者，以物类也。有寒则复之以温，温复解之以寒。故以龙致雨，以刑逐（景），皆缘五行之气用相感胜之。〔2〕

⑦圣人天覆地载，日月照，阴阳调，四时化，万物不同，无故无新，无疏无亲，故能法天。天不一时，地不一利，人不一事，是以绪业不得不多端，趋行不得不殊方。五行异气而皆适调，六艺异科而皆同道。温惠柔良者，《诗》之风也；淳庞敦厚者，《书》之教也；清明条达者，《易》之义也；恭俭尊让者，礼之为也；宽裕简易者，乐之化也；刺几辩义者，《春秋》之靡也。故《易》之失，鬼；乐之失，淫；《诗》之失，愚；《书》之失，拘；礼之失，忮；《春秋》之失，訾。六者，圣人兼用而财制之。失本则乱，得本则治。其美在和，其失在权。〔3〕

（11）以人事五常应五行之气之说为缪。王充反对五行之气及其

〔1〕《春秋繁露·五行变救》，见〔汉〕董仲舒：《春秋繁露》，中华书局1975年版，第484页。

〔2〕《论衡·感虚篇》，见〔东汉〕王充：《论衡》，上海人民出版社1974年版，第82页。

〔3〕《淮南子·泰族训》，见〔东汉〕高诱注：《淮南子》，《诸子集成》（第七册），中华书局1954年版，第353页。

对应的人事五常行为相互克胜的观点，认为其经不起实践检验。

或曰：五行之气，天生万物。以万物含五行之气，五行之气更相贼害。曰：天自当以一行之气生万物，令之相亲爱，不当令五行之气反使相贼害也。或曰：欲为之用，故令相贼害；贼害相成也。故天用五行之气生万物，人用万物作万事。不能相制，不能相使，不相贼害，不成为用。金不贼木，木不成用。火不烁金，金不成器。故诸物相贼相利，含血之虫相胜服、相啮噬、相啖食者，皆五行气使之然也。曰："天生万物欲令相为用，不得不相贼害也。则生虎狼蝮蛇及蜂虿之虫，皆贼害人，天又欲使人为之用邪？且一人之身，含五行之气，故一人之行，有五常之操。五常，五行之道也。五藏在内，五行气俱。如论者之言，含血之虫，怀五行之气，辄相贼害。一人之身，胸怀五藏，自相贼也；一人之操，行义之心，自相害也。且五行之气相贼害，含血之虫相胜服，其验何在？"〔1〕

（12）四时变气，无关政法。王充认为：春夏秋冬寒温变化是天地四时节气自然现象，与政治无关。那种把寒温失序、春夏虫食谷物的责任归咎于政刑不当、部吏为奸的看法是不对的。以立春"王之冲死，相之冲囚，王相冲位，有死囚之气"，而向东北迁徙，抵达艮位之下，以求不被凶害的做法是荒谬的。

①变复之家曰："人君秋赏则温，夏罚则寒。"寒不累时，则霜不降，温不兼日，则冰不释。一夫冤而一叹，天辄下霜，何气之易变，时之易转也？寒温自有时，不合变复之家。且从变复之说，或时燕王好用刑，寒气应至；而

〔1〕《论衡·物势篇》，见〔东汉〕王充：《论衡》，上海人民出版社 1974 年版，第 48 页。

衍囚拘而叹，叹时霜适自下。世见适叹而霜下，则谓邹衍叹之致也。[1]

②春温夏暑，秋凉冬寒，人君无事，四时自然。夫四时非政所为，而谓寒温独应政治？正月之始，正月之后，立春之际，百刑皆断，囹圄空虚。然而一寒一温，当其寒也，何刑所断？当其温也，何赏所施？由此言之，寒温，天地节气，非人所为，明矣。[2]

③凡天地之间，阴阳所生，蛟蛲之类，蜫蠕之属，含气而生，开口而食。食有甘不，同心等欲，强大食细弱，知慧反顿愚。他物小大连相啮噬，不谓之灾，独谓虫食谷物为应政事，失道理之实，不达物气之性也。然夫虫之生也，必依温湿。温湿之气，常在春夏。秋冬之气，寒而干燥，虫未曾生。若以虫生，罪乡部吏，是则乡部吏贪于春夏，廉于秋冬。虽盗跖之吏以秋冬署，蒙伯夷之举矣。夫春夏非一，而虫时生者，温湿甚也，甚则阴阳不和。阴阳不和，政也，徒当归于政治，而指谓部吏为奸，失事实矣。[3]

④冬气寒，水也，水位在北方。夏气热，火也，火位在南方。案秋冬寒，春夏热者，天下普然，非独南北之方水火冲也。今太岁位在子耳，天下皆为太岁，非独子、午冲也。审以所立者为主，则午可为大夏，子可为大冬。冬夏南北徙者，可复凶乎？立春，艮王、震相、巽胎、离没、坤死、兑囚、乾废、坎休。王之冲死，相之冲囚，王相冲位，有死囚之气。乾坤六子，天下正道，伏羲、文王象以

[1]《论衡·感虚篇》，见〔东汉〕王充：《论衡》，上海人民出版社1974年版，第78页。
[2]《论衡·寒温篇》，见〔东汉〕王充：《论衡》，上海人民出版社1974年版，第222页。
[3]《论衡·商虫篇》，见〔东汉〕王充：《论衡》，上海人民出版社1974年版，第254页。

> 治世。文为经所载，道为圣所信，明审于太岁矣。人或以立春东北徙，抵艮之下，不被凶害。太岁立于子，彼东北徙，坤卦近于午，犹艮以坤，徙触子位，何故独凶？正月建于寅，破于申，从寅、申徙，相之如者，无有凶害。太岁不指午，而空曰岁破；午实无凶祸，而虚禁南北，岂不妄哉！……或上十二神，登明、从魁之辈，工伎家谓之皆天神也。常立子、丑之位，俱有冲抵之气，神虽不若太岁，宜有微败。移徙者虽避太岁之凶，犹触十二神之害，为移徙时者，何以不禁？[1]

## 四、同元和风之气与法

同元和风之气包括同气、元气、和气、风气四种气学概念。同气有两种含义：一种指有共同血缘关系的亲属，另一种指志趣、意见相同。在古典文献中，这两种含义的同气都与法学概念存在直接关系，如《文子》《吕氏春秋》《淮南子》认为与化生万物的“元”或“天”同气（志趣意志相同），就可以感化民众，无为而治；《潜书》认为君王与官民一体同气（志意相同），就可以洞察秋毫、体达明仁而为天下土；《大同书》《黄书》则从万物同气平等（同为大地所生的同胞亲属）的角度，指出对待同气的不同态度反映出世道的优劣。

元气是中国传统文化中极为重要的哲学和气学概念，最早见于先秦著作《鹖冠子》，后经汉唐宋明时期王充、张载等人的演绎阐释，形成内容丰富的元气学说。元气的本意指的是构成万物的原始物质，后来又引申为人、国家或组织存在发展的生命力。在对元气与法关系的认识上，董仲舒《春秋繁露》认为元气为万物之始，君王为百姓之始；君王品行端正，就会元气和顺、风雨调顺。王充《论

〔1〕《论衡·难岁篇》，见〔东汉〕王充：《论衡》，上海人民出版社 1974 年版，第 378 页。

衡》认为人所秉元气，决定其习性及对法制礼乐的态度；古今人所秉元气相同，因而对于法律的态度也应该是相同的。梁启超认为精神和宪法政制都是国家的元气，关系到国家的存在。

和气在古代典籍中有阴阳交合而成之气、可致吉利的祥瑞之气、态度温和、和睦融洽的状态、人体的中气等多种含义。其中与法相关的含义主要有天地阴阳交合而成之气、可致吉利的祥瑞之气及表和睦融洽状态的和气三种。古人认为阴阳交合而成的和气与法律政令有重要的体用关系，而表祥瑞及和睦融洽状态的和气则与法存在感应互动关系。王充《论衡》把圣人列为天地和气的产物；《春秋繁露》《淮南子》指出刑罚政令要效法天地阴阳和气之义，不失其“中”，才是治道的根本；《汉书》《旧唐书》的《刑法志》中记载的古人对任用酷吏、刑罚冤滥，使可导致祥瑞的和气损伤悖乱，进而招致疠疫水旱灾变和民众的祸乱之心的认识，及王充政平则民众气和融洽的观点等，都是古人对天地阴阳交合而成之气、可致吉利的祥瑞之气及表和睦融洽状态的和气三种含义的气与法体用或感应互动关系的陈述和表达。

风气有时指社会风尚习俗，有时指自然的气候、风云气象或占侯之法，有时又指人的风采气度或气氛情景等。典籍中与法有关的是表社会风尚习俗和自然的气候或风云气象的风气。社会风尚习俗之意的风气与法的关系表达，主要为《淮南子》所讲的通过化齐民俗来合同各地风气、制定礼仪制度，及《二程遗书》主张的根据古今风气不同，制定相应的礼制器用。气候或风云气象之意的风气与法的关系表达，主要为《管子》所记载的古人祭祀时讲究观察天象和风气的变化，治国用本朝特色的祭坛树木和服饰等。

（1）同气者帝。“同声相应，同气相求”，相同的事物会互相感召。与“元”或“天”同气就可以以天心、精诚感化民众，达到无为而治，即“同气者帝”；不能与“元”或“天”同气、同义或同力，就会导致灭亡。法律为治理的工具而非治理好的原因，依道（同气）而治，就会法省而民化，不以道（同气）而治，则法繁而国乱。

①九五曰“飞龙在天，利见大人”，何谓也？子曰：“同声相应，同气相求。水流湿，火就燥，云从龙，风从虎，圣人作而万物睹，本乎天者亲上，本乎地者亲下，则各从其类也。”[1]

②老子曰：……道之言曰：芒芒昧昧，因天之威，与天同气。同气者帝，同义者王，同功者霸，无一焉者亡。故不言而信，不施而仁，不怒而威，是以天心动化者也。施而仁，言而信，怒而威，是以精诚为之者也；施而不仁，言而不信，怒而不威，是以外貌为之者也。故有道以理之，法虽法，足以治；无道以理之，法虽众，足以乱。[2]

③类固相召，气同则合，声比则应。鼓宫而宫动，鼓角而角动。平地注水，水流湿；均薪施火，火就燥；山云草莽，水云鱼鳞，旱云烟火，雨云水波，无不皆类其所生以示人。故以龙致雨，以形逐影。师之所处，必生棘楚。祸福之所自来，众人以为命，安知其所。夫覆巢毁卵，则凤凰不至；刳兽食胎，则麒麟不来；干泽涸渔，则龟龙不往。物之从同，不可为记。子不遮乎亲，臣不遮乎君。君同则来，异则去。故君虽尊，以白为黑，臣不能听；父虽亲，以黑为白，子不能从。黄帝曰：“芒芒昧昧，因天之威，与元同气。”故曰同气贤于同义，同义贤于同力，同力贤于同居，同居贤于同名。帝者同气，王者同义，霸者同力，勤者同居则薄矣，亡者同名则粗矣。其智弥粗者，其所同弥粗；其智弥精者，其所同弥精。故凡用意不可不精。夫精，五帝

〔1〕《周易正义》（卷一），见〔清〕阮元校刻：《十三经注疏》，中华书局1980年版，第16页。

〔2〕《文子·上仁》，见李德山译注：《文子译注》，黑龙江人民出版社2003年版，第254页。

三王之所以成也。[1]

④故法者，治之具也，而非所以为治也，而犹弓矢，中之具，而非所以为中也。黄帝曰："芒芒昧昧，因天之威，与元同气。"故同气者帝，同义者王，同力者霸，无一焉者亡。故人主有伐国之志，邑犬群嗥，雄鸡夜鸣，库兵动而戎马惊。今日解怨偃兵，家老甘卧，巷无聚人，妖菑不生，非法之应也，精气之动也。故不言而信，不施而仁，不怒而威；是以天心动化者也。施而仁，言而信，怒而威；是以精诚感之者也。施而不仁，言而不信，怒而不威，是以外貌为之者也。故有道以统之，法虽少，足以化矣；无道以行之，法虽众，足以乱矣。[2]

⑤古之人同气于天地，与一世而优游。当此之时，无庆贺之利，刑罚之威，礼义廉耻不设，毁誉仁鄙不立，而万民莫相侵欺暴虐，犹在于混冥之中。[3]

⑥主者，国之心，心治则百节皆安，心扰则百节皆乱。故其心治者，支体相遗也；其国治者，君臣相忘也。黄帝曰："芒芒昧昧，从天之道，与元同气。"故至德者，言同略，事同指，上下一心，无岐道旁见者，遏障之于邪，开道之于善，而民乡方矣。[4]

---

〔1〕《吕氏春秋·有始览》，见〔东汉〕高诱注：《吕氏春秋》，《诸子集成》（第六册），中华书局 1954 年版，第 127 页。

〔2〕《淮南子·泰族训》，见〔东汉〕高诱注：《淮南子》，《诸子集成》（第七册），中华书局 1954 年版，第 355—356 页。

〔3〕《淮南子·本经训》，见〔东汉〕高诱注：《淮南子》，《诸子集成》（第七册），中华书局 1954 年版，第 115 页。

〔4〕《淮南子·缪称训》，见〔东汉〕高诱注：《淮南子》，《诸子集成》（第七册），中华书局 1954 年版，第 153 页。

（2）同气而达明仁。国君和百官民众一体同气，就可以洞察秋毫、体达明仁，否则就会不明不仁，难以为天下之主。

主臣一心，上下共体，内外同气，何细不闻，何隐不达？海内之境，如身之肤；生民之众，如肤之毛，未有拔一毛而身不知者。将卒杀人，人主不知，谓之不明；知而不问，谓之不仁。不明不仁，不可以为天下主。〔1〕

（3）待同气之不同态度反映世道之不同。天生万物，同气平等。大同之世，戒杀无欺；王道泯绝之世，畛畔同气。

①若大同之世，次第渐平，制作日新，当有代者，到此时岂有复以强凌弱，食我同气哉！是时则全世界当戒杀，乃为大平等。〔2〕

②盖天之生物，人物皆为同气，故众生皆为平等。〔3〕

③今夫玄驹之右君也，长其穴壤，而赤蚍、飞蚼之窥其门者，必部其族以噬杀之，终远其垤，无相干杂，则役众蠢者，必有以护之也。若夫无百祀之忧，鲜九垓之辨，尊以其身于天下，愤盈俦侣，畛畔同气，猜割牵役，弱靡中区，乃霍霍然保尊贵，偷豫尸功，患至而无以敌，物逼而无以固，子孙之所不能私，种类之所不能覆，盖王道泯绝而春秋之所大憨也。〔4〕

（4）君王正则元气顺。君王纯正就会元气和顺、风调雨顺、祥瑞呈现。

---

〔1〕《潜书·仁师》，见〔清〕唐甄：《潜书》，古籍出版社1955年版，第194页。

〔2〕〔清〕康有为：《大同书》，辽宁人民出版社1994年版，第344页。

〔3〕〔清〕康有为.《大同书》，辽宁人民出版社1994年版，第344页。

〔4〕〔清〕王夫之：《黄书　噩梦》，中华书局1956年版，第4页。

春秋何贵乎元而言之？元者，始也，言本正也。道，王道也。王者，人之始也。王正，则元气和顺，风雨时，景星见，黄龙下。[1]

（5）人所秉元气，决定其习性及对法制礼乐的态度。王充认为，古今之人民所秉元气相同，所以习性亦相同。现代人对法制礼乐的张设不一定奉行，由此可知，古代人对法制礼乐的张设亦未必奉行。

夫上世治者，圣人也；下世治者，亦圣人也。圣人之德，前后不殊，则其治世，古今不异。上世之天，下世之天也。天不变易，气不改更。上世之民，下世之民也，俱禀元气。元气纯和，古今不异，则禀以为形体者，何故不同？夫禀气等则怀性均，怀性均，则形体同；形体同，则丑好齐；丑好齐，则夭寿适。一天一地，并生万物。万物之生，俱得一气。气之薄渥，万世若一。帝王治世，百代同道。人民嫁娶，同时共礼。虽言男三十而娶，女二十而嫁，法制张设，未必奉行。何以效之？以今不奉行也。礼乐之制，存见于今，今之人民，肯行之乎？今人不肯行，古人亦不肯举。以今之人民，知古之人民也。[2]

（6）精神、法律为一国之元气，关乎国之存亡。

①爰有大物，听之无声，视之无形，不可以假借，不可以强取，发荣而滋长之，则可以保罗地球，鼓铸万物，摧残而压抑之，则忽焉萎缩，踪影俱绝。其为物也，时进时退，时荣时枯，时污时隆，不知其由天欤？由人欤？虽然，人有之则生，无之则死，国有之则存，无之则亡。不

---

〔1〕《春秋繁露·王道》，见〔汉〕董仲舒：《春秋繁露》，中华书局 1975 年版，第 113 页。

〔2〕《论衡·齐世篇》，见〔东汉〕王充：《论衡》，上海人民出版社 1974 年版，第 289 页。

宁惟是，苟其有之，则濒死而必生，已亡而复存。苟其无之，则虽生而犹死，名存而实亡。斯物也，无以名之，名之曰元气。[1]

②宪法者何物也？立万世不易之宪典，而一国之人，无论为君主、为官吏、为人民，皆共守之者也，为国家一切法度之根源。此后无论出何令，更何法，百变而不许离其宗者也。西语原字为 the constitution，译意犹言元气也。盖谓宪法者，一国之元气也。[2]

（7）祭祀之礼蕴含和气之义。用蕴含和气的水草之菹、陆产之醢祭祀神明，以符合神明的义旨。

恒豆之菹，水草之和气也。其醢，陆产之物也。加豆，陆产也。其醢，水物也。笾豆之荐，水土之品也。不敢用常亵味而贵多品，所以交于神明之义也，非食味之道也。[3]

（8）和气为致治之要。君主或圣人能够调治和气、修身积德、思虑虚静，则和气入、四灵至、人民服从而称王天下。

①若因夜虚守静人物，人物则皇。五和时节，君服黄色，味甘味，听宫声，治和气，用五数，饮于黄后之井，以倮兽之火爨，藏温濡，行欧养，坦气修通，凡物开静，形生理。常至命，尊贤授德则帝。身仁行义，服忠用信则王。审谋章礼，选士利械则霸。定生处死，谨贤修伍则众。信赏审罚，爵材禄能则强。计凡付终，务本饬末则富。明

〔1〕《国民十大元气论》，见梁启超：《饮冰室合集》，中华书局 2015 年版，第 265 页。

〔2〕《国民十大元气论》，见梁启超：《饮冰室合集》，中华书局 2015 年版，第 385 页。

〔3〕《礼记正义》（卷二十六），见〔清〕阮元校刻：《十三经注疏》，中华书局 1980 年版，第 1454 页。

法审数，立常备能则治。同异分官则安。[1]

②知治人者，其思虑静；知事天者，其孔窍虚。思虑静，故德不去；孔窍虚，则和气日入。故曰："重积德。"夫能令故德不去，新和气日至者，蚤服者也。故曰："蚤服，是谓重积德。"积德而后神静，神静而后和多，和多而后计得，计得而后能御万物，能御万物则战易胜敌，战易胜敌而论必盖世，论必盖世，故曰"无不克"。无不克本于重积德，故曰"重积德，则无不克"。战易胜敌，则兼有天下；论必盖世，则民人从。进兼有天下而退从民人，其术远，则众人莫见其端末。莫见其端末，是以莫知其极。故曰："无不克，则莫知其极。"[2]

③圣人修己以敬，以安百姓，笃恭而天下平。惟上下一于恭敬，则天地自位，万物自育，气无不和，四灵何有不至？此体信达顺之道，聪明睿智皆由是出。以此事天飨帝，故《中庸》言鬼神之德盛，而终之以防之显，诚之不可掩如此。[3]

（9）刑罚政令得和气之中，乃能无咎。和气为"天之正"和"阴阳之平"，能择"和"者，能得"天地之奉"；"中"为"和之精"，圣人治世宽严柔猛举措有度、刑罚政令不失和气之中，故能得治道之本。

①天地之经，至东方之中，而所生大养，至西方之中，

---

〔1〕《管子·幼官》，见盛广智译注：《管子译注》，吉林文史出版社 1998 年版，第 74 页。

〔2〕《韩非子·解老》，见〔清〕王先慎：《韩非子集解》，《诸子集成》（第五册），中华书局 1954 年版，第 102 页。

〔3〕〔宋〕程颢、程颐：《二程遗书》，上海古籍出版社 2000 年版，第 132 页。

而所养大成，一岁四起业，而必于中。中之所为，而必就于和，故曰和其要也。和者，天之正也，阴阳之平也，其气最良，物之所生也。诚择其和者，以为大得天地之奉也。天地之道，虽有不和者，必归之于和，而所为有功；虽有不中者，必止之于中，而所为不失。[1]

②天地之气莫大于和，和者，阴阳调，日夜分，而生物。春分而生，秋分而成，生之与成，必得和之精。故圣人之道，宽而栗，严而温，柔而直，猛而仁。太刚则折，太柔则卷，圣人正在刚柔之间，乃得道之本。积阴则沉，积阳则飞，阴阳相接，乃能成和。夫绳之为度也，可卷而伸也，引而伸之，可直而睎，故圣人以身体之。夫修而不横，短而不穷，直而不刚，久而不忘者，其唯绳乎？故恩推则懦，懦则不威；严推则猛，猛则不和；爱推则纵，纵则不令；刑推则虐，虐则无亲。昔者，齐简公释其国家之柄，而专任其大臣，将相摄威擅势，私门成党，而公道不行，故使陈成田常、鸱夷子皮得成其难。使吕氏绝祀而陈氏有国者，此柔懦所生也。郑子阳刚毅而好罚，其于罚也，执而无赦。舍人有折弓者，畏罪而恐诛，则因猘狗之惊，以杀子阳，此刚猛之所致也。[2]

（10）政平气和。政治平稳的太平之世，和气充盈，人民长寿，祥瑞呈现。

①圣人禀和气，故年命得正数。气和为治平，故太平之世多长寿人。[3]

---

〔1〕《春秋繁露·循天之道》，见〔汉〕董仲舒：《春秋繁露》，中华书局1975年版，第569页。

〔2〕《淮南子·氾论训》，见〔东汉〕高诱注：《淮南子》，《诸子集成》（第七册），中华书局1954年版，第216—217页。

〔3〕《论衡·气寿篇》，见〔东汉〕王充：《论衡》，上海人民出版社1974年版，第13页。

②然则瑞应之出，殆无种类，因善而起，气和而生。亦或时政平气和，众物变化，犹春则鹰变为鸠，秋则鸠化为鹰，蛇鼠之类辄为鱼鳖，虾蟆为鹑，雀为蜃蛤。物随气变，不可谓无。黄石为老父授张良书，去复为石也。儒知之。或时太平气和，獐为骐驎，鹄为凤皇。是故气性，随时变化，岂必有常类哉？褒姒，玄鼋之子，二龙漦也。晋之二卿，熊罴之裔也。吞燕子、薏苡、履大迹之语，世之人然之，独谓瑞有常类哉？以物无种计之，以人无类议之，以体变化论之，凤皇、骐驎生无常类，则形色何为当同？〔1〕

（11）刑罚政令失当，感伤和气灾变。任用酷吏，刑罚冤滥，就会使和气损伤悖乱，进而招致疠疫水旱灾变和民众的祸乱之心。

①今郡国被刑而死者岁以万数，天下狱二千余所，其冤死者多少相覆，狱不减一人，此和气所以未洽者也。〔2〕

②然则天严于用刑，属徐敬业作乱，及豫、博兵起之后，恐人心动摇，欲以威制天下，渐引酷吏，务令深文，以案刑狱。……陈子昂上书曰：……夫人情莫不自爱其身，陛下以此察之，岂非无滥矣！冤人吁嗟，感伤和气；和气悖乱，群生疠疫；水旱随之，则有凶年。人既失业，则祸乱之心怵然而生矣。〔3〕

（12）和气同则德不异。王充认为：圣人是天地和气的产物，圣人治世，能成大功。但和气古今皆有，所以圣人的道德不一定

---

〔1〕《论衡·讲瑞篇》，见〔东汉〕王充：《论衡》，上海人民出版社1974年版，第260页。
〔2〕《汉书·刑法志》，见〔汉〕班固：《汉书》（卷二十三），中华书局2011年版，第1109页。
〔3〕《旧唐书·刑法志》，见〔后晋〕刘昫等：《旧唐书》（卷五十），中华书局2011年版，第2147页。

优于今人。所谓的“古圣优于今”，是人们褒古毁今的结果。

> 夫天地气和，即生圣人。圣人之治，即立大功。和气不独在古先，则圣人何故独优！世俗之性，好褒古而毁今，少所见而多所闻。又见经传增贤圣之美，孔子尤大尧、舜之功。又闻尧、舜禅而相让，汤、武伐而相夺。则谓古圣优于今，功化渥地后矣。夫经有褒增之文，世有空加之言，读经览书者所共见也。孔子曰：“纣之不善，不若是之甚也。是以君子恶居下流，天下之恶皆归焉。”世常以桀、纣与尧、舜相反，称美则说尧、舜，言恶则举纣、桀。孔子曰：“纣之不善，不若是之甚也”，则知尧、舜之德，不若是其盛也。〔1〕

（13）化齐民俗以合同九夷风气。《淮南子》中的《齐俗》篇，讲的是通过化齐民俗来合同九夷风气、制定礼仪制度、规划人事始终的。

> 《齐俗》者，所以一群生之短修，同九夷之风气，通古今之论，贯万物之理，财制礼义之宜，擘画人事之终始者也。〔2〕

（14）观风气而祭祀。祭祀要观察天象和风气的变化。历代天子治国，都用本朝特色的祭坛、树木和服饰。

> 视之天变，观之风气。古之祭，有时而星，有时而星熺，有时而炬，有时而昫。鼠广之实，阴阳之数也。华若落之，名祭之号也。是故天子之为国，图具其树物也。〔3〕

---

〔1〕《论衡·齐世篇》，见〔东汉〕王充：《论衡》，上海人民出版社 1974 年版，第 393 页。

〔2〕《淮南子·要略》，见〔东汉〕高诱注：《淮南子》，《诸子集成》（第七册），中华书局 1954 年版，第 371 页。

〔3〕《管子·侈靡》，见盛广智译注：《管子译注》，吉林文史出版社 1998 年版，第 372 页。

（15）礼制器用视风气而变。古今风气和人的面貌不同，所以礼制不能全泥古，器用不能全用古物，要“视时之风气”而“通其变”。

①行礼不可全泥古，须当视时之风气自不同，故所处不得不与古异。如今人面貌自与古人不同，若全用古物亦不相称。虽圣人作，须有损益。[1]

②识变知化为难。古今风气不同，故器用亦异宜。是以圣人通其变，使民不倦，各随其时而已矣。后世虽有作者，虞帝为不可及已。盖当是时，风气未开，而虞帝之德又如此，故后世莫可及也。若三代之治，后世决可复。不以三代为治者，终苟道也。[2]

## 五、音声质料五六寒温之气与法

音声之气包括音气和声气两种古代气学概念。音气一指以律管测定的节气，一指说话的声音、语气和气概。古代典籍文献中，这两种含义的音气与政治制度或社会治理活动存在一定的效用关系，如《尚书正义》中注解的圣人为调和五声、十二月音气（律管测定的节气）而专门制定音乐的律吕音阶，《淮南子》中记载的得道之人修身养性，喜怒举动和音气（说话的声音、语气和气概）屈伸效法自然规律，可达到万物百族井然有序的化治效果等。声气在古汉语中有志趣、性格或意气的意思。王夫之《黄书》认为，连衙衔署的疑官用人制度可使不肖者声气相投而狼狈为奸，反映出古人对职官用人制度影响官员志趣行为的认识。

---

〔1〕〔宋〕程颢、程颐：《二程遗书》，上海古籍出版社 2000 年版，第 72 页。
〔2〕〔宋〕程颢、程颐：《二程遗书》，上海古籍出版社 2000 年版，第 176 页。

质料之气是宋明理学中探讨较多的气学范畴。程颢、程颐二兄弟和朱熹在理与气孰先孰后的论辩中指出：理是万物运行的规律和原则，气是万物生成的质料和物质，理先气后；理是形而上的无形理念，气是形而下的有形质料，理统摄气，气展现理；人是理与气结合的产物，兼具仁义礼智之理性和言语动作思虑营为的气性，人的气性与理性相济胜消长而产生善恶及君子小人，又因所受气的清浊正偏而有贵贱寿夭智昏明塞之别，并随所受气禀而表现为孝悌忠信仁义礼智的特性。记载"二程"、朱熹理论观点的著作《二程遗书》《朱子语类》中，虽没用到"质料之气"这个名词，但其在阐释这些理论时所用到的气，指的即是质料之气；这些理论观念既是他们对理气关系的看法，也是他们对质料之气与人类社会道德规范和贤愚贵贱关系的认知和看法。

五六之气即五气、六气两种气学概念。这两种气在传统文化中有多种含义和意思。五气有中医藏象学中的风、暑、湿、燥、寒五气和五脏心、肝、脾、肺、肾的状况及其所化生的喜、怒、忧、悲、恐五种情志活动五气及药物学中所指的药物与食物的臊气、焦气、香气、腥气、腐气五种气味等意；在五行学说和中医五运六气理论中又指金、木、水、火、土五行之气或五运之气。六气有表示自然气候变化的阴、阳、风、雨、晦、明或朝旦之气（朝霞）、日中之气（正阳）、日没之气（飞泉）、夜半之气（沆瀣）、天之气、地之气六种现象，或人的好、恶、喜、怒、哀、乐六情及中医术语中寒、热、燥、湿、风、火六种症候和人体内由气所化的精、气、津、液、血、脉等众多意思。《周礼》中记载古代专门设立根据人的五气、五声、五色等判断病情并予以疗治的疾医之职，是古代职官制度与人体五气关系的间接反映。《左传》所描述的古人对礼乐政刑的设置，以四时、五行得以转化的阴、阳、风、雨、晦、明六气为依据的认识，则是从自然界六气的含义出发，对礼乐政刑设置的原因和效用给出的分析和阐释。

寒温之气即寒冷、温暖之气。就寒温之气与刑罚政令的关系而言，从王充《论衡》一书的相关论辩来看，其时的变复之家认为人君的喜怒赏罚不当会引起气候温度冷热变化。对于这种看法，王充是持反对意见的，他通过自己所著《论衡》中的《寒温》《谴告》《变动》三篇文章，指出寒温之气变化是自然现象，不是因君王的喜怒、赏罚不当而引起的，与人君的德政刑罚无关。

（1）律吕之作为调述音气之用。圣人制作律与吕（古乐有十二律，阳声六律又称律，阴声六律又称为吕），来调和五声、述十二月之音气。

> 正义曰：……圣人之作律也，既以出音，又以候气，布十二律于十二月之位，气至则律应，是六律、六吕述十二月之音气也。“声依永”者，谓五声依附长言而为之，其声未和，乃用此律吕调和其五声，使应于节奏也。[1]

（2）举动效法自然规律，音气不违八方之风，可使万物百族井然有序。古得道之人，动静喜怒等效法天地日月四时，音气不违背八方之风（东明庶风、东南清明风、南景风、西南凉风、西方阊阖风、西北不周风、北广莫风、东北融风），屈伸不乱五行，就可使万物百族井然有序。

> 古得道者，静而法天地，动而顺日月，喜怒而合四时，叫呼而比雷霆，音气不戾八风，诎伸不获五度。下至介鳞，上及毛羽，条修叶贯，万物百族，由本至末，莫不有序。[2]

（3）疑制可使不肖者声气相投而狼狈为奸。一个职位分给几个

---

〔1〕《尚书正义》（卷三），见〔清〕阮元校刻：《十三经注疏》，中华书局 1980 年版，第 131 页。

〔2〕《淮南子 · 兵略训》，见〔东汉〕高诱注：《淮南子》，《诸子集成》（第七册），中华书局 1954 年版，第 254 页。

官员来主管，并让其连衔署名相互统辖的疑制，是为了约束不贤无德之人。但由于人才分贤、不肖、中人三种，故而相互连衔统辖的疑制会使不贤无德之人声气相投而狼狈为奸，也只有不贤无德之人适合这种以猜疑为出发点的任官制度。

> 夫一职而分官以领之，连衔以辖之，所以疑制不肖也。人材之数，曰贤，曰不肖，曰中人。贤制不肖则不肖惧，不肖制贤则贤者忧，中人制不肖则恶不弭，中人制贤则善不长，贤制中人则疲于效命，不肖制中人则靡于朋淫，贤制贤则意见差，不肖制不肖则声气叶。不肖惧则裂而伤贤，贤者忧则引而避不肖，恶不弭则忌惮益忘，善不长则登进无助，疲于效命则事会圮，靡于朋淫则媚术张，意见差则乖左折衷，声气叶则胶固两利。然则疑制者，唯两不肖而后谐也，亦将大违其疑制之始心矣。[1]

（4）气中自具仁义礼智之理性。理先气后，理是形而上者，气是形而下者。气依傍理而行，气之聚处，理亦在焉。气为金木水火，理为仁义礼智，气积聚而成的形质中，自含有仁义礼智之理性。

> ①天下未有无理之气，亦未有无气之理。气以成形，而理亦赋焉。铢。[2]

> ②先有个天理了，却有气。气积为质，而性具焉。敬仲。[3]

---

〔1〕〔清〕王夫之：《黄书　噩梦》，中华书局1956年版，第24页。

〔2〕《朱子语类·理气》，见〔宋〕黎靖德编：《朱子语类》，海南国际新闻出版中心1995年版，第1页。

〔3〕《朱子语类·理气》，见〔宋〕黎靖德编：《朱子语类》，海南国际新闻出版中心1995年版，第1页。

③有是理后生是气，自“一阴一阳之谓道”推来。此性自有仁义。德明。[1]

④问：“先有理，抑先有气？”曰：“理未尝离乎气。然理形而上者，气形而下者。自形而上下言，岂无先后！理无形，气便粗，有渣滓。”淳。[2]

⑤或问：“必有是理，然后有是气，如何？”曰：“此本无先后之可言。然必欲推其所从来，则须说先有是理。然理又非别为一物，即存乎是气之中；无是气，则是理亦无挂搭处。气则为金木水火，理则为仁义礼智。”人杰。[3]

⑥或问：“理在先，气在后。”曰：“理与气本无先后之可言。但推上去时，却如理在先，气在后相似。”又问：“理在气中发见处如何？”曰：“如阴阳五行错综不失条绪，便是理。若气不结聚时，理亦无所附着。故康节云：‘性者，道之形体；心者，性之郛郭；身者，心之区宇；物者，身之舟车。’”问道之体用。曰：“假如耳便是体，听便是用；目是体，见是用。”祖道。[4]

⑦或问先有理后有气之说。曰：“不消如此说。而今知得他合下是先有理，后有气邪；后有理，先有气邪？皆

---

〔1〕《朱子语类·理气》，见〔宋〕黎靖德编：《朱子语类》，海南国际新闻出版中心 1995 年版，第 1 页。

〔2〕《朱子语类·理气》，见〔宋〕黎靖德编：《朱子语类》，海南国际新闻出版中心 1995 年版，第 1 页。

〔3〕《朱子语类·理气》，见〔宋〕黎靖德编：《朱子语类》，海南国际新闻出版中心 1995 年版，第 2 页。

〔4〕《朱子语类·理气》，见〔宋〕黎靖德编：《朱子语类》，海南国际新闻出版中心 1995 年版，第 2 页。

不可得而推究。然以意度之，则疑此气是依傍这理行。及此气之聚，则理亦在焉。盖气则能凝结造作，理却无情意，无计度，无造作。只此气凝聚处，理便在其中。且如天地间人物草木禽兽，其生也，莫不有种，定不会无种子白地生出一个物事，这个都是气。若理，则只是个净洁空阔底世界，无形迹，他却不会造作；气则能酝酿凝聚生物也。但有此气，则理便在其中。”[1]

（5）人的气性与理性相济胜而生善恶及仁义礼智等四端。性即气，气即性，气是理的依附所在，理是气得以运行的规律。人是理与气结合的产物，气理相互消长而产生善恶及君子小人，人又因所受气的清浊正偏而有贵贱寿夭智昏明蹇之别，并随所受气禀而表现为孝悌忠信仁义礼智的理性。

①义理与客气常相胜，又看消长分数多少，为君子小人之别。义理所得渐多，则自然知得，客气消散得渐少，消尽者是大贤。[2]

②生之谓性，性即气，气即性，生之谓也。人生气禀，理有善恶，然不是性中元有，此两物相对而生也。[3]

③天有五行，人有五藏。心，火也，着些天地间风气乘之，便须发燥。肝，木也，着些天地间风气乘之，便须发怒。推之五藏皆然。孟子将四端便为四体，仁便是一个木气象，恻隐之心便是一个生物春底气象，羞恶之心便是一个秋底气象，只有一个去就断割底气象，便是义也。推

---

〔1〕《朱子语类·理气》，见〔宋〕黎靖德编：《朱子语类》，海南国际新闻出版中心 1995 年版，第 2 页。

〔2〕〔宋〕程颢、程颐：《二程遗书》，上海古籍出版社 2000 年版，第 55 页。

〔3〕〔宋〕程颢、程颐：《二程遗书》，上海古籍出版社 2000 年版，第 61 页。

之四端皆然。此个事又着个甚安排得也？此个道理，虽牛马血气之类亦然。都恁备具，只是流形不同，各随形气，后便昏了佗气。如其子爱其母，母爱其子，亦有木底气象，又岂无羞恶之心？如避害就利，别所爱恶，一一理完。更如猕猴尤似人，故于兽中最为智巧，童昏之人见解不及者多矣。然而唯人气最清，可以辅相裁成。[1]

④数只是算气之节候。大率只是一个气。阴阳播而为五行，五行中各有阴阳。甲乙木，丙丁火；春属木，夏属火。年月日时无有非五行之气，甲乙丙丁又属阴属阳，只是二五之气。人之生，适遇其气，有得清者，有得浊者，贵贱寿夭皆然，故有参错不齐如此。圣贤在上，则其气中和；不然，则其气偏行。故有得其气清，聪明而无福禄者；亦有得其气浊，有福禄而无知者，皆其气数使然。尧舜禹皋文武周召得其正，孔孟夷齐得其偏者也。至如极乱之后，五代之时，又却生许多圣贤，如祖宗诸臣者，是极而复者也。扬录云："硕果不食之理。"如大睡一觉，及醒时却有精神。扬录此下云："今却诡诈玩弄，未有醒时。非积乱之甚五六十年，即定气息未苏了，是大可忧也！"[2]

⑤气之精英者为神。金木水火土非神，所以为金木水火土者是神。在人则为理，所以为仁义礼智信者是也。植。[3]

---

〔1〕〔宋〕程颢、程颐：《二程遗书》，上海古籍出版社 2000 年版，第 105 页。

〔2〕《朱子语类 · 理气》，见〔宋〕黎靖德编：《朱子语类》，海南国际新闻出版中心 1995 年版，第 4 页。

〔3〕《朱子语类 · 理气》，见〔宋〕黎靖德编：《朱子语类》，海南国际新闻出版中心 1995 年版，第 4 页。

⑥人之所以生，理与气合而已。天理固浩浩不穷，然非是气，则虽有是理而无所凑泊。故必二气交感，凝结生聚，然后是理有所附着。凡人之能言语动作，思虑营为，皆气也，而理存焉。故发而为孝弟忠信仁义礼智，皆理也。然而二气五行，交感万变，故人物之生，有精粗之不同。自一气而言之，则人物皆受是气而生；自精粗而言，则人得其气之正且通者，物得其气之偏且塞者。惟人得其正，故是理通而无所塞；物得其偏，故是理塞而无所知。〔1〕

⑦是故其气清，其知明，不持而固，不勉而行，尽人达天，皆由于敬，施于天下，不劳而定。〔2〕

（6）疾医以五气等辨病施治。疾医的职责是治疗人们的疾病。按照人们四时所得的不同疾病，以五气、五声、五色等判断病情，加以疗治。病人死亡后，记载其病情，上报给医师。

疾医掌养万民之疾病。四时皆有疠疾：春时有首疾，夏时有痒疥疾，秋时有疟寒疾，冬时有嗽上气疾。以五味、五谷、五药养其病，以五气、五声、五色视其死生。两之以九窍之变，参之以九藏之动。凡民之有疾病者，分而治之。死终，则各书其所以，而入于医师。〔3〕

（7）礼乐政刑之设，以六气等为根据。六气为阴、阳、风、雨、晦、明，又分为春、夏、秋、冬四时和五行。六畜指马、牛、羊、猪、狗、鸡六种家畜。五牲指古代用作祭品的五种动物，即牛、羊、

〔1〕《朱子语类·理气》，见〔宋〕黎靖德编：《朱子语类》，海南国际新闻出版中心 1995 年版，第 29 页。

〔2〕《潜书·敬修》，见〔清〕唐甄：《潜书》，古籍出版社 1955 年版，第 27 页。

〔3〕《周礼注疏》（卷五），见〔清〕阮元校刻：《十三经注疏》，中华书局 1980 年版，第 667 页。

猪、狗、鸡。九文，指古代天子礼服上的九种图案。六采，指天地四方之色，即青、白、赤、黑、玄、黄六色。五章，指用以区别尊卑的服装上的五种不同文采。九歌，一说为一种远古歌曲的名称；一说为可歌唱的金、木、水、火、土、谷、正德、利用、厚生九功之德。八风，一说为东方明庶风，东南清明风，南方景风，西南凉风，西方间阖风，西北不周风，北方广莫风，东北融风八个方位的风；一说为古代八种乐器，依材质分为金、石、丝、竹、匏、土、革、木。七音，为宫、商、角、徵、羽、变宫、变徵七个音阶。六律，通指黄钟、太簇、姑洗、蕤宾、夷则、无射六阳律与大吕、夹钟、仲吕、林钟、南吕、应钟六阴律，合称为十二律。君臣上下，夫妇外内，父子、兄弟、姑姊、甥舅、婚姻等礼乐规范；政事、劳作、措施、刑罚威狱，温慈惠和等政治刑罚皆是依据天地之性、六气之化、五味之气等制定设立的，并由此使人民生于六气的好恶、喜怒、哀乐六种情志得到节制而不使之过度。

①晋侯求医于秦，秦伯使医和视之，曰："疾不可为也。……六气曰阴、阳、风、雨、晦、明也，分为四时，序为五节。"

正义曰：六气并行，无时止息。但气有温、暑、凉、寒，分为四时，春、夏、秋、冬也。序此四时，以为五行之节，计一年有三百六十五日。序之为五行，每行得七十二日有余。土无定方，分主四季，故每季之末有十八日，为土正主日也。[1]

②子大叔见赵简子，简子问揖让周旋之礼焉。对曰："是仪也，非礼也。"简子曰："敢问，何谓礼？"对曰：

---

〔1〕《春秋左传正义》（卷四十一），见〔清〕阮元校刻：《十三经注疏》，中华书局 1980 年版，第 2024—2025 页。

“吉也闻诸先大夫子产曰：‘夫礼，天之经也，地之义也，民之行也。’天地之经，而民实则之。则天之明，因地之性，生其六气，用其五行，气为五味，发为五色，章为五声。淫则昏乱，民失其性。是故为礼以奉之：为六畜、五牲，以奉五味；为九文、六采、五章，以奉五色；为九歌、八风、七音、六律，以奉五声。为君臣上下，以则地义；为夫妇外内，以经二物；为父子、兄弟、姑姊、甥舅、昏媾姻亚，以象天明，为政事、庸力、行务，以从四时；为刑罚威狱，使民畏忌，以类其震曜杀戮；为温慈惠和，以效天之生殖长育。民有好恶、喜怒、哀乐，生于六气，是故审则宜类，以制六志。哀有哭泣，乐有歌舞，喜有施舍，怒有战斗，喜生于好，怒生于恶。是故审行信令，行祸赏罚，以制死生。生，好物也；死，恶物也。好物，乐也；恶物，哀也。哀乐不失，乃能协于天地之性，是以长久。”简子曰：“甚哉，礼之大也！”〔1〕

（8）寒温之气变迁与德政刑罚无关。王充认为：寒温之气变化是自然规律，不是因君王的喜怒、赏罚不当而变的；认为天以寒温变气谴告人君政治失当之说是不对的。

①说寒温者曰：人君喜则温，怒则寒。何则？喜怒发于胸中，然后行出于外，外成赏罚。赏罚，喜怒之效。故寒温渥盛，雕物伤人。夫寒温之代至也，在数日之间，人君未必有喜怒之气发胸中，然后渥盛于外。见外寒温，则知胸中之气也。当人君喜怒之时，胸中之气未必更寒温也。胸中之气，何以异于境内之气？胸中之气，不为喜怒变，

〔1〕《春秋左传正义》（卷五十一），见〔清〕阮元校刻：《十三经注疏》，中华书局1980年版，第2107—2108页。

境内寒温，何所生起？六国之时，秦、汉之际，诸侯相伐，兵革满道，国有相攻之怒，将有相胜之志，夫有相杀之气，当时天下未必常寒也。太平之世，唐、虞之时，政得民安，人君常喜，弦歌鼓舞，比屋而有，当时天下未必常温也。岂喜怒之气，为小发，不为大动邪？何其不与行事相中得也？[1]

②夫近水则寒，近火则温，远之渐微。何则？气之所加，远近有差也。成事，火位在南，水位在北，北边则寒，南极则热。火之在炉，水之在沟，气之在躯，其实一也。当人君喜怒之时，寒温之气，闺门宜甚，境外宜微。今案寒温，外内均等，殆非人君喜怒之所致。世儒说称，妄处之也。王者之变在天下，诸侯之变在境内，卿大夫之变在其位，庶人之变在其家。夫家人之能致变，则喜怒亦能致气。父子相怒，夫妻相督，若当怒反喜，纵过饰非，一室之中，宜有寒温。由此言之，变非喜怒所生，明矣。[2]

③案前世用刑者，蚩尤、亡秦甚矣。蚩尤之民，湎湎纷纷；亡秦之路，赤衣比肩，当时天下未必常寒也。帝都之市，屠杀牛羊，日以百数，刑人杀牲，皆有贼心，帝都之市，气不能寒。或曰：“人贵于物，唯人动气。”夫用刑者动气乎？用受刑者为变也？如用刑者，刑人杀禽，同一心也。如用受刑者，人禽皆物也，俱为万物，百贱不能当一贵乎？或曰：“唯人君动气，众庶不能。”夫气感必须人君，世何称于邹衍？邹衍匹夫，一人感气，世又然之。刑一人而气辄寒，生一人而气辄温乎？赦令四下，万刑并除，

〔1〕《论衡·寒温篇》，见〔东汉〕王充：《论衡》，上海人民出版社 1974 年版，第 220 页。
〔2〕《论衡·寒温篇》，见〔东汉〕王充：《论衡》，上海人民出版社 1974 年版，第 221 页。

当时岁月之气不温。往年，万户失火，烟焱参天；河决千里，四望无垠。火与温气同，水与寒气类。失火河决之时，不寒不温。然则寒温之至，殆非政治所致。然而寒温之至，遭与赏罚同时，变复之家，因缘名之矣。〔1〕

④夫天道，自然也，无为。如谴告人，是有为，非自然也。黄、老之家，论说天道，得其实矣。且天审能谴告人君，宜变易其气以觉悟之。用刑非时，刑气寒，而天宜为温；施赏违节，赏气温，而天宜为寒。变其政而易其气，故君得以觉悟，知是非。今乃随寒从温，为寒为温，以谴告之意，欲令变更之且。太王父以王季之可立，故易名为历。历者，适也。太伯觉悟，之吴、越采药，以避王季。使太王不易季名，而复字之季，太伯岂觉悟以避之哉？今刑赏失法，天欲改易其政，宜为异气，若太王之易季名。今乃重为同气以谴告之，人君何时将能觉悟，以见刑赏之误哉？〔2〕

⑤三教之相违，文质之相反，政失，不相反袭也。谴告人君误，不变其失而袭其非，欲行谴告之教，不从如何？管、蔡篡畔，周公告教之至于再三。其所以告教之者，岂云当篡畔哉？人道善善恶恶，施善以赏，加恶以罪，天道宜然。刑赏失实，恶也，为恶气以应之，恶恶之义，安所施哉？汉正首匿之罪，制亡从之法，恶其随非而与恶人为群党也。如束罪人以诣吏，离恶人与异居，首匿亡从之法除矣。狄牙之调味也，酸则沃之以水，淡则加之以咸。水火相变易，故膳无咸淡之失也。今刑罚失实，不为异气以变其过，而又为寒于寒，为温于温，此犹憎酸而沃之以咸，恶淡而灌

〔1〕《论衡·寒温篇》，见〔东汉〕王充：《论衡》，上海人民出版社1974年版，第221页。
〔2〕《论衡·谴告篇》，见〔东汉〕王充：《论衡》，上海人民出版社1974年版，第224页。

之以水也。由斯言之，谴告之言，疑乎？必信也？[1]

⑥顾可言寒温感动人君，人君起气而以赏罚；乃言以赏罚感动皇天，天为寒温以应政治乎？六情风家言："风至，为盗贼者感应之而起。"非盗贼之人精气感天，使风至也。风至怪不轨之心，而盗贼之操发矣。何以验之？盗贼之人，见物而取，睹敌而杀，皆在徙倚漏刻之间，未必宿日有其思也，而天风已以贪狼阴贼之日至矣。[2]

## 六、精神志意亢悍角争浩然之气与法

古代典籍中，精神、志意、亢悍、角争、浩然之气等气概念与法概念存在密切关系。精神之气涵盖精气、神气两个气学概念。精气、神气的概念是在先秦时代伴随气本体论学说而产生的。精气的意义，在《易传》《管子》《吕氏春秋》等书中基本上等同于气本体论概念的意义，指构成万物的本原；《淮南子》中又有精气浊气之分，此处精气意即气的精华部分，专指人类形体和精神的生成本原；精气后来还衍生出精神状态、人体正气等含义。神气也是一个含义丰富的概念，有神妙灵异之气、精神气质、神态状况、风格气韵等意义。在表示人或事物的精神状态时，神气和精气是对等相通的。此外，古代典籍中有时单个"气"字也包含精神状态的含义。古人多从精气万物本原的含义及精气、神气、气共有的人或事物的精神气质状态含义上探讨其与法的相互关系，如《文子》《淮南子》主张的精神之气感应政治，人当依天地精气所生之本，法天顺情而立纲纪；康有为《大同书》指出的不良政治，伤害人民的精神气质，并引发其非法之行等。

---

〔1〕《论衡·谴告篇》，见〔东汉〕王充：《论衡》，上海人民出版社 1974 年版，第 226 页。
〔2〕《论衡·变动篇》，见〔东汉〕王充：《论衡》，上海人民出版社 1974 年版，第 230 页。

志意之气是对表示意识活动控制和适应能力等状况的气概念的表述和称谓。在古典文献中，常常用“气”或“志气”“气志”来表达。古人认为，作为人的意识活动状况的志意之气与礼乐政刑活动是紧密相联的：《礼记》《淮南子》在论述礼乐的起源效用时指出，礼乐是人的喜怒哀乐等情感意气的外化；《管子》指导人们在刑赏断事之时要虚气平心、去除喜怒；《庄子》《文子》强调君王圣人意气恬淡，方可平治天下等，都充分说明了这一点。

亢悍之气表示的是人的刚烈强悍状态，古代同样意义的词还有“骁悍硗駮之气”。清代唐甄所著的《潜书》与王夫之所著的《黄书》对亢悍之气、骁悍硗駮之气与法的关系做了探讨。《潜书》认为，君王去除竞躁之心和亢悍之气，才能增进治国理政的能力；《黄书》指出，治理国家，如不能驱除骁悍硗駮之气，就不能达到理想的治理效果。

角争之气和攻争之气一样，用于形容人角逐、攻击、争夺的情景。对这两个气学概念与法的关系的论述，典籍文献中主要是康有为的《大同书》。《大同书》论及生活常见诉讼事例的起因，间接指明了人们之间的角争之气是诉讼的重要因素；又通过攻争之气的社会影响，指出太平之世不应有攻争之气，且以争气、争心为耻。

浩然之气即光明正大的情志状态。浩然之气是孟子提出的一个气学概念，后世程颢、程颐等人对之做了探讨。从孟子提出并阐释其意义的《孟子·公孙丑章句上》及“二程”的《二程遗书》记载可看出，孟子、“二程”等人认为浩然之气是集义所生、与道相合的。古典文献中同义于浩然之气的另一个词是清气。清气最初的意义是天空中的清明之气，后来引申为光明正大之气。清代王夫之所著《黄书》通过对圣人治理国家方式的分析，说明政治制度和礼乐刑罚的设置，有利于民众清气的形成和体格的强健。

（1）精神之气感应政治。有德之政，精诚内形，精诚之神气上升感天，会使祥瑞出现，天下太平；无德暴政使民心离乱、四时失序，其神气与天相应而产生灾变。国家将亡时，则会有山崩川涸、冬雷夏霜等神气相应征。所以说，好的治化效果不是法律政治的效果，而是精诚天心感化的结果。以精诚之道而治，则法虽少而治化效果显著；不以精诚之道而治，则法虽多而治理得很混乱。

①老子曰：……故精诚内形，气动于天，景星见，黄龙下，凤凰至，醴泉出，嘉谷生，河不满溢，海不波涌；逆天暴物，即日月薄蚀，五星失行，四时相乘，昼冥宵光，山崩川涸，冬雷夏霜。天之与人，有以相通，故国之殂亡也，天文变，世俗乱，虹霓见。[1]

②故人主有伐国之志，邑犬群嗥，雄鸡夜鸣，库兵动而戎马惊。今日解怨偃兵，家老甘卧，巷无聚人，妖菑不生，非法之应也，精气之动也。故不言而信，不施而仁，不怒而威；是以天心动化者也。施而仁，言而信，怒而威；是以精诚感之者也。施而不仁，言而不信，怒而不威，是以外貌为之者也。故有道以统之，法虽少，足以化矣；无道以行之，法虽众，足以乱矣。[2]

③圣人在上，怀道而不言，泽及万民，故不言之教，芒乎大哉！君臣乖心，倍谲见乎天，神气相应征矣，此谓不言之辨，不道之道也。[3]

④古之人有处混冥之中，神气不荡于外，万物恬漠以愉静，搀枪衡杓之气莫不弥靡，而不能为害。当此之时，万民猖

---

〔1〕《文子·精诚》，见李德山译注：《文子译注》，黑龙江人民出版社 2003 年版，第 32 页。

〔2〕《淮南子·泰族训》，见〔东汉〕高诱注：《淮南子》，《诸子集成》（第七册），中华书局 1954 年版，第 355—356 页。

〔3〕《文子·精诚》，见李德山：《文子译注》，黑龙江人民出版社 2003 年版，第 35 页。

狂，不知东西，含哺而游，鼓腹而熙，交被天和，食于地德，不以曲故是非相尤，茫茫沉沉，是谓大治。[1]

⑤夫物类之相应，玄妙深微，知不能论，辩不能解，故东风至而酒湛溢，蚕咡丝而商弦绝，或感之也。……故圣人在位，怀道而不言，泽及万民。君臣乖心，则背谲见于天，神气相应征矣。[2]

（2）人为天地精气所生，当法天顺情而立纲纪。人是天地形成时的精气化生的，人要法天顺情，依据天地阴阳四时的运行规律设置纲纪规则而从事各种社会活动。

古未有天地之时，惟像无形，窈窈冥冥，芒芠漠闵，澒濛鸿洞，莫知其门。有二神混生，经天营地，孔乎莫知其所终极，滔乎莫知其所止息，于是乃别为阴阳，离为八极，刚柔相成，万物乃形，烦气为虫，精气为人。是故精神，天之有也；而骨骸者，地之有也。精神入其门，而骨骸反其根，我尚何存？是故圣人法天顺情，不拘于俗，不诱于人，以天为父，以地为母，阴阳为纲，四时为纪。天静以清，地定以宁，万物失之者死，法之者生。[3]

（3）气不淫，则草必垦。使人安逸的音乐和奇异的服装不准在各郡县流行，人民就可以不被其干扰而专心劳作，精神气质不涣散，这样就可以保证荒地得到开垦。

---

〔1〕《淮南子·俶真训》，见〔东汉〕高诱注：《淮南子》，《诸子集成》（第七册），中华书局1954年版，第21页。

〔2〕《淮南子·览冥训》，见〔东汉〕高诱注：《淮南子》，《诸子集成》（第七册），中华书局1954年版，第90页。

〔3〕《淮南子·精神训》，见〔东汉〕高诱注：《淮南子》，《诸子集成》（第七册，中华书局1954年版，第99页。

声服无通于百县，则民行作不顾，休居不听。休居不听，则气不淫。行作不顾，则意必壹。意壹而气不淫，则草必垦矣。[1]

（4）不良之治，伤民馁气，引发非法之行。天灾的发生没有定时，人的死亡相续不断，丧葬祭祀等耗费巨大，而各种公事还逼迫人，这样既消弭人的精神气质，又伤害人的灵魂，使民众穷困交加，不得已而做贪污欺诈、毁廉丧节之事。而专权压制之国，赋税繁苛，摧抑人的精神志气，使民众形容枯槁、毫无生气。

①况复天灾无时，死亡相因，多哀多思，怀我六亲，丧葬祭祀，耗费无端，力作既穷，夙逋迫人。既馁其气，实伤其魂，困穷交迫，虽有志士，诈谋亦生，或毁廉而丧节，或负诟而忍心，于是苟贱无耻之事，贪污欺诞之行，亦不得已而强为之矣。[2]

②大抵压制之国，政权不许参预，赋税日以繁苛，摧抑民生，凌锄士气。务令其身体拘屈，廉耻凋丧，志气扫荡，神明幽郁，若巫来由之民，蠢愚若豕、卑屈若奴而后已焉。入专制国而见其民枯槁屈束、绝无生气者是也。[3]

（5）礼乐之作，由气而起。钟鼓管箫、干戚羽旄，是用来文饰喜悦之情的；衰绖苴杖等丧礼的礼仪，是用来文饰悲哀之情的；兵革羽旄、金鼓斧钺是用来文饰因被侵犯而气激发怒之情的。乐是情感意气的外化，是不能伪作的。

①故曰：乐者，乐也。君子乐得其道，小人乐得其欲。

---

〔1〕〔清〕严万里校：《商君书》，《诸子集成》（第五册），中华书局 1954 年版，第 3 页。

〔2〕〔清〕康有为：《大同书》，辽宁人民出版社 1994 年版，第 221 页。

〔3〕〔清〕康有为：《大同书》，辽宁人民出版社 1994 年版，第 54 页。

以道制欲，则乐而不乱；以欲忘道，则惑而不乐。是故君子反情以和其志，广乐以成其教。乐行而民乡方，可以观德矣。德者，性之端也。乐者，德之华也。金石丝竹，乐之器也。诗，言其志也。歌，咏其声也。舞，动其容也。三者本于心，然后乐器从之。是故情深而文明，气盛而化神，和顺积中，而英华发外，唯乐不可以为伪。〔1〕

②人之性有侵犯则怒，怒则血充，血充则气激，气激则发怒，发怒则有所释憾矣。故钟鼓管箫，干戚羽旄，所以饰喜也；衰绖苴杖，哭踊有节，所以饰哀也；兵革羽旄，金鼓斧钺，所以饰怒也。必有其质，乃为之文。〔2〕

（6）审治刑赏、为政断事，需虚气平心。审治刑罚和奖赏、陈述义理设置法规，需要虚气平心、去除怒喜。如果气乱智昏、背弃法令而凭喜怒定夺，就会使政令不行、民怨沸起、祸乱丛生。能平意清神，则可令行禁止、德施四海。

①乘夏方长，审治刑赏。必明经纪，陈义设法，断事以理。虚气平心，乃去怒喜。若倍法弃令而行怒喜，祸乱乃生，上位乃殆。故曰："喜无以赏，怒无以杀。喜以赏，怒以杀，怨乃起，令乃废。骤令不行，民心乃外。外之有徒，祸乃始牙。众之所忿，寡不能图。"〔3〕

②故古之圣王，能得诸己，故令行禁止，名传后世，德

〔1〕《礼记正义》（卷三十八），见〔清〕阮元校刻：《十三经注疏》，中华书局1980年版，第1536页。

〔2〕《淮南子·本经训》，见〔东汉〕高诱注：《淮南子》，《诸子集成》（第七册），中华书局1954年版，第123页。

〔3〕《管子·版法解》，见盛广智译注：《管子译注》，吉林文史出版社1998年版，第627页。

施四海。是故凡将举事，必先平意清神；……故水激则波兴，气乱则智昏；智昏不可以为政，波水不可以为平。[1]

（7）意气恬淡，虚静无为则可无为而治。贵富尊严名利、容动色理气意、恶欲喜怒哀乐、去就取与智能等是勃志、谬心、累德、塞道之物，能去除它们而使内心恬淡、意气虚漠、顺应自然、没有私心，就可以达到无为而天下治的化治效果。

①天根游于殷阳，至蓼水之上，适遭无名人而问焉，曰："请问为天下。"无名人曰："去！汝鄙人也，何问之不豫也！予方将与造物者为人，厌则又乘夫莽眇之鸟，以出六极之外，而游无何有之乡，以处圹埌之野。汝又何帛以治天下感予之心为？"又复问，无名人曰："汝游心于淡，合气于漠，顺物自然而无容私焉，而天下治矣。"[2]

②贵富显严名利六者，勃志也；容动色理气意六者，谬心也；恶欲喜怒哀乐六者，累德也；去就取与知能六者，塞道也。此四六者不荡胸中则正，正则静，静则明，明则虚，虚则无为而无不为也。[3]

③夫精神志气者，静而日充以壮，躁而日耗以老；是故，圣人持养其神，和弱其气，平夷其形，而与道浮沉；如此，则万物之化无不偶也，百事之变无不应也。[4]

〔1〕《淮南子·齐俗训》，见〔东汉〕高诱注：《淮南子》，《诸子集成》（第七册），中华书局 1954 年版，第 173 页。

〔2〕《庄子·应帝王》，见〔清〕王先谦集解：《庄子》，上海古籍出版社 2009 年版，第 81 页。

〔3〕《庄子·庚桑楚》，见〔清〕王先谦集解：《庄子》，上海古籍出版社 2009 年版，第 240 页。

〔4〕《文子·九守》，见李德山译注：《文子译注》，黑龙江人民出版社 2003 年版，第 81 页。

④夫精神气志者，静而日充者以壮，躁而日毛者以老。是故圣人将养其神，和弱其气，平夷其形，而与道沉浮俯仰。恬然则纵之，迫则用之。其纵之也若委衣，其用之也若发机。如是，则万物之化无不遇，而百事之变无不应。[1]

（8）经天下之气以心辨是非、处百事为基。心为五藏之主，制使四肢，流行血气，辨别是非；处世经事，经天下之气，首先要得于心。

夫心者，五藏之主也，所以制使四支，流行血气，驰骋于是非之境，而出入于百事之门户者也。是故不得于心，而有经天下之气，是犹无耳而欲调钟鼓，无目而欲喜文章也。亦必不胜其任矣！[2]

（9）消除亢悍之气，可使治理渐进。古人在治理国家时，讲究去除竞躁之心和亢悍之气，因为这样才能增进治国理政的能力。

世宗闻是言也，必心悦之，可以伐其竞躁之心，消其亢悍之气，而治理可徐进也。[3]

（10）治国须驱硗駮之气。接受天命治理国家，如不能奖掖得当，清明刚正，驱除骁悍硗駮之气，就不能达到理想的治理效果。

然则授天命以振三维者，非奖掖中区，宰制清刚，作智勇之助，骁悍硗駮之气，固不能早绝纯杂之消，反之于太古轩辕之治，后之治也而无所俟焉。[4]

---

〔1〕《淮南子·原道训》，见〔东汉〕高诱注：《淮南子》，《诸子集成》（第七册），中华书局1954年版，第18页。

〔2〕《淮南子·原道训》，见〔东汉〕高诱注：《淮南子》，《诸子集成》（第七册），中华书局1954年版，第14页。

〔3〕《潜书·格君》，见〔清〕唐甄：《潜书》，古籍出版社1955年版，第120页。

〔4〕〔清〕王夫之：《黄书　噩梦》，中华书局1956年版，第4页。

（11）角争之气为讼狱之源。富家兄弟、夫妇为争产角气而致累年讼狱，桎梏在身。

若兄弟争产，夫妇角气，至于累年讼狱，桎梏在身，此皆富者有之，贫者寡有也。[1]

（12）太平之世，以攻争之气为耻戒。太平之世，人人平等，以攻争之气为大耻而力戒之。

虽然，作色者，流血大争之兆也，勃怒者，巨炮攻争之气也，嚣哗者，对垒争锋之影也。太平之人，有喜而无怒，有乐而无哀，其竞争虽或有之，则不能不严禁焉。凡有争气、争声、争词、争事、争心者，则清议以为大耻，报馆引为大戒，名誉减削，公举难预焉。[2]

（13）浩然之气配义与道。浩然之气集义所生，与道相合。

①"敢问夫子恶乎长？"曰："我知言，我善养吾浩然之气。""敢问何谓浩然之气？"曰："难言也。其为气也，至大至刚，以直养而无害，则塞于天地之间。其为气也，配义与道。无是，馁也。我故曰：告子未尝知义，以其外之也。"[3]

②浩然之气，既言气，则已是大段有形体之物。如言志，有甚迹，然亦尽有形象。浩然之气是集义所生者，既生得此气，语其体则与道合，语其用则莫不是义。譬之以

---

〔1〕〔清〕康有为：《大同书》，辽宁人民出版社1994年版，第58页。

〔2〕〔清〕康有为：《大同书》，辽宁人民出版社1994年版，第332页。

〔3〕《孟子注疏》（卷三），见〔清〕阮元校刻：《十三经注疏》，中华书局1980年版，第2685页。

金为器，及其器成，方命得此是金器。[1]

（14）设礼乐刑杀整肃国家，可使民众清气疏曜、吉祥强健。圣人确立了独尊地位后，就设置婚嫁死丧、尊卑贵贱、刑杀征伐等礼乐制度和刑罚措施来整肃国家，使得人民清气疏朗、体格强健而不可侵犯，国家祥瑞出现、太平和乐。

故圣人先号万姓而示之以独贵，保其所贵，匡其终乱，施于孙子，须于后圣，可禅，可继，可革，而不可使夷类间之。然后植其弱，掖其僵，扬其洁，倾其滓，冠昏饮射以文之，哭踊虞祔以哀之，堂廉级次以序之，刑杀征伐以整之，清气疏曜，血脉强固，物不干人，沴不侵祥；黄钟以节之，唱叹以浏之，故礼乐兴，神人和，四灵集，而朱草、醴泉相踵而奔其灵也。[2]

## 七、身体呼吸哀乐善恶忧怨愁冤之气与法

身体之气主要指的是促使人生命活动运行的气血及其运行状态，在古代一般用“体气”这个词来表示。古人认为，体气与法存在内在的互利关系。《左传》通过历史人物的对话说明：君子行四时之政以宣畅体气；体气和顺、志意充满，又是出言语、发号令的前提。《墨子》在探讨饮食、宫室、葬埋之法时，指出其制定的目的即在于继续、保护人的体气而不是为了追求奢华过度的享受，展现出日常礼制制定中对体气的关照和考虑。

呼吸之气是典籍文献中单个“气”字包含的一种含义，有时也用“气息”来表示。其与法的关系的阐释主要在《礼记》《庄子》和

〔1〕〔宋〕程颢、程颐：《二程遗书》，上海古籍出版社 2000 年版，第 194 页。

〔2〕〔清〕王夫之：《黄书　噩梦》，中华书局 1956 年版，第 4 页。

《朱子语类》等文献中。从这些文献来看，二者的关系表现为：(呼吸之)气为性识之根，是百姓行为规则建立的依据；因人被激怒气息勃发会生报复伤害之心，所以政令不宜太苛刻；受冤而死者，其气不散等。

哀乐善恶之气是管子论及的话题，《管子》中以满虚哀乐之气应五德相杀之理，以善恶之气比拟爱恶之政，说明表示人的哀乐状态和和善、恶毒态度的哀气、乐气、善气、恶气也与政治存在千丝万缕的关联，是古代施政的重要依据和参照。

忧怨愁冤之气表示的是人的忧愁、怨恨、冤屈等消极的情绪状态。这些消极状态的形成除了个人因素，也与政治法令有着密切的关系。唐甄《潜书》、康有为《大同书》等对此有相关的阐述，如《潜书》宣扬的国困民穷之时，积忧之气发为灾害鬼异；《大同书》阐述的久治盛世不应有怨毒之气，旧教弊法为妇女冤愁之气之源等。

(1)修四时之政以宣畅体气。君子早晨听政，白天巡访，傍晚修治条令，晚上休息，如此使体气宣畅，无有壅闭。

> 晋侯有疾。郑伯使公孙侨如晋聘，且问疾。……子产曰："……侨闻之，君子有四时：朝以听政，昼以访问，夕以修令，夜以安身。于是乎节宣其气，勿使有所壅闭湫底，以露其体。"[1]

(2)气和志充，乃出号令。饮食之味是用以养人、行人的体气的。体气和顺，就会志意充满，然后经过深思熟虑，就可以出言语、发号令。

> 晋侯饮酒乐。膳宰屠蒯趋入，请佐公使尊。公许之。而遂酌以饮工，曰："女为君耳，将司聪也。辰在子卯，谓之疾日。君彻宴乐，学人舍业，为疾故也。君之卿佐，是谓

---

〔1〕《春秋左传正义》(卷四十一)，见〔清〕阮元校刻：《十三经注疏》，中华书局 1980 年版，第 2023—2024 页。

股肱。股肱或亏，何痛如之！女弗闻而乐，是不聪也。”又饮外嬖嬖叔，曰：“女为君目，将司明也。服以旌礼，礼以行事，事有其物，物有其容。今君之容，非其物也。而女不见，是不明也。”亦自饮也，曰：“味以行气，气以实志，气和则志充。志以定言，言以出令。臣实司味，二御失官，而君弗命，臣之罪也。”公说，彻酒。

正义曰：调和饮食之味以养人，所以行人气也。气得和顺，所以充人志也。志意充满，虑之于心，所以定言语也。详审言语，宣之于口，所以出号令也。臣实主掌食味，今工师不聪，叔也不明，二侍御者并失其官，而君不出令以罪之，必是食味失宜，是臣之罪也。[1]

（3）制饮食之法为充虚继气。古圣先王制定饮食的法则，规定达到充饥补气、强健体魄、耳聪目明就可以了，而不去追求奇珍异味、威仪周旋。

古者圣王制为饮食之法，曰：“足以充虚继气，强股肱，耳目聪明，则止。不极五味之调、芬香之和，不致远国珍怪异物。”何以知其然？古者尧治天下，南抚交阯，北降幽都，东、西至日所出、入，莫不宾服。逮至其厚爱，黍稷不二，羹胾不重，饭于土塯，啜于土形，斗以酌，俯仰周旋，威仪之礼，圣王弗为。[2]

（4）制宫室之法以防伤民体气。古圣先王制定宫室之法，达到避风寒、别男女，不使寒湿熏蒸等伤害人民的体气就可以了，劳民

---

〔1〕《春秋左传正义》（卷四十五），见〔清〕阮元校刻：《十三经注疏》，中华书局 1980 年版，第 2057—2058 页。

〔2〕《墨子·节用》，见〔清〕毕沅校注，吴旭民校点：《墨子》，上海古籍出版社 2014 年版，第 90 页。

伤财的事，他们是不会做的。

> 古者人之始生，未有宫室之时，因陵丘窟穴而处焉。圣王虑之，以为窟穴，曰：冬可以避风寒，逮夏，下润湿，上熏蒸，恐伤民之气，于是作为宫室而利。然则为宫室之法，将奈何哉？子墨子言曰："其旁可以圉风寒，上可以圉雪霜雨露，其中蠲洁，可以祭祀，宫墙足以为男女之别，则止。"诸加费不加民利者，圣王弗为。〔1〕

（5）制葬埋之法使气无上泄。墨子制定埋葬法规定：棺材厚三寸，衣服三层，掘地的深度能使下面没有渗漏，腐尸体气不发散到外面就可以了，坟堆高度足以让人认识就行了；葬完哭着回来后，就经营衣食之财供祭祀之用，以向双亲尽孝道。这就是墨子的法则能使生死两利的地方。

> 子墨子制为葬埋之法，曰："棺三寸，足以朽骨；衣三领，足以朽肉。掘地之深，下无沮漏，气无发泄于上，垄足以期其所，则止矣。哭往哭来，反，从事乎衣食之财，佴乎祭祀，以致孝于亲。"故曰子墨子之法，不失死生之利者，此也。〔2〕

（6）气为性识之根、百物之精，百姓规则依之而建。人的性识依气而生，人能别同异、明是非就是因为"气为之充而神为之使"。众生死后，骨肉归为土，气上升化为昭明神灵。依据气化的神灵，设立神道，制定规范，教化百姓，实现神道设教的政治功效。

---

〔1〕《墨子·节用》，见〔清〕毕沅校注，吴旭民校点：《墨子》，上海古籍出社 2014 年版，第 92 页。

〔2〕《墨子·节葬》，见〔清〕毕沅校注，吴旭民校点：《墨子》，上海古籍出版社 2014 年版，第 103 页。

①宰我曰："吾闻鬼神之名，不知其所谓。"子曰："气也者，神之盛也。魄也者，鬼之盛也。合鬼与神，教之至也。"众生必死，死必归土，此之谓鬼。骨肉毙于下，阴为野土。其气发扬于上，为昭明，焄蒿凄怆，此百物之精也，神之著也。因物之精，制为之极，明命鬼神，以为黔首则，百众以畏，万明以服。

正义曰："气，谓嘘吸出入也"者，谓气在口嘘吸出入，此气之体无性识也。但性识依此气而生，有气则有识，无气则无识，则识从气生，性则神出入也。故人之精灵而谓之神。[1]

②夫形者，生之所也；气者，生之元也；神者，生之制也。一失位，则三者伤矣。是故圣人使人各处其位，守其职，而不得相干也。故夫形者非其所安也而处之则废，气不当其所充而用之则泄，神非其所宜而行之则昧。此三者，不可不慎守也。夫举天下万物，支蛲贞虫，蠕动支作，皆知其喜憎利害者，何也？以其性之在焉而不离也。忽去之，则骨肉无伦矣。今人之所以眭然能视，首然能听，形体能抗，而百节可屈伸，察能分白黑、视丑美，而知能别同异、明是非者，何也？气为之充而神为之使也。[2]

（7）觐礼屏气。孔子觐见君主时，刚走进朝廷大门，仪容恭敬，好像无处容身；站，不站门中间；行走，不踩踏门槛；经过国君座位，面色庄重，脚步加快，好像不会说话了；提起下摆往堂上走，恭敬谨慎，憋住气似乎不呼吸；退堂时，每下一级台阶，面色舒展，怡然自

[1]《礼记正义》（卷四十七），见〔清〕阮元校刻：《十三经注疏》，中华书局1980年版，第1595页。

[2]《淮南子·原道训》，见〔东汉〕高诱注：《淮南子》，《诸子集成》（第七册），中华书局1954年版，第17页。

得；下完台阶，快走几步，如同鸟儿舒展翅膀；回到自己的座位，又恢复恭敬的样子。这体现了气在礼节中的运用。

入公门，鞠躬如也，如不容。立不中门，行不履阈。过位，色勃如也，足躩如也，其言似不足者。摄齐升堂，鞠躬如也，屏气似不息者。出，降一等，逞颜色，怡怡如也。没阶，趋进，翼如也。复其位，踧踖如也。[1]

（8）待父母之礼，讲究下气怡声。在服侍父母公婆时，到了其住处，要柔声细气地嘘寒问暖、搔痒摩痛。

以适父母舅姑之所，及所，下气怡声，问衣燠寒，疾痛苛痒，而敬抑搔之。[2]

（9）气息勃然则并生心厉，故政令不宜苛刻太至。不求实容易陷入危险境地，巧言妄语会使人愤怒，气息勃发会产生害人之心。做事太苛刻过分，就会使人产生恶意报复之心。所以不能随意改变指令，不能强求成功，政令不宜太苛刻。要顺应万物，托不得已而应对之。

夫风波易以动，实丧易以危。故忿设无由，巧言偏辞。兽死不择音，气息勃然于是并生心厉。剋核太至，则必有不肖之心应之而不知其然也。苟为不知其然也，孰知其所终！故法言曰："无迁令，无劝成。过度益也。"迁令劝成殆事。美成在久，恶成不及改，可不慎与！且夫乘物以游心，托不得已以养中，至矣。何作为报也！莫若为致命，此其难者？[3]

---

〔1〕〔清〕阮元校刻：《论语注疏》（卷十），见〔清〕阮元校刻：《十三经注疏》，中华书局1980年版，第2494页。

〔2〕《礼记正义》（卷二十六），见〔清〕阮元校刻：《十三经注疏》，中华书局1980年版，第1457页。

〔3〕《庄子·人间世》，见〔清〕王先谦集解：《庄子》，上海古籍出版社2009年版，第43页。

（10）遭刑冤愤而死者，其气不散。含冤受刑或猝然而死的人，其气不散。

> 问："伯有之事别是一理，如何？"曰："是别是一理。人之所以病而终尽，则其气散矣。或遭刑，或忽然而死者，气犹聚而未散，然亦终于一散。释道所以自私其身者，便死时亦只是留其身不得，终是不甘心，死御冤愤者亦然，故其气皆不散"。[1]

（11）以五德相杀之理以应势，则有满虚哀乐之气。在主德既衰之时，按照五德终始理论来观察处理问题，并重视此理，就可以保持运势。修心立志，用五德相杀的道理来对待形势，就有由满至虚、由哀至乐之气出现。

> 沮平气之阳，若如辞静。余气之潜然而动，爱气之潜然而哀，胡得而治动？对曰："得之衰时，位而观之，佁美然后有辉。修之心，其杀以相待，故有满虚哀乐之气也。故书之帝八，神农不与存，为其无位，不能相用。"[2]

（12）善恶之气拟爱恶之政。以善气迎人，就会亲如弟兄；以恶气迎人，就会比干戈还伤人。所以明君以爱政治天下而天下归附，暴君以恶政治天下而天下叛离。"货""刑"是爱恶之政的最末端者。

> 人能正静者，筋韧而骨强，能戴大圆者，体乎大方，镜大清者，视乎大明。正静不失，日新其德，昭知天下，通于四极。金心在中不可匿，外见于形容，可知于颜色。善气迎人，

---

〔1〕《朱子语类·鬼神》，见〔宋〕黎靖德编：《朱子语类》，海南国际新闻出版中心 1995 年版，第 19 页。

〔2〕《管子·侈靡》，见盛广智译注：《管子译注》，吉林文史出版社 1998 年版，第 372 页。

亲如弟兄；恶气迎人，害于戈兵。不言之言，闻于雷鼓。全心之形，明于日月，察于父母。昔者明王之爱天下，故天下可附；暴王之恶天下，故天下可离。故货之不足以为爱，刑之不足以为恶。货者爱之末也，刑者恶之末也。〔1〕

（13）国困民穷之时，积忧之气发为灾害鬼异。当国家困顿之时，民众因饥寒交迫而生的忧愁之气，就会变化为水旱灾害和山川鬼怪。

当四海困穷之时，无雄，则饥寒积忧之气发，为灾祲、为彗孛、为水旱、为山川草木人鬼之妖。〔2〕

（14）怨毒之气非长治久安的盛世所应有。名门望族子孙的运数与国家的长治久安息息相关，如果他们怀贼害怨咨之气，就不利于国家的长治久安。国家安宁，百姓平顺，但妇女怨毒之气弥天，就不能称得上是太平盛世。

①夫故家名族，公卿勋旧之子孙，其运数与国家为长短，而贼害怨咨之气偏结凝滞，则和平消实，倾否折足，亦甚非灵长之利也。〔3〕

②国家无事，家室和平，人喜春台，世称休盛，而寡妻怨毒之气，已上通于天，可得谓之太平盛世哉！〔4〕

（15）旧教弊法为妇女冤愁之气之源。旧教旧法以天下为一家之私，人、国不能干预，又以女子为男子私有，男子享有生杀、卖鬻、鞭笞、骂詈之权，致使妇女受无量之苦，冤魂愁气弥天塞地而无可告之处。

---

〔1〕《管子·侈靡》，见盛广智译注：《管子译注》，吉林文史出版社 1998 年版，第 372 页。

〔2〕《潜书·明鉴》，见〔清〕唐甄：《潜书·明鉴》，古籍出版社 1955 年版，第 109 页。

〔3〕〔清〕王夫之：《黄书　噩梦》，中华书局 1956 年版。

〔4〕〔清〕康有为：《大同书》，辽宁人民出版社 1994 年版，第 35 页。

①国法之仁刻周疏不同，要之旧教旧法皆以为是一家之私，人、国不必干预焉。其后仁者乃渐申人权，于夫之杀妻则绞之，夫之笞妻则杖而离之，则极后起者；虽有明律，而旧俗相沿已久，亦何能行焉。夫所谓夫者，不过十余龄之男子，未必被教化，知礼义者也，又得兼有数女者也，而授以生杀、卖鬻、鞭笞、骂詈其妻之权，予以役使、管束之尊，其不能得当而偏抑冤惨于弱女令无所告诉者，不待言也。夫以普天下人皆为男女，即皆为夫妇，是使普天下人惨状稽天，冤气遍地也。[1]

②寡妇无数，怨苦弥天，于独人享受有无量之苦，于公众大化无丝毫之益。……四、增无数愁苦之气，是为伤和。[2]

③凡此流弊，此皆男子强力役人，父姓传宗，于是以女子为私有，积极使然，而不公不平，冤魂愁气，遂至弥天塞地矣。[3]

## 八、顺逆正邪治乱之气与法

顺逆正邪治乱之气包括顺气、逆气、正气、邪气、治气、乱气等气学概念，其中顺气、正气、治气表示人的和顺、正直等情绪状态或气候、社会等的和顺协调状况；逆气、邪气、乱气表示人的逆反、邪佞等情绪状态或气候、社会等的变乱违逆等状况。《礼记》主张制作音律礼仪，首先要辨别人的顺逆正邪之气。《管子》《文子》《淮南子》等书认为自然气候和民众的顺气逆气与德刑政治相感应，

〔1〕〔清〕康有为：《大同书》，辽宁人民出版社 1994 年版，第 183 页。
〔2〕〔清〕康有为：《大同书》，辽宁人民出版社 1994 年版，第 187 页。
〔3〕〔清〕康有为：《大同书》，辽宁人民出版社 1994 年版，第 188 页。

政禁有误，则自然界的逆气下生，民有逆气则政令不行；气顺而治，气逆而乱，为政去逆气邪气则治；《春秋繁露》提出人以治乱之气淆天地之化，世治则以正气淆天地之化，世乱则以邪气淆天地之化；等等。这些都说明在古人观念中，顺逆正邪治乱之气是礼仪制度、政治刑法的潜在影响因素和制约力量，二者存在相互感应和互动互利的关系。

（1）辨顺逆正邪之气而兴礼乐。人感应奸声而产生逆气，并外现成象而形成淫乐；感应正声而产生顺气，并外现成象而形成和乐。君子去奸声乱色和惰慢邪辟之气，使耳、目、鼻、口、心智、百体皆顺正，然后制作音律礼仪，使得乐行志清、礼修行成，从而达到移风易俗、天下皆宁的乐治效果。

①凡奸声感人，而逆气应之。逆气成象，而淫乐兴焉。正声感人，而顺气应之。顺气成象，而和乐兴焉。倡和有应，回邪曲直，各归其分，而万物之理，各以类相动也。是故君子反情以和其志，比类以成其行。奸声乱色，不留聪明；淫乐慝礼，不接心术；惰慢邪辟之气，不设于身体。使耳、目、鼻、口、心知、百体，皆由顺正，以行其义。然后发以声音，而文以琴瑟，动以干戚，饰以羽旄，从以箫管。奋至德之光，动四气之和，以著万物之理。是故清明象天，广大象地，终始象四时，周还象风雨。五色成文而不乱，八风从律而不奸，百度得数而有常。小大相成，终始相生，倡和清浊，迭相为经。故乐行而伦清，耳目聪明，血气和平，移风易俗，天下皆宁。[1]

②是故古之圣人，治以乐成，不外乎声奏。至于邦国

---

〔1〕《礼记正义》（卷三十八），见〔清〕阮元校刻：《十三经注疏》，中华书局1980年版，第1536页。

以和，万物以蕃，天地以安，无他，以本声达其本性也。及乎乱世，乐亦成乱，至于君臣无礼，父子无节，男女无别，兵革缘起，邦国崩丧，无他，以奸声长其奸气也。[1]

（2）民有逆气则令不行。如果男女不耕织，工匠技术无所事事，就不可能使庄稼丰茂，仓廪丰满，那样人民就会因生存物资贫乏而产生反抗情绪（逆气），一有逆气，法令就行不通了。

夫男不田，女不缁，工技力于无用，而欲土地之毛，仓库满实，不可得也。土地不毛则人不足，人不足则逆气生，逆气生则令不行。[2]

（3）贼气与德刑政治相感应。春肃秋荣、冬雷夏霜的自然反常现象，都是贼气所产生的。刑德易节失次、君王行为不正，都会感得贼气来临。贼气来临，国家就会多灾多难。所以君王就要务时寄政、作教寄武、作祀寄德，以求免于贼气来临、天地之诛。[3]

①老子曰：阴阳陶冶万物，皆乘一气而生。上下离心，气乃上蒸，君臣不和，五谷不登，春肃秋荣，冬雷夏霜，皆贼气之所生也。[4]

②天地之合和，阴阳之陶化万物，皆乘人气者也。是故上下离心，气乃上蒸，君臣不和，五谷不为。距日冬至四十六日，天含和而未降，地怀气而未扬，阴阳储与，呼吸浸潭，包裹风俗，斟酌万殊，旁薄众宜，以相呕咐酝酿，

---

〔1〕《潜书·充原》，见〔清〕唐甄：《潜书》，古籍出版社1955年版，第27页。

〔2〕《管子·七臣七主》，见〔清〕戴望：《管子校正》，《诸子集成》（第五册），中华书局1954年版，第286页。

〔3〕贼气属于逆气，故列于此节。

〔4〕《文子·下德》，见李德山译注：《文子译注》，黑龙江人民出版社2003年版，第232页。

而成育群生。是故春肃秋荣，冬雷夏霜，皆贼气之所生。由此观之，天地宇宙，一人之身也；六合之内，一人之制也。是故明于性者，天地不能胁也；审于符者，怪物不能惑也。故圣人者，由近知远，而万殊为一。[1]

③是故春凋，秋荣，冬雷，夏有霜雪，此皆气之贼也。刑德易节失次，则贼气速至；贼气速至，则国多灾殃。是故圣王务时而寄政焉，作教而寄武，作祀而寄德焉。此三者圣王所以合于天地之行也。日掌阳，月掌阴，星掌和。阳为德，阴为刑，和为事。是故日食，则失德之国恶之；月食，则失刑之国恶之；彗星见，则失和之国恶之；风与日争明，则失生之国恶之。是故，圣王日食则修德，月食则修刑，彗星见则修和，风与日争明则修生。此四者，圣王所以免于天地之诛也。信能行之，五谷蕃息，六畜殖，而甲兵强。治积则昌，暴虐积则亡。[2]

④王不正，则上变天，贼气并见。[3]

（4）四政不禁，国贫法乱，逆气下生。明达的君主治理国家讲究六务四禁，如果四政禁令执行有误，四者俱犯，就会使阴阳失和、灾害降临、国贫法乱、逆气下生。

故明主有六务四禁。六务者何也？一曰节用，二曰贤佐，三曰法度，四曰必诛，五曰天时，六曰地宜。四禁者何也？春无杀伐，无割大陵、倮大衍、伐大木、斩大山、

〔1〕《淮南子·本经训》，见〔东汉〕高诱注：《淮南子》，《诸子集成》（第七册），中华书局 1954 年版，第 115 页。

〔2〕《管子·四时》，见盛广智译注：《管子译注》，吉林文史出版社 1998 年版，第 431 页。

〔3〕《春秋繁露·王道》，见〔汉〕董仲舒：《春秋繁露》，中华书局 1975 年版，第 114 页。

行大火、诛大臣、收谷赋。夏无遏水达名川，塞大谷，动土功，射鸟兽。秋毋赦过、释罪、缓刑。冬无赋爵赏禄，伤伐五谷。故春政不禁则百长不生，夏政不禁则五谷不成，秋政不禁则奸邪不胜，冬政不禁则地气不藏。四者俱犯，则阴阳不和，风雨不时，大水漂州流邑，大风漂屋折树，火暴焚地焦草；天冬雷，地冬霆，草木夏落而秋荣；蛰虫不藏，宜死者生，宜蛰者鸣；苴多螣蟆，山多虫螟；六畜不蕃，民多夭死；国贫法乱，逆气下生。[1]

（5）德正气顺而治，德失气逆而乱，为政去逆气邪气则治。圣人治世，绝止逆气，返璞归真，去邪气而推正气，使道德上通、心治气顺、天下乐推而不厌。

①老子曰：……虑牺氏之王天下也，枕石寝绳，杀秋约冬，负方州，抱员天。阴阳所拥沉滞不通者窍理之；逆气戾物伤民厚积者绝止之。其民童蒙不知东西，视瞑瞑，行蹎蹎，侗然自得，莫知所由；浮游泛然，不知所本，自养不知所如往。当此之时，禽兽虫蛇无不怀其爪牙，藏其螫毒，功揆天地。至黄帝要缪乎太祖之下，然而不章其功，不扬其名，隐真人之道，以从天地之固然，何则？道德上通，而智故消灭也。[2]

②老子曰：圣人不胜其心，众人不胜其欲。君子行正气，小人行邪气。内便于性，外合于义，循理而动，不系于物者，正气也；推于滋味，淫于声色，发于喜怒，不顾

---

〔1〕《管子·七臣七主》，见盛广智译注：《管子译注》，吉林文史出版社 1998 年版，第 576 页。

〔2〕《文子·精诚》，见李德山译注：《文子译注》，黑龙江人民出版社 2003 年版，第 37 页。

后患者，邪气也。邪与正相伤，欲与性相害，不可两立，一起一废，故圣人损欲而从性。[1]

③夫古之圣王，以其言下人，以其身后人，即天下乐推而不厌，戴而不重，此德重有余而气顺也，故知与之为取，后之为先，即几之道矣。[2]

④老子曰：人有顺逆之气生于心，心治则气顺，心乱则气逆。心之治乱在于道德，得道则心治，失道则心乱。心治即交让，心乱则交争。让则有德，争则有贼。有德即气顺，贼生即气逆。气顺则自损以奉人，气逆则损人以自奉，夫气者，可道以而制也。天之道，其犹响之报声也，德积则福至，怨积则祸至。学败于官茂，孝衰于妻子，患生于忧解，病甚于且愈，故“慎终如始，则无败事”。[3]

**（6）人以治乱之气淆天地之化。人以治乱之气淆天地之化，治则以正气淆天地之化，乱则以邪气淆天地之化。**

①是天地之间，若虚而实，人常渐是澹澹之中，而以治乱之气，与之流通相殽也。故人气调和，而天地之化美，殽于恶而味败，此易之物也。推物之类，以易见难者，其情可得。治乱之气，邪正之风，是殽天地之化者也。生于化而反殽化，与运连也。[4]

---

〔1〕《文子·符言》，见李德山译注：《文子译注》，黑龙江人民出版社 2003 年版，第 98 页。

〔2〕《文子·符言》，见李德山译注：《文子译注》，黑龙江人民出版社 2003 年版，第 107 页。

〔3〕《文子·符言》，见李德山译注：《文子译注》，黑龙江人民出版社 2003 年版，第 110 页。

〔4〕《春秋繁露·天地阴阳》，见〔汉〕董仲舒：《春秋繁露》，中华书局 1975 年版，第 599 页。

②是故人言：既曰王者参天地矣，苟参天地，则是化矣，岂独天地之精哉。王者亦参而殽之，治则以正气殽天地之化，乱则以邪气殽天地之化，同者相益，异者相损之数也，无可疑者矣。[1]

## 九、人民堪舆空血之气与法

人民之气是对典籍文献中“人气”“民气”词语的含义和类别概括。代表民众情绪状态的人气和民气对德政法治有直接的导向作用，古人对于这一点也是有所认识的：《庄子》指出推行仁义道德、法律规范须通达人气；《潜书》认为人气政事感应阴阳顺逆；《管子》强调民气要以德政安之，而不能用强力声音去留置呼唤。

风水堪舆之气是对典籍中与风水堪舆有关的“望气”“气”等名词的概括。在古代军事、政治等社会活动中，望气、相阴阳等风水堪舆测查是其中一项重要内容，如将望气之术用于军事政治以此预测战事成败；在选择国都时，根据风水学知识，选择气机深厚的地方等。这些在《墨子》《淮南子》《黄书》等典籍中都有相关记载。

空气是近代自然科学发展产生的一个气学名词和概念，用来指地球大气层中的混合气体，此气体也是生物呼吸生存的生命气体，古代一般用“气”“风气”等来表示。《左传》记载，古人认为空气为声乐德教制作的要素，《大同书》设想据乱、升平、太平三世，人类居住依据空气状况而选择幽谷或山地等不同地域，说明空气也是人类礼俗德教生活的重要影响因素。

血气的含义有：血液和气息；有血液、气息的动物，主要指人

[1]《春秋繁露·天地阴阳》，见〔汉〕董仲舒：《春秋繁露》，中华书局1975年版，第601页。

类；勇气、骨气、精力；气质、感情等。对于这几种含义的血气与法的关系，古人都有所探讨，如《荀子》《淮南子》从血气之属——有血液、气息的动物本性出发，指出礼乐的制定依于有血气之属的人类的知爱；《论语》等从血气表示的人的精力含义角度，提倡礼教养生应根据人的血气状态，年少戒色，年壮戒斗，年老戒得；《大同书》等则依据人的血液和气息，即血气的不同运行特点，认为甚寒甚热之地，血气不舒，不宜设学；《庄子》《韩非子》等书却从血气感情、气质的含义角度，表述了圣人克制血气以符合规则法度，以礼乐调血气、治天下，而使天下安宁的美好景象等。

（1）推行仁义绳墨之术须达人气。德厚名闻而未能与人气、人心相通达，就勉强向人们宣传仁义道德和规矩律则，会被视为害人之举而反被害。

> 且德厚信矼，未达人气；名闻不争，未达人心。而强以仁义绳墨之言术暴人之前者，是以人恶有其美也，命之曰灾人。灾人者，人必反灾之。若殆为人灾夫。[1]

（2）阴阳顺逆为人气政事所感。阴阳顺逆的自然现象是人气政事所感召的。百姓安乐，则天地无灾变，万物得其生。

> 夫阴阳顺逆，人气所感，百姓既安，沴戾消释，则地无山崩水溢之变，天无恒旸恒雨之灾，万物繁育，咸得其生。[2]

（3）民气须以德安之。民气只可以用德性心意去安顿迎接，而不能用强力声音去留置呼唤。

---

〔1〕《庄子·人间世》，见〔清〕王先谦集解：《庄子》，上海古籍出版社 2009 年版，第 36 页。

〔2〕《潜书·宗孟》，见〔清〕唐甄：《潜书》，古籍出版社 1955 年版，第 9 页。

凡物之精，此则为生。下生五谷，上为列星。流于天地之间，谓之鬼神；藏于胸中，谓之圣人。是故此气，杲乎如登于天，杳乎如入于渊，淖乎如在于海，卒乎如在于己。是故此气也，不可止以力，而可安以德；不可呼以声，而可迎以音。敬守勿失，是谓成德，德成而智出，万物果得。〔1〕

（4）望气之术用于军政。军事上，望气之术将气分为大将气、小将气、往气、来气、败气，能懂各种气就可以预知成败。望气的工作一般由巫、卜担任，他们只能把占望的结果告诉主将，不能散播流言，动摇民心，否则以罪处之。通达阴阳、刑德、五行、望气等，就是善于将天道用于军事。

①凡望气，有大将气，有小将气，有往气，有来气，有败气，能得明此者可知成败、吉凶。举巫、医、卜有所长，具药，宫之，善为舍。巫必近公社，必敬神之。巫、卜以请守，守独智巫、卜望气之请而已。其出入为流言，惊骇恐吏民，谨微察之，断罪不赦。〔2〕

②明于奇正，赅阴阳、刑德、五行、望气、候星、龟策、禨祥，此善为天道者也。〔3〕

（5）建国定都，择气机深厚之地。帝王建国定都，一般也选择的是风水气机深厚的地方。

王者相阴阳，定风雨，建之邦畿，为宰治主，亦

〔1〕《管子·内业》，见盛广智译注：《管子译注》，吉林文史出版社 1998 年版，第 485 页。

〔2〕《墨子·迎敌祠》，见〔清〕毕沅校注，吴旭民校点：《墨子》，上海古籍出版社 2014 年版，第 301 页。

〔3〕《淮南子·兵略训》，见〔东汉〕高诱注：《淮南子》，《诸子集成》（第七册），中华书局 1954 年版，第 267 页。

> 莫不用气之厚而固自然之宇也。是故羲、农之都，或陈或鲁。[1]

（6）空气为声乐德教的要素。空气同二体（古代舞蹈中的文舞与武舞两种体态）、三类（古诗歌所属的风、雅、颂三种类型）、四物（演奏使用的乐器金、石、丝、竹、匏、土、革、木为四方出产的物品）、五声（古曲中的宫、商、角、徽、羽五个音阶）、六律（用来确定声音高低清浊的六个阳声黄钟、太簇、姑洗、蕤宾、夷则、无射）、七音（宫、商、角、徽、羽、变宫、变徽七种音阶）、八风、九歌（一说为古代的歌名，一说为可歌唱的金、木、水、火、土、谷、正德、利用、厚生九功之德）及清浊大小、短长疾徐、哀乐刚柔、迟速高下、出入周疏等相成相济，完成声乐制作。声乐通过平王者之心而实现政治治理的功能，所以说“德音不瑕”。

> 齐侯至自田，晏子侍于遄台，子犹驰而造焉。公曰：“唯据与我和夫！”晏子对曰：“据亦同也，焉得为和？”公曰：“和与同异乎！”对曰：“异。和如羹焉，水、火、醯、醢、盐、梅，以烹鱼肉，燀之以薪。……先王之济五味、和五声也，以平其心，成其政也。声亦如味，一气，二体，三类，四物，五声，六律，七音，八风，九歌，以相成也。清浊大小、短长疾徐、哀乐刚柔、迟速高下、出入周疏，以相济也。君子听之，以平其心。心平，德和，故《诗》曰：‘德音不瑕’。”[2]

（7）空气为居住习俗所尚之要。康有为认为，空气在大同及据乱、升平、太平三世习俗中具有重要地位。于乱世人民窟居，风气

---

〔1〕〔清〕王夫之：《黄书　噩梦》，中华书局1956年版。

〔2〕《春秋左传正义》（卷四十九），见〔清〕阮元校刻：《十三经注疏》，中华书局1980年版，第2093—2094页。

不通，不卫生；大同及太平之世，人争居山顶，因山顶空气至多而四通，便于养生。

①大同之世，公政府日以开山、通路、变沙漠、浮海为第一大事。……其温带热带之高山，空气至多，暑气较少，尤于养生为宜，则各学校，各养老院、养病院，皆筑于山顶山麓，而富人、学士、罢政之逸老亦皆争筑室于山顶，以纳空气而便养生。[1]

②盖据乱窟居，人多住山；升平堂构，人多住原；太平极乐，人复山居，周而复始。但窟居者多在山谷之幽，风气不通，故于卫生不宜；太平极乐则居山顶，风气四通，故于养生最益也。[2]

（8）君子仁德，无故不杀血气之类的生灵。

君无故不杀牛，大夫无故不杀羊，士无故不杀犬豕。君子远庖厨，凡有血气之类，弗身践也。[3]

（9）礼乐之制依于血气之属的知爱。不作音乐，是有血气者难以做到的。血气之属中，人最富有智慧，人对于其亲属的情义，至死不衰。所以古圣先王制定合适的丧服仪节以悼祀之。阴阳情状，难免有血气之感，所以贵礼以别之。

①程繁问于子墨子曰："夫子曰：'圣王不为乐。'昔诸侯倦于听治，息于钟鼓之乐；士大夫倦于听治，息于竽瑟之乐；农夫春耕、夏耘、秋敛、冬藏，息于聆缶之乐。今

〔1〕〔清〕康有为：《大同书》，辽宁人民出版社 1994 年版，第 308 页。
〔2〕〔清〕康有为：《大同书》，辽宁人民出版社 1994 年版，第 308 页。
〔3〕《礼记正义》（卷二十九），见〔清〕阮元校刻：《十三经注疏》，中华书局 1980 年版，第 1474 页。

夫子曰：‘圣王不为乐。’此譬之犹马驾而不税，弓张而不弛，无乃非有血气者之所不能至邪！”[1]

②凡生天地之间者，有血气之属必有知，有知之属莫不爱其类。今夫大鸟兽则失亡其群匹，越月逾时，则必反铅；过故乡，则必徘徊焉，鸣号焉，踯躅焉，踟蹰焉，然后能去之也。小者是燕爵，犹有啁焦之顷焉，然后能去之。故有血气之属莫知于人，故人之于其亲也，至死无穷。将由夫愚陋淫邪之人与，则彼朝死而夕忘之；然而纵之，则是曾鸟兽之不若也，彼安能相与群居而无乱乎！将由夫修饰之君子与，则三年之丧，二十五月而毕，若驷之过隙，然而遂之，则是无穷也。故先王圣人安为之立中制节，一使足以成文理，则舍之矣。[2]

③逮至衰世，人众财寡，事力劳而养不足，于是忿争生，是以贵仁。仁鄙不齐，比周朋党，设诈谞，怀机械巧故之心，而性失矣，是以贵义。阴阳之情，莫不有血气之感，男女群居杂处而无别，是以贵礼。性命之情，淫而相胁，以不得已则不和，是以贵乐。是故仁义礼乐者，可以救败，而非通治之至也。[3]

（10）礼教养心之术依血气状态而不同。教化学生，治气养心，要在其年少血气未定时，杜绝声色；年壮血气方刚时，戒斗而调之以柔和；年老血气既衰时，就要戒除贪得无厌。

---

〔1〕《墨子·三辩》，见〔清〕毕沅校注，吴旭民校点：《墨子》，上海古籍出版社 2014 年版，第 24 页。

〔2〕《荀子·礼论》，见〔清〕王先谦：《荀子集解》，中华书局 1988 年版，第 372 页。

〔3〕《淮南子·本经训》，见〔东汉〕高诱注：《淮南子》，《诸子集成》（第七册），中华书局 1954 年版，第 115 页。

①孔子曰："君子有三戒：少之时，血气未定，戒之在色。及其壮也，血气方刚，戒之在斗。及其老也，血气既衰，戒之在得。"[1]

②中学之童，年少血气未定，易于感染，凡剧场声伎之所，葬墓、市场、作厂、车场不净谇嚣之地，院舍皆不得近，此以绝邪缘而正思感。[2]

③治气养心之术：血气刚强，则柔之以调和；知虑渐深，则一之以易良；勇胆猛戾，则辅之以道顺；齐给便利，则节之以动止；狭隘褊小，则廓之以广大；卑湿重迟贪利，则抗之以高志；庸众驽散，则劫之以师友；怠慢僄弃，则照之以祸灾；愚款端悫，则合之以礼乐，通之以思索。凡治气养心之术，莫径由礼，莫要得师，莫神一好。夫是之谓治气养心之术也。[3]

（11）圣人之制，矜血气以规法度。过去的黄帝等圣人以仁义教导人民、治理国家，使人们秉恤血气而行动符合法律规定，从而无疾病刑罚之祸。

①崔瞿问于老聃曰："不治天下，安藏人心？"老聃曰："女慎，无撄人心。……昔者黄帝始以仁义撄人之心，尧、舜于是乎股无胈，胫无毛，以养天下之形。愁其五藏以为仁义，矜其血气以规法度。然犹有不胜也。……故曰：绝圣弃知，而天下大治。"[4]

---

〔1〕《论语注疏》（卷十六），见〔清〕阮元校刻：《十三经注疏》，中华书局 1980 年版，第 2522 页。

〔2〕〔清〕康有为：《大同书》，辽宁人民出版社 1994 年版，第 253 页。

〔3〕《荀子·修身》，见〔清〕王先谦：《荀子集解》，中华书局 1988 年版，第 25 页。

〔4〕《庄子·在宥》，见〔清〕王先谦集解：《庄子》，上海古籍出版社 2009 年版，第 104 页。

②是故穷则必有名，达则必有功，仁厚兼覆天下而不闵，明达用天地理万变而不疑，血气和平，志意广大，行义塞于天地之间，仁智之极也，夫是之谓圣人。〔1〕

③圣人在上，则民少欲；民少欲，则血气治而举动理；举动理则少祸害。夫内无痤疽瘴痔之害，而外无刑罚法诛之祸者，其轻恬鬼也甚。〔2〕

（12）君子血气内敛，精神饱满，则智慧明达而天下治安。血气为人之华，专于五藏，则腹充欲省、视听明达、所为可成。血气之精，百姓待之而宁，天下待之而平。

①血气之精也，志意之荣也，百姓待之而后宁也，天下待之而后平也，明达纯粹而无疵也，夫是之谓君子之知。〔3〕

②是故血气者，人之华也，而五藏者，人之精也。夫血气能专于五藏而不外越，则胸腹充而嗜欲省矣。胸腹充而嗜欲省，则耳目清、听视达矣。耳目清，听视达，谓之明。五藏能属于心而乖，则勃志胜而行不僻矣；勃志胜而行之不僻，则精神盛而气不散矣。精神盛而气不散则理，理则均，均则通，通则神，神则以视无不见，以听无不闻也，以为无不成也。〔4〕

③《精神》者，所以原本人之所由生，而晓寤其形骸

〔1〕《荀子·君道》，见〔清〕王先谦：《荀子集解》，中华书局1988年版，第234页。

〔2〕《韩非子·解老》，见〔清〕王先慎：《韩非子集解》，中华书局1954年版，第104页。

〔3〕《荀子·赋》，见〔清〕王先谦：《荀子集解》，中华书局1988年版，第474页。

〔4〕《淮南子·精神训》，见〔东汉〕高诱注：《淮南子》，《诸子集成》（第七册），中华书局1954年版，第100—101页。

九窍，取象与天，合同其血气，与雷霆风雨比类其喜怒，与昼宵寒暑并明，审死生之分，别同异之迹，节动静之机，以反其性命之宗，所以使人爱养其精神，抚静其魂魄，不以物易己，紧守虚无之宅者也。〔1〕

（13）以礼乐调血气治天下。行礼乐教化，以礼乐规范血气、志意、知虑之运用，可使百姓血气和平、美善相乐、移风易俗、太平安宁。

①凡用血气、志意、知虑，由礼则治通，不由礼则勃乱提僈；食饮、衣服、居处、动静，由礼则和节，不由礼则触陷生疾；容貌、态度、进退、趋行，由礼则雅，不由礼则夷固、僻违、庸众而野。故人无礼则不生，事无礼则不成，国家无礼则不宁。诗曰："礼仪卒度，笑语卒获。"此之谓也。〔2〕

②故乐行而志清，礼修而行成，耳目聪明，血气和平，移风易俗，天下皆宁，美善相乐。故曰：乐者，乐也。〔3〕

③当大同教化美备之时，人类当此，可以比古人十五岁以后，渐有自由自立之志。但身体稚弱，故养体升智以外，又以育德为重，可以学礼习乐矣。礼以固其肌肤之会，筋骸之节，人世相交之道，公家法律之宜；乐以涵养其性情，调和其气血，节文其身体，发越其神思。〔4〕

---

〔1〕《淮南子·要略》，见〔东汉〕高诱注：《淮南子》，《诸子集成》（第七册），中华书局 1954 年版，第 370 页。

〔2〕《荀子·修身》，见〔清〕王先谦：《荀子集解》，中华书局 1988 年版，第 22 页。

〔3〕《荀子·乐论》，见〔清〕王先谦：《荀子集解》，中华书局 1988 年版，第 381—382 页。

〔4〕〔清〕康有为：《大同书》，辽宁人民出版社 1994 年版，第 251 页。

（14）家庭之制使民生羸弱、血气不和平。康有为认为，家庭之制有益亦有害。其害在于以一人养众人，使众人供养不周、血气不和平、愚痴弱柔，种族不强健。

然以一人而养众人，即竭力以供奉，必不能给者矣。虽有富者，多子则教学不精，饮食不美，医药不周；若贫者则并不能教学，糟糠不足，肌肤不掩，疾病不治，十而八九也。以故体皆羸瘠，面为菜色，身多残疾，耳目不聪明，血气不和平，目不知文字，手不知技艺，虽充人数，有类马牛，驱之奔走，寡有虑谋；甚且鬻为奴婢，鞭笞榜殴，终身苦役，得食无忧；以此传种，愚痴弱柔，若汰种而改良，几无可留，推其原因，皆由以一人养众之供养不周也。[1]

（15）盛热盛寒之地使人血气不流，不宜教学。盛热盛寒之地，使人神思散越、血气不流，不宜于童幼功课和设校教学。

小学之数，以人数多寡随时增设。然盛热之地，人多发汗，使人筋骨缓弱，神思散越，盛寒之地，使人堕指裂肤，瑟缩战栗，血气不流，功课减少，皆于童幼不宜。故冷带六十度以上，热带一十余度以内，皆不宜设学。若瑞典、那威之和暖当别论。[2]

（16）行血气强筋骨为教育应有之义。少年教育以养体为主，开智次之，要功课少游戏多，以动荡血气，强健体魄。大学教育以德性智慧为重，亦应重视体操，以行血气而强筋骨。

①女傅非止教诲也，实兼慈母之任。以人方幼童，尤重养身，少年身体强健则长亦强健，少年脑气舒展则长大

---

〔1〕〔清〕康有为：《大同书》，辽宁人民出版社 1994 年版，第 222 页。
〔2〕〔清〕康有为：《大同书》，辽宁人民出版社 1994 年版，第 249 页。

益舒展。……大概是时专以养体为主，而开智次之；令功课稍少而游嬉较多，以动荡其血气，发扬其身体，而又须时刻监督，勿责非几。故女傅之任至重，其管理人数亦不能过多也。[1]

②大学亦重体操，以行血气而强筋骸；大学更重德性，每日皆有歌诗说教，以辅翼其德，涵养其性，而所重尤在智慧也。[2]

## 十、综合各气与法

古代典籍中有不同的气学名词或概念同时出现在同一部分文献中，但其主旨不能归在其中任何单个的气学名词或概念下进行阐释，我们就用“综合各气”来概括总结。在各气的综合表述中，出现了玉气、虚实之气、间气、纯气、合气、离气、运气及无妄之气等新名词和概念。玉气是借玉润泽清明的特质指代祥瑞之气；虚实之气表示事物的虚弱和强盛状态；间气指更迭交替之气，或英雄豪杰应星象，禀天地特殊之气间世而出；纯气指纯正之气；合气指事物的聚合状态；离气指事物的分开离散状态；运气有自然界的物质本原及其自然现象及机会、机遇的含义；无妄之气有灾祸变乱或意外的自然变化之意。

《礼记》《春秋繁露》《淮南子》《黄书》《论衡》中都有对于综合各气与法概念关系的阐释。《礼记》中记述虞、商、周朝代的祭祀用物，反映出气味、玉气等是祭祀中的重要物项。《春秋繁露》以人间事务归根比附于天地四时五行之气的运行，指出君子要体天道、效天地四时五行之气的德行而爱气治身、饮食起居；并将君臣德政比

[1]〔清〕康有为：《大同书》，辽宁人民出版社1994年版，第249页。
[2]〔清〕康有为：《大同书》，辽宁人民出版社1994年版，第256页。

拟为元气血气等在人体内的运行，凸显其天人合一和天人相参理论。《淮南子》在对军事理论的探讨中，认为民气、虚实之气等为军事胜败的直接因素。《黄书》从轩辕黄帝励精图治的事例中，点明间气纯气在造成社会离合的同时，也会与政治活动相感应，良好的政治措施会招致正气、合气。《论衡》则依据雷电、自然灾害的发生状况，分析得出“雷为天以怒气罚人阴过之说不实及运气、无妄之气自然发生，非政治所致”的观点，体现出思辨的理性和睿智。

（1）祭礼用腥玉等各气。古代祭礼讲究人的视容清明中正，故用酒和以人目为饰的黄尊彝器，因为黄代表中央，目代表“气之清明者”。有虞氏时崇尚用腥气祭祀，殷商时代祭祀用声乐，周代人讲究用香气祭祀，用兽酒和香草的香气祭祀，召神降临。并且用代表玉器的圭璋勺子灌酒，然后迎接牺牲祭品并燎香蒿，以召唤阴阳之气。

> ①黄目，郁气之上尊也。黄者，中也。目者，气之清明者也。言酌于中而清明于外也。[1]

> ②有虞氏之祭也，尚用气。血、腥、焰祭，用气也。殷人尚声，臭味未成，涤荡其声，乐三阕，然后出迎牲。声音之号，所以诏告于天地之间也。周人尚臭，灌用鬯臭，郁合鬯，臭阴达于渊泉。灌以圭璋，用玉气也。既灌，然后迎牲，致阴气也。萧合黍、稷，臭阳达于墙屋，故既奠，然后爇萧合膻、芗。凡祭，慎诸此。[2]

（2）循天法人，顺天地四时等各气之道而静神养气、安身立命。

---

〔1〕《礼记正义》（卷二十六），见〔清〕阮元校刻：《十三经注疏》，中华书局 1980 年版，第 1456 页。

〔2〕《礼记正义》（卷二十六），见〔清〕阮元校刻：《十三经注疏》，中华书局 1980 年版，第 1457 页。

“法天者，乃法人之辨。”君子体天道、效天地之气的德行而爱气治身、闲欲止恶、言行中正、气意和平、静神养气，效四时五行之气，定饮食起居服饰，如此使居处和、劳佚中、寒暖适、饥饱平、欲恶度礼、动静顺性、喜怒止中、忧惧反正，得天地泰而寿考。

> 法人八尺，四尺其中也。宫者，中央之音也；甘者，中央之味也；四尺者，中央之制也。是故三王之礼，味皆尚甘，声皆尚和。处其身所以常自渐于天地之道，其道同类，一气之辨也。法天者，乃法人之辨。天之道，向秋冬而阴来，向春夏而阴去。是故古之人霜降而迎女，冰泮而杀内。与阴俱近，与阳远也，天地之气，不致盛满，不交阴阳。是故君子甚爱气而游于房，以体天也。气不伤于以盛通，而伤于不时天并。不与阴阳俱往来，谓之不时；恣其欲而不顾天数，谓之天并。君子治身不敢违天。是故新牡十日而一游于房，中年者倍新牡，始衰者倍中年，中衰者倍始衰，大衰者以月当新牡之日。而上与天地同节矣，此其大略也。然而其要皆期于不极盛不相遇。疏春而旷夏，谓不远天地之数。民皆知爱其衣食，而不爱其天气。天气之于人，重于衣食，衣食尽，尚犹有闲，气尽而立终。故养生之大者，乃在爱气，气从神而成，神从意而出。心之所之谓意，意劳者神扰，神扰者气少，气少者难久矣。故君子闲欲止恶以平意，平意以静神，以养气。气多而治，则养身之大者得矣。
>
> 古之道士有言曰：“将欲无陵，固守一德。”此言神无离形，而气多内充，而忍饥寒也。和乐者，生之外泰也；精神者，生之内充也；外泰不若内充，而况外伤乎？忿恤忧恨者，生之伤也；和说劝善者，生之养也。君子慎小物而无大败也。行中正，声向荣，气意和平，居处虞乐，可谓养生矣。凡养生者，莫精于气，是故春袭葛，夏居密阴，

秋避杀风，冬避重漯，就其和也。衣欲常漂，食欲常饥。体欲常劳，而无长佚，居多也。凡天地之物，乘于其泰而生，厌于其胜而死，四时之变是也。故冬之水气，东加于春而木生，乘其泰也。春之生，至金而死，厌于胜也。生于木者，至金而死；生于金者，至火而死。春之所生，而不得过秋，秋之所生，不得过夏，天之数也。饮食臭味，每至一时，亦有所胜，有所不胜之理，不可不察也。

四时不同气，气各有所宜，宜之所在，其物代美。视代美而代养之，同时美者杂食之，是皆其所宜也。故荠以冬美，而荼以夏成，此可以见冬夏之所宜服矣。冬，水气也，荠，甘味也，乘于水气而美者，甘胜寒也。荠之为言济与？济，大水也。夏，火气也，荼，苦味也。乘于火气而成者，苦胜暑也。天无所言，而意以物。物不与群物同时而生死者，必深察之，是天之所以告人也。故荠成告之甘，荼成告之苦也。君子察物而成告谨，是以至荠不可食之时，而尽远甘物，至荼成就也。天所独代之成者，君子独代之，是冬夏之所宜也。春秋杂物其和，而冬夏代服其宜，则当得天地之美，四时和矣。

凡择美之大体，各因其时之所美，而违天不远矣。是故当百物大生之时，群物皆生，而此物独死。可食者，告其味之便于人也，其不可食者，告杀秽除害之不待秋也。当物之大枯之时，群物皆死，如此物独生，其可食者，益食之，天为之利人，独代生之，其不可食，益畜之。天悯州华之间，故生宿麦，中岁而熟之。君子察物之异，以求天意，大可见矣。是故男女体其盛，臭味取其胜，居处就其和，劳佚居其中，寒暖无失适，饥饱无过平，欲恶度礼，动静顺性，喜怒止于中，忧惧反之正，此中和常在乎其身，谓之得天地泰。大得天地泰者，其寿引而长，不得天地泰者，其寿伤而短。短长之质，人之所由受于天也。是故寿有短长，养有得失，及至其末之，大卒而必雠，于此莫之得离，故寿之为言，犹雠也。[1]

（3）君臣德政似元血等各气之运行。君王布恩施惠，如同元气流于皮毛腠理；百姓得其所，如同人血气和平、形体舒畅；君王无为而天下治，如同神气通达深渊。

一国之君其犹一体之心也，隐居深宫，若心之藏于胸；至贵无与敌，若心之神无与双也。其官人上士，高清明而下重浊，若身之贵目而贱足也；任群臣无所亲，若四肢之各有职也；内有四辅，若心之有肝肺脾肾也；外有百官，若心之有形体孔窍也；亲圣近贤，若神明皆聚于心也；上下相承顺，若肢体相为使也；布恩施惠，若元气之流皮毛腠理也；百姓皆得其所，若血气和平，形体无所苦也；无为致太平，若神气自通于渊也；致黄龙凤皇，若神明之致玉女芝英也。君明，臣蒙其功，若心之神，体得以全；臣贤，君蒙其恩，若形体之静，而心得以安。上乱下被其患，若耳目不聪明，而手足为伤也；臣不忠，而君灭亡，若形体妄动，而心为之丧。是故君臣之礼，若心之与体，心不可以不坚，君不可以不贤，体不可以不顺，臣不可以不忠。心所以全者，体之力也；君所以安者，臣之功也。[2]

（4）民气、虚实之气等为军事胜败之因。军事对阵中，虚实之气是很重要的。民气实，则易胜；民气虚，则易败。所谓实者，即“主明将良，上下同心，气意俱起”；所谓虚者，即“上下有隙，将

〔1〕《春秋繁露·循天之道》，见〔汉〕董仲舒：《春秋繁露》，中华书局1975年版，第573页。

〔2〕《春秋繁露·天地之行》，见〔汉〕董仲舒：《春秋繁露》，中华书局1975年版，第589页。

吏不相得，所持不直，卒心积不服”。胜在得威，败在失气。

见人所不见，谓之明；知人所不知，谓之神。神明者，先胜者也。先胜者，守不可攻，战不可胜，攻不可守，虚实是也。上下有隙，将吏不相得，所持不直，卒心积不服，所谓虚也。主明将良，上下同心，气意俱起，所谓实也。若以水投火，所当者陷，所薄者移，牢柔不相通，而胜相奇者，虚实之谓也。故善战者不在少，善守者不在小，胜在得威，败在失气。

夫实则斗，虚则走，盛则强，衰则北。吴王夫差地方二千里，带甲七十万，南与越战，栖之会稽；北与齐战，破之艾陵；西遇晋公，擒之黄池；此用民气之实也。其后骄溢纵欲，拒谏喜谀，悍遂过，不可正喻，大臣怨怼，百姓不附，越王选卒三千人，擒之于隧，因制其虚也。夫气之有虚实也，若明之必晦也。故胜兵者非常实也，败兵者非常虚也。善者，能实其民气，以待人之虚也；不能者，虚其民气，以待人之实也。故虚实之气，兵之贵者也。〔1〕

（5）间气、纯气合应政治。间气合应离气，纯气合应合气。过去轩辕黄帝励精图治、臣国君民，存天地之纯气而戒其割裂，使天报以正气而数千年之间域内和敬。

间气际离，纯气际合。合气恒昼，离气恒夜。无平不陂，无往不复，否泰之所都也。虽然，亦存其人焉。昔者轩辕之帝也，上承羲、炎，下被有周，敦亲贤，祚神明，建万国，树侯王，君其国，子其民，修其徼围，差共政教，

〔1〕《淮南子·兵略训》，见〔东汉〕高诱注：《淮南子》，《诸子集成》（第七册），中华书局1954年版，第268页。

顺其竟緑，乘其合，稍其离，早为之所，而无夸大同。然后总其奔奏，戴其正朔，徕其覲请，讲其婚姻，缔其盟会，系以牧伯，纠以州长，甥舅相若，死丧相闻，水旱相周，兵戎相卫，仕宦羁旅往来，富贵相为出入，名系一统，而实存四国。此三、五之代寓涣散于纠缠，存天地之纯气而戒其割裂，故气应以正而天报以合，数千年之间，中区之内闾闾如也。[1]

（6）雷为火气，雷为天以怒气罚人阴过之说不实。王充认为：雷发动时，一气一声；人为雷所杀时，呈燔灼之状，所以雷是火气；那种认为雷是天以怒气惩罚人的过错的说法是虚妄不实的。

①盛夏之时，雷电迅疾，击折树木，坏败室屋，时犯杀人。世俗以为“击折树木、坏败室屋”者，天取龙；其“犯杀人”也，谓之（有）阴过，饮食人以不洁净，天怒，击而杀之。隆隆之声，天怒之音，若人之呴吁矣。世无愚智，莫谓不然。推人道以论之，虚妄之言也。

夫雷之发动，一气一声也，折木坏屋亦犯杀人，犯杀人时亦折木坏屋。独谓折木坏屋者，天取龙；犯杀人，罚阴过，与取龙吉凶不同，并时共声，非道也。论者以为“隆隆”者，天怒呴吁之声也。此便于罚过，不宜于取龙。罚过，天怒可也；取龙，龙何过而怒之？如龙神，天取之，不宜怒。如龙有过，与人同罪，杀而已，何为取也？杀人，怒可也。取龙，龙何过而怒之？杀人不取；杀龙取之。人龙之罪何别？而其杀之何异？然则取龙之说既不可听，罚过之言复不可从。

何以效之？案雷之声迅疾之时，人仆死于地，隆隆之声临人首上，故得杀人。审隆隆者天怒乎？怒用口之怒气

[1]〔清〕王夫之：《黄书　噩梦》，中华书局1956年版，第33页。

杀人也。口之怒气，安能杀人？人为雷所杀，询其身体，若燔灼之状也。如天用口怒，口怒生火乎？且口着乎体，口之动与体俱。当击折之时，声着于地；其衰也，声着于天。夫如是，声着地之时，口至地，体亦宜然。当雷迅疾之时，仰视天，不见天之下，不见天之下，则夫隆隆之声者，非天怒也。天之怒与人无异。人怒，身近人则声疾，远人则声微。今天声近，其体远，非怒之实也。[1]

②夫雷，火也。(火)气剡人，人不得无迹。如炙处状似文字，人见之，谓天记书其过，以示百姓。是复虚妄也。使人尽有过，天用雷杀人。杀人当彰其恶，以惩其后，明著其文字，不当暗昧。图出于河，书出于洛。河图、洛书，天地所为，人读知之。今雷死之书，亦天所为也，何故难知？如以一人皮不可书，鲁惠公夫人仲子，宋武公女也，生而有文在掌，曰“为鲁夫人”，文明可知，故仲子归鲁。雷书不著，故难以惩后。夫如是，火剡之迹，非天所刻画也。或颇有而增其语，或无有而空生其言，虚妄之俗，好造怪奇。何以验之？雷者火也，以人中雷而死，即询其身，中头则须发烧焦，中身则皮肤灼焚，临其尸上闻火气，一验也。道术之家，以为雷烧石，色赤，投于井中，石焦井寒，激声大鸣，若雷之状，二验也。人伤于寒，寒气入腹，腹中素温，温寒分争，激气雷鸣，三验也。当雷之时，电光时见，大若火之耀，四验也。当雷之击，时或燔人室屋，及地草木，五验也。夫论雷之为火有五验，言雷为天怒无一效。然则雷为天怒，虚妄之言。[2]

---

〔1〕《论衡·雷虚篇》，见〔东汉〕王充:《论衡》，上海人民出版社 1974 年版，第 97 页。
〔2〕《论衡·雷虚篇》，见〔东汉〕王充:《论衡》，上海人民出版社 1974 年版，第 102 页。

（7）运气、无妄之气自然发生，非政治所致。王充认为：运气有发生时机，不可请求祭祷而得，亦与政治得失无关；无妄之气历代都有，也不是政治不当造成的。对于政治失当造成的灾害，就要内修政治、外行雩祭之礼以恢复亏损；对于运气、无妄之气造成的灾难，就要坚持原有的政治，并行雩祭之礼以慰民心。

①世称圣人纯而贤者驳，纯则行操无非，无非则政治无失。然而世之圣君，莫有如尧、汤。尧遭洪水，汤遭大旱。如谓政治所致，尧、汤恶君也；如非政治，是运气也。运气有时，安可请求？世之论者，犹谓尧、汤水旱。水旱者，时也；其小旱湛，皆政也。假令审然，何用致湛。审以政致之，不修所以失之，而从请求，安耐复之？世审称尧、汤水旱，天之运气，非政所致。夫天之运气，时当自然，虽雩祭请求，终无补益。而世又称汤以五过祷于桑林，时立得雨。夫言运气，则桑林之说绌；称桑林，则运气之论消。世之说称者，竟当何由？救水旱之术，审当何用？[1]

②问："政治之灾，无妄之变，何以别之？"曰：德酆政得，灾犹至者，无妄也；德衰政失，变应来者，政治也。夫政治则外雩而内改，以复其亏；无妄则内守旧政，外修雩礼，以慰民心。故夫无妄之气，历世时至，当固自一，不宜改政。何以验之？周公为成王陈立政之言曰："时则物有间之。自一话一言，我则末，维成德之彦，以乂我受民。"周公立政，可谓得矣。知非常之物，不赈不至，故敕成王自一话一言，政事无非，毋敢变易。然则非常之变，无妄之气间而至也。水气间尧，旱气间汤。周宣以贤，遭

〔1〕《论衡·明雩篇》，见〔东汉〕王充：《论衡》，上海人民出版社 1974 年版，第 236 页。

遇久旱。建初孟季，北州连旱，牛死民乏，放流就贱。圣主宽明于上，百官共职于下，太平之明时也。政无细非，旱犹有，气间之也。圣主知之，不改政行，转谷赈赡，损酆济耗。斯见之审明，所以救赴之者得宜也。鲁文公间岁大旱，臧文仲曰："修城郭，贬食省用，务啬劝分。"文仲知非政，故徒修备，不改政治。变复之家，见变辄归于政，不揆政之无非，见异惧惑，变易操行，以不宜改而变，只取灾焉！[1]

③建初孟年，无妄气至，岁之疾疫也，比旱不雨，牛死民流，可谓剧矣。皇帝敦德，俊乂在官，第五司空，股肱国维，转谷振赡，民不乏饿，天下慕德，虽危不乱。民饥于谷，饱于道德，身流在道，心回乡内。以故道路无盗贼之迹，深幽迥绝无劫夺之奸，以危为宁，以困为通，五帝、三王，孰能堪斯哉？[2]

---

〔1〕《论衡·明雩篇》，见〔东汉〕王充：《论衡》，上海人民出版社1974年版，第237页。
〔2〕《论衡·恢国篇》，见〔东汉〕王充：《论衡》，上海人民出版社1974年版，第303页。

# 第二章

# 古代法典中的法与气

中国古代法典主要包括律、令、格、式等形式。“律以正刑定罪，令以设范立制，格以禁违止邪，式以轨物程事。”[1]即律是惩罚条文；令是规章制度；格为各种禁令，是对律的补充和变通条例；式是官府机构的章程细则。律、令、格、式等作为成文法典，既是社会管理的工具手段，又是一定社会思想文化意识形态的体现，包含着丰富的哲学意蕴，传统哲学中法与气概念的相互关系也在其中得到了充分展现。从君臣职守、封赐官爵、恩赦德宥到刑罚责伐、封禅祭祀、岁历音律和巡行抚慰，皆体现出气概念对律令规范的渗透影响或二者之间的互动感应，如君臣协调四气、六气的职守，任相命将时讲究气禀气概，刑狱不当致使正气湛掩、和气损伤，以恩宥赦慰、恤刑自咎消弭灾异、感召和善之气等，均显示了中国古代法典独有的法气论立法特色。

反映法气关系的古代法典类文献主要有：律典类《唐律疏议》《宋刑统》《元典章》《大明律集解附例》《大清律例》；令典类《两汉诏令》《唐大诏令集》《宋大诏令集》《皇明诏令》《皇明诏制》《大清诏令》；以及《通制条格》《唐六典》等。

## 一、君臣职守与气

君字由“尹”“口”两部分组成，尹代表权力，口代表发号施令，所以君的本意就是治理国家、发号施令，后来演变为包含主宰治理、各级统治者的通称、表尊敬的尊称及帝王等众多意义的一个名词。臣字本意为奴仆，后来引申为官吏。帝王含义的君代表王权或皇权，官吏含义的臣代表职能机构，二者在古代政治体系和法律活动中占据主导和统治地位，并通过一定的理论体系来维护其权职运作。这些理论体系包括天人合一观下对君臣职责权限的划分和规

〔1〕〔唐〕李林甫等：《唐六典》，中华书局 1992 年版，第 180 页。

定：《唐大诏令集》《宋大诏令集》《唐六典》等古法典类文献中记载，君王要体元气而调之，并调节五气、六气等；臣属的职责在于协助君王顺元气而调之，既调节四气、六气等，也要导善气而消戾气；古代由专职人员负责天文卜筮、医疾、礼乐、律吕、刑狱等与气有关之事务……这都是从人与万物之源的气或与自然的四时、五行等气的体用感应关系角度来规定君臣职责的，也充分体现出古代气论哲学对律法活动的深刻影响。

（1）君王之职，体元气而调之，并调节五气、六气等。古代帝王制定治政的法则，要“体元气以育群生”。君王的职责包括体会元气的蕴意并调节元气、五气、六气等，使礼洽乐和、民众沐恩、玉宇澄清。

> ①高宗天皇大帝，上圣御图，大明司契，手调元气，心运洪炉。齐五纬而平太阶，应三神而登日观。网罗开辟，包冠义婿，大猷备阐，能事斯毕，仙驾不追，逆臣开衅，敬业挺灾于淮甸，务挺潜应于沙场，天柱将摇，地维方挠。非拨乱之神功，不能定人之危矣。[1]

> ②朕闻上皇建极，体元气以育群生。大圣承天，法阳门而陶庶类。与时舒卷，叶三正而推移；随道污隆，应五千以通变。故能牢笼宇宙，埏埴人灵，符景运而财成，契休期以光宅。昔有隋标季，率土沦婿。豺狼肆吞噬之灾，亿兆被虔刘之酷。高祖神尧皇帝，披图汾水，仗钺参墟。靡氛祲而安四维，扫搀抢而清六合。太宗文武圣皇帝，负日月而膺运，鼓雷霆之震威。荡海夷山，功浃八荒之外；救灾拯溺，仁霑万域之表。乐和礼洽，天平地成。茂绩光

〔1〕《唐大诏令集·中宗即位赦》，见〔宋〕宋敏求编：《唐大诏令集》（第二），四库全书影印本，第426册，上海古籍出版社1987年版，第10页。

于邃初，鸿名冠于开辟。高宗天皇大帝，云房诞睿，虹诸降灵。受绿错之祯符，应朱绨之景命。飞车剩撬，臣轩项之不臣；没羽浮金，服禹汤之未服。所以开边服远，更阐寓于先基；富贵宁人，重增辉于前烈。抚璇当宁，调五气于明堂；考瑞升中，朝百神于日观。茫茫众俗，宁观覆焘之恩；蠢蠢庶氓，孰辨陶甄之力。固已千年启旦，三圣重光，历选前书。[1]

③惟圣与文，洪名极称。内省虚缺，安敢冒承。匪石之心，已具前答。方与卿等，上调元气，下遂苍生。致削浮华，化归敦朴。升崇高之号，去满假之端。勉建皇极，以迎天佑。悉此至言，宜断来表。[2]

④朕丕承宝图，思臻古理。小大之政，皆倚辅臣。选众攸难，得人而授。……宰相之任，弼谐是资。予欲使六气均调，惟尔赞；予欲使万方平乂，惟尔成；予欲使臣工得职，惟尔谐；予欲使斜正不乱，惟尔翼。言罔虑于咈耳，进无忘于沃心。贞观开元之法度具存，房魏姚宋之规猷尽在。[3]

（2）臣属之职，即协助君王顺元气而调之，并调节四气、六气等，也要导善气而消戾气。宰相臣僚的职责是辅助君王治理天下，要顺应元气运行规则，遂物情以施治布政、统和天人，协调元气、二气、四气、五气和六气等，并要以仁政导引善气、消除戾气，使人伦序、阴阳和、天下正、夷夏安。

---

〔1〕《唐大诏令集·改元光宅诏》，见〔宋〕宋敏求编：《唐大诏令集》（卷三），四库全书影印本，第426册，上海古籍出版社1987年版，第24页。

〔2〕《唐大诏令集·答三请表》，见〔宋〕宋敏求编：《唐大诏令集》（卷六），四库全书影印本，第426册，上海古籍出版社1987年版，第56页。

〔3〕《唐大诏令集·崔郸平章事制》，见〔宋〕宋敏求编：《唐大诏令集》（卷四十九），四库全书影印本，第426册，上海古籍出版社1987年版，第336—337页。

①门下，昔周宣王思弘文武之道，则以申甫代天工；汉宣帝思继祖宗之风，则以丙魏执邦柄。是以克绍前烈，俱称中兴。朕以渺身，托于人上。亦思所以缵列圣之绪，致泰阶之平。怀柔四夷，亲附百姓。将成莫大之业，遂获非常之才。授之钧衡，俾作舟楫。银青光禄大夫行中书舍人翰林学士上柱国李吉甫，符彩外发，清明内融。体仁而温，抱义而峻。识洞精颐，知帝王致理之源；学该古今，穷天人相与之际。……降神而生，辅朕为理。调三光以序六气，遂物情而熙帝载。是为中枢，司我大本。命尔俞往，其惟勖哉。于戏。宰辅之任，安危所寄。百辟为宪，万邦是瞻。与其明察以为公，不若严重而有制。与其将顺于甚美，不若匡救于纤违。审泾渭以序人伦，理绳墨以正天下。交泰之运，其若斯乎？敬听朕言，以践乃职。可守中书侍郎同中书门下平章事，散官勋如故。主者施行。元和二年正月宋。[1]

②廊庙之任，万邦所瞻。调一气之和，序五材之用。出纳王命，发挥帝猷。简求贤能，弘我邦本。[2]

③出纳大命，宰司化元。调四气以统和天人，贞百度以镇安夷夏。必资髦杰，用委钧衡。朕嗣守丕图，思弘至理。万务之重，属于台臣。仄席勤求，冀匡不逮。况素效久彰于密勿，精材已得于询谟。擢自内廷，授以衮职。爰立左右，斯为得人。[3]

---

〔1〕《唐大诏令集·李吉甫平章事制》，见〔宋〕宋敏求编：《唐大诏令集》（卷四十六），四库全书影印本，第426册，上海古籍出版社1987年版，第307页。

〔2〕《唐大诏令集·萧俛平章事制》，见〔宋〕宋敏求编：《唐大诏令集》（卷四十七），四库全书影印本，第426册，上海古籍出版社1987年版，第318页。

〔3〕《唐大诏令集·宋申锡平章事制》，见〔宋〕宋敏求编：《唐大诏令集》（卷四十八），四库全书影印本，第426册，上海古籍出版社1987年版，第328页。

④辅相之任也，调阴阳而抚夷夏，贞百度而康兆人。代天为工，持国之柄。殷周梦卜，竭诚待贤。彼何人哉，予独不可。置于精恳，果得髦杰。朝散大夫守尚书兵部侍郎判度支上柱国彭城县开国男食邑三百户赐紫金鱼袋萧邺，天实佑朕，生此令人。星辰降祥，珪玉含瑞。蕴通明经远之识，抱宰制利用之才……尔其体太和而顺元气，推至心以序彝伦。短长之才，罔有所废。细大之务，一以居心。扶皇极而作国桢，庇苍生而遂物性。〔1〕

⑤门下，宰相之任，调元气以作辅，持大柄以匡君。况狂寇未平，戎车尚驾。顾我勤劳之意，在兹筹画之功。虽循旧规，式加新宠。〔2〕

⑥门下，夫宰相之任，本于佐理阴阳，节宣风雨。允厘百工，康济万邦……特进行中书侍郎兼户部尚书同中书门下平章事监修国史上柱国萧遘，功高作砺，业茂秉钧……尔宜潜施秘略，益进昌言。激猛将以弭群凶，布和风而销戾气。〔3〕

⑦代天之工，注意于相。眚祥屡见，则消复之是图。疆场未宁，则攻守之是计。尔其燮阴阳以导善气，申威怀以镇四夷。勉而忠劳，纾我宵旰。〔4〕

---

〔1〕《唐大诏令集·萧邺平章事制》，见〔宋〕宋敏求编：《唐大诏令集》（卷五十），四库全书影印本，第426册，上海古籍出版社1987年版，第343页。

〔2〕《唐大诏令集·萧遘监修国史等制》，见〔宋〕宋敏求编：《唐大诏令集》（卷五十一），四库全书影印本，第426册，上海古籍出版社1987年版，第361页。

〔3〕《唐大诏令集·萧遘罢判度支制》，见〔宋〕宋敏求编：《唐大诏令集》（卷五十二），四库全书影印本，第426册，上海古籍出版社1987年版，第365—366页。

〔4〕《宋大诏令集·吕夷简再相制康定元年五月壬戌》，见《宋大诏令集》（卷第五十三），中华书局1962年版，第272页。

⑧朕惟宰相之任，外镇抚四夷，内亲睦百姓，使二气协和于上，而群生茂遂于下。授受之际，岂轻也哉。[1]

（3）设立专职负责天文卜筮等与气有关之事务。古代专设太史令、灵台郎、太卜令等员吏负责观察风云气色、天文气色、五行十二气及卦象八气，以之占察气的妖祥，预测社会活动的吉败休咎。

①太史令掌观察天文，稽定历数。凡日月星辰之变，风云气色之异，率其属而占候焉。其属有司历、灵台郎、挈壶正。凡玄象器物，天文图书，苟非其任，不得与焉。（观生不得读占书，所见征祥灾异，密封闻奏，漏泄有刑。）每季录所见灾祥送门下、中书省入起居注，岁终总录，封送史馆。每年预造来岁历，颁于天下。[2]

②灵台郎二人，正八品下。（掌习知天文。周文王受命而作邑于丰，立灵台，所以观天象，察气之妖祥也。《诗》云："经始灵台。"郑玄曰："观台而曰'灵'者，言文王化行，似神之精明，故以名也。"《春秋传》曰："公既视朔，遂登观台以望，而书云物。"亦其制也。其在《周官》，则冯相氏世登高台，以掌其事；汉则杂候上林情台。后汉又作灵台，掌候日月星气，而属太史；太史有二丞，其一在灵台。汉官云："灵台员吏十三人，灵台待诏四十二人。"魏太史有灵台丞，主候望、颁历。晋、宋、齐、梁、陈太史皆有灵台丞。隋太史置天文博士，掌教习天文气色。皇朝因隋，置天文博士二人，正八品下。长安四年省天文博

〔1〕《宋大诏令集·曾公亮拜集贤相制》，见《宋大诏令集》（卷第五十六），中华书局1962年版，第281页。

〔2〕《唐六典·秘书省》，见〔唐〕李林甫等：《唐六典》（卷十），中华书局1992年版，第303页。

士之职，置灵台郎以当之。）天文生六十人。（隋氏置，皇朝因之。年深者，转补天文观生。） 灵台郎掌观天文之变而占候之。凡二十八宿，分为十二次：寅为析木，燕之分；（自尾十度至斗十一度。）卯为大火，宋之分；（自氐五度至尾九度。）辰为寿星，郑之分；（自轸十二度至氐四度。）巳为鹑尾，楚之分；（自张十七度至轸十一度。）午为鹑火，周之分；（自柳九度至张十六度。）未为鹑首，秦之分；（自井十六度至柳八度。）申为实沈，魏之分；（自毕十二度至井十五度。）酉为大梁，晋之分；（自胃七度至毕十一度。）戌为降娄，鲁之分；（自奎五度至胃六度。）亥为娵訾，卫之分；（自危十六度至奎四度。）子为玄枵，齐之分；（自女八度至危十五度。）丑为星纪，吴、越之分；（自斗十二度至女七度。）所以辨日月之缠次，正星辰之分野。凡占天文变异，日月薄蚀，五星陵犯，有石氏、甘氏、巫咸三家中外官占。凡瑞星、袄星、瑞气、袄气，有诸家杂占。凡测候晷度，则以游仪为其准。〔1〕

③太卜署：令一人，正八品下；……太卜令掌卜筮之法，以占邦家动用之事；丞为之贰。一曰龟，二曰兆，三曰《易》，四曰式。……凡兆以千里径为母，两翼为外；正立为木，正横为土；内高为金；外高为火；细长芒动为水兆，有俯仰、伏倚、着落、起发、摧折、断动之状，而知其吉凶。又视五行十二气。（一曰受气，二曰胎，三曰养，四曰生，五曰沐浴，六曰冠带，七曰临官，八曰王，九曰老，十曰病，十一曰死，十二曰葬。以占之。）凡五兆之策三十有六。……凡《易》之策四十有九。（用四十九算

〔1〕《唐六典·秘书省》，见〔唐〕李林甫等：《唐六典》（卷十），中华书局 1992 年版，第 304—305 页。

分而揲之，其变有四：一曰单爻，二曰拆爻，三曰交爻，四曰重爻，凡十八变而成卦。又视卦之八气、王相、囚死、胎没、休废及飞伏、世应而使焉。凡八纯之卦十六变而复：初为一变，次曰二变，三曰三变，四曰四变，五曰五变，六为避魂，七为外戒，八为内戒，九为归魂，十为绝命，十一为血脉，十二为肌肉，十三为体骨，十四为棺椁，十五为冢墓。凡内卦为贞，朝占用之；外卦为悔，暮占用之。)〔1〕

④易之卦得大过，爻在九五，匈奴困败。公车方士大史治星望气，及大卜龟蓍，皆以为吉，匈奴必破，时不可再得也。又曰北伐行将于鬴山，必克。卦诸将，贰师最吉。故朕亲发贰师下鬴山，诏之必毋深入。今计谋卦兆皆反缪。重合侯得虏。侯者言，闻汉军当来，匈奴使巫埋羊牛所出诸道及水上，以诅军。单于遗天子马裘，常使巫祝之缚马者诅军事也。〔2〕

（4）设立专职负责医疾等与气有关之事务。古代设置兽医负责诊疗马等牲畜的疾病，将马病分为筋、骨、皮、气、血等类，并找出成因，依据经方予以治疗。设置医师、医正、医工等职员负责诊疗人的疾病，根据伤寒、时气预备药物，以备疾病之用。设置功曹、司功参军掌管选举、祭祀、医药等官吏考核。

①尚乘局：……司库掌鞍辔乘具。司廪掌藁秸出纳。兽医掌疗马病。(凡马病，灌而行之，观其病之所发。疗

〔1〕《唐六典·太常寺》，见〔唐〕李林甫等：《唐六典》(卷十四)，中华书局1992年版，第412—413页。

〔2〕《两汉诏令·诏畜马补边征和四年》，见〔宋〕林虑编：《两汉诏令》(卷六)，四库全书影印本，第426册，上海古籍出版社1987年版，第1009页。

马病有五劳：一曰筋劳，二曰骨劳，三曰皮劳，四曰气劳，五曰血劳。久步则生筋劳，久立则生骨劳，久汗不干则生皮劳，汗未差燥而饲饮之则生气势，驱驰无节则生血劳。有伤寒者，有伤热者，有疡者，咸据经方以疗焉。)[1]

②太医署：令二人，从七品下；……凡医师、医正、医工疗人疾病，以其全多少而书之，以为考课。(每岁常合伤寒、时气、疟、痢、伤中、金疮之药，以备人之疾病者。)[2]

③功曹、司功参军掌官吏考课、假使、选举、祭祀、祯祥、道佛、学校、表疏、书启、医药、陈设之事。……凡诸州每年任土所出药物可用者，随时收采，以给人之疾患。(皆预合伤寒、时气、疟、痢等药，部内有疾患者，随须给之。)[3]

（5）设立专职负责礼乐等与气有关之事务。古代设置监察御史纠察百官，在冬至、夏至、孟春、季秋、孟冬五郊迎气时节及享祀太庙时对官员进行监视。此外设置太官令掌管供膳之事，在五郊迎气时准备膳食供奉。

①监察御史掌分察百僚，巡按郡县，纠视刑狱，肃整朝仪。朝庭有不肃敬，御史则纠而劾之。每二人五日分知东、西朝堂。……凡冬至祀圆丘，夏至祭方丘，孟春祈谷，季秋祀明

〔1〕《唐六典·殿中省》，见〔唐〕李林甫等：《唐六典》(卷十一)，中华书局1992年版，第331页。
〔2〕《唐六典·太常寺》，见〔唐〕李林甫等：《唐六典》(卷十四)，中华书局1992年版，第409页。
〔3〕《唐六典·府督护州县官吏》，见〔唐〕李林甫等：《唐六典》(卷三十三)，中华书局1992年版，第748页。

堂，孟冬祭神州，五郊迎气及享太庙，则二人共监之。[1]

②太官令掌供膳之事；丞为之贰。凡祭之日，则白卿谐诸厨省牲、镬，取明水于阴鉴，取明火于阳燧，（火以供爨，水以实尊）。帅宰人以銮刀割牲，取其毛、血，实之于豆，遂烹牲焉。又帅进馔者实簠、簋，设于馔幕之内。凡冬至圆丘之祀昊天上帝，笾、豆各十二，簠、簋、俎各一；配帝亦如之；五方帝，笾、豆各去其二；大明、夜明，又去其二；内官、中官，笾、豆各二，簠、簋、俎各一；外官众星，笾、豆各一，簠、簋、俎各一。孟春祈谷之祀昊天上帝、配帝、五方帝，如冬至之仪。孟夏雩祀昊天上帝、配帝、五方帝，如祈谷之仪；五帝，笾、豆各八，簠、簋、甄、俎各一；五官，笾、豆各二，簠、簋、俎各一。季秋享明堂如雩祀。五郊迎气：正坐、配坐，篷、豆各十二，簋、簋、甄、俎各一；五星、十二辰、二十八宿、五官，笾、豆各二，簠、簋、俎各一。蜡祭大明、夜明，笾、豆各十，簠、簋、俎各一；神农、伊耆，笾、豆各四，簠、簋、俎各一；五星已下凡九十八坐，笾、豆各二，簠、簋、俎各一；丘陵已下凡八十五坐，笾、豆各一，簠、簋、俎各一。朝日、夕月，笾、豆各十，簠、簋、甄、俎各一。风师、雨师、灵星、司中、司命、司人、司禄，笾、豆各八，簠、簋、俎各一。[2]

（6）设立专职负责律吕等与气有关之事务。古代专设协律郎掌管和合律吕、辨四时之气、统气类物，使刚气不怒、柔气不慑，以应天地之和。

---

〔1〕《唐六典·御史台》，见〔唐〕李林甫等：《唐六典》（卷十三），中华书局1992年版，第381—382页。

〔2〕《唐六典·光禄寺》，见〔唐〕李林甫等：《唐六典》（卷十五），中华书局1992年版，第445页。

协律郎二人，正八品上。……协律郎掌和六律、六吕，以辨四时之气，八风五音之节。阳为六律，所以统气类物：仲冬为黄钟，孟春为太簇，季春为姑洗，仲夏为蕤宾，孟秋为夷则，季秋为无射。阴为六吕，所以旅阳宣气：季冬为大吕，仲春为夹钟，孟夏为仲吕，季夏为林钟，仲秋为南吕，孟冬为应钟。……凡教乐，淫声、过声、凶声、慢声皆禁之。（淫声，若郑、卫者；过声，失哀乐之节者；凶声，亡国之声，音若桑闲濮上者；慢声，不恭者也。）使阳而不敢散，阴而不敢集，刚气不怒，柔气不慑，畅于中，发于外，以应天地之和。〔1〕

（7）设立专职负责刑狱等与气有关之事务。古代专设大理卿之职负责刑狱之事，大理卿以气听、色听、视听、声听、词听五听勘察狱情。

①大理寺：……大理卿之职，掌邦国折狱详刑之事。以五听察其情：一曰气听，二曰色听，三曰视听，四曰声听，五曰词听。以三虑尽其理：一曰明慎以谳疑狱，二曰哀矜以雪冤狱，三曰公平以鞫庶狱。少卿为之贰。〔2〕

②凡察狱之官先备五听，（一曰辞听，二曰色听，三曰气听，四曰耳听，五曰目听。）又稽诸证信，有可征焉而不肯首实者，然后拷掠，二十日一讯之。〔3〕

---

〔1〕《唐六典·太常寺》，见〔唐〕李林甫等：《唐六典》（卷十四），中华书局1992年版，第398—399页。

〔2〕《唐六典·大理寺》，见〔唐〕李林甫等：《唐六典》（卷十八），中华书局1992年版，第502页。

〔3〕《唐六典·尚书刑部》，见〔唐〕李林甫等：《唐六典》（卷六），中华书局1992年版，第190页。

③又条诸察狱之官，先备五听。案《周礼》云以五声听狱讼、求人情：一曰辞听，观其出言，不直则烦。二曰色听，观其颜色，不直则赧然。三曰气听，观其气息，不直则喘。四曰耳听，观其听聆，不直则惑。五曰目听，观其瞻视，不直则眊然。[1]

## 二、封官赐爵与气

职官和爵位制度是国家重要的政治法律制度。古代大部分官员都是由皇帝或更高一阶的地方长官赐封而得的，官员都有相应的职务级别，享受相应的俸禄；帝王也会给王族和功臣赐予爵位，来规定其享受的俸禄和食邑。分官赐爵是关涉国家机器正常运转的一个重要方面，受到各阶层的重视和关注。依《唐大诏令集》记载：古代封赐诸王诸公主时，看重其神气挺于岐嶷、气本淳清、气禀粹和等气质秉性；分赐文官官爵时，着重其气禀崆峒、气资温厚、禀气中和、气禀宏朗、气含大雅、天资直气等温良雅厚的品质；分赐武官官爵时，嘉奖其气横风厉、气宇弘远、气敌三军、气干强果等英勇果敢的气概。由此看来，人的神气、气质、气禀等是考察任用官员侯爵的重要方面，也是古代对官员素养和品行的基本要求，其根源即在于气化生万物、万物秉持气之特质的气论哲学。

（1）神气、气禀等为封赐诸王、诸公主官爵时所嘉许之义。封赐诸王、诸公主官爵时，神气、气禀等个人特质是所嘉许的方面。常见赞赏诸王、诸公主的精神气禀有神气挺于岐嶷、气本淳清、气禀粹和、受粹气于灵源等。

①朕恭承宝位，钦若璿衡。兢业戒怀，惧忝洪构。今

〔1〕《宋刑统》，见〔清〕薛允升等编：《唐明律合编宋刑统庆元条法事类》，中国书店出版社 1990 年版，第 265 页。

皇嗣诞秀，既流庆于天枝；白茅启封，宜分王于土宇。用崇大典，式固丕图。长男永，植性端庄，禀灵聪哲。神气挺于岐嶷，和粹精于仪形。姿范蔼然，是用嘉慰。将奉闻诗之教，冀彰乐善之风。俾洽宠恩，允膺锡命。庶表祥于麟趾，爰建社于龟蒙。敬哉戒哉，无忝我烈圣之休德。可封鲁王，仍令有司，择日备礼册命。太和四年正月。[1]

②门下，度土分疆，设官位事，因时立制，期在理安。必顺物宜，且从人欲。版图既溢，则疏邑以制州；统摄或乖，则分部而建长。沿革之道，亦何常哉。沧海之隅，地饶俗阜。隐然此土，实曰雄藩。镇抚之宜，是资贤戚。开府仪同三司嘉王运，气本淳清，重承先训，忠肃孝友，宣慈惠和。勤于服儒，乐在为善。施于任事，必有可观。举不失亲，至公斯在。钦率厥职，永孚于休。可横海军节度大使沧景观察处置开府如故。[2]

③门下，玉斗七星，降作帝王之子；金枝百代，生为列圣之孙。冬夏教以诗书，春秋训以礼乐。然后封其茅土，示以宠光。建王震，天赋明哲，气禀粹和。含日月之华英，缊山河之瑞秀。心悬寿镜，腹贮学川。智烛不炳而自明，惠车非驾而引重。……仁义道振，忠孝声闻。似睹卿云，如观景宿。堪膺宠权，可赐爵封。列国之荣，暂领雄藩。宜遵故事，可授开府仪同三司守太保充魏博节度管内观察处置军使兼魏州大都督府长史。仍令所司择礼册命，

---

〔1〕《唐大诏令集·封鲁王制》，见〔宋〕宋敏求编：《唐大诏令集》（卷三十三），四库全书影印本，第426册，上海古籍出版社1987年版，第197页。

〔2〕《唐大诏令集·嘉王运横海军节度制》，见〔宋〕宋敏求编：《唐大诏令集》（卷三十六），四库全书影印本，第426册，上海古籍出版社1987年版，第224页。

主者施行。中和二年二月宋。[1]

④封万寿公主制。长女可封万寿公主，第二女可封永福公主，第三女可封西华公主，第四女可封广德公主，第五女可封和义公主，第六女可封饶安公主。

门下，诸女之封，始资汉制。疏邑之典，今为国章。长女等坤道禀柔，条风育德，庄敬柔顺，受粹气于灵源；言容法度，昭穆徽于内则。祥降北诸，教袭南薰。克成天和，更承姆训。虽年方龆龀，而体备肃雍，用洽私宠。俾开井赋。可依前件。会昌六年五月二十三日。[2]

（2）封赐诸文官官爵时，神气、气禀为所嘉许之义。封赐诸文官官爵时，神气、气禀等个人特质是所嘉许的方面。常见赞赏的欲加封的文官精神气禀有气禀崆峒、气资温厚、禀气中和、气禀宏朗、气含大雅、天资直气、孕乾坤之间气、禀五行之秀气、直气能断、岳犊间气、严气峻于风雷等，这些特质也是古代对文官职员的基本素养和品质的要求。

①维开元二十八年、岁次庚辰、三月丁亥朔、二十六日壬子，皇帝若曰，于戏！乃瞻阴方，代有君长。至于膺我盛礼，荣彼殊邻，必择其人。谋无虚授。咨尔突厥苾伽骨咄禄可汗，气禀崆峒，材雄朔漠。见事无惑，执心不渝。先代以来，结好中国。自缵承旧业，克维前修。远遣使臣，来朝阙下。义之所感，情实加焉。不有褒称，孰彰忠顺？是用册尔为可汗。今遣从弟左金吾卫将军质，持节札册，

---

〔1〕《唐大诏令集·建王震魏博节度制》，见〔宋〕宋敏求编：《唐大诏令集》（卷三十六），四库全书影印本，第426册，上海古籍出版社1987年版，第227页。

〔2〕《唐大诏令集·封万寿公主等制》，见〔宋〕宋敏求编：《唐大诏令集》（卷四十一），四库全书影印本，第426册，上海古籍出版社1987年版，第270页。

往钦哉。可汗其丕承徽章，益励名节。永保多福，以昭后昆。可不慎欤。[1]

②黄门，古称纳言，亦号常伯。厥命惟允，朕之股肱。俾乂成绩，聿归良辅。银青光禄大夫行黄门侍郎同紫微黄门平章事上柱国鱼阳伯开国伯卢怀慎，气资温厚，生于蓟北。年始英妙，出自山东。王佐所期，人师见属。考彼扬历，多所献替。学以充其忠谠，才以运其清明。所谓许国忘身，立朝正色。有仲山甫之节，成管夷吾之能。故其道弥高，其心益下。可以敷我王度，弼于朕躬。用增华于侍帷，宜拜宠于参剩。可检校黄门监，散官黄门如故，主者施行。开元三年正月十九日。[2]

③门下，赞天工而成光济，叶帝力以致升平。非中和禀气，不能符燮调之道。非诚明在躬，何以膺弼亮之位？况今积妖已殄，而边鄙犹虞。大化方行，而里闬未泰。将欲举百度，甄群材。外经四夷，内辑诸夏。纳之寿域，被以仁风。代予之勤，其孰克任？眷求斯得，是用命之。河阳三城怀州节度使朝议郎使持节怀州诸军事守怀州刺史兼御史大夫赐紫金鱼袋令狐楚，根于粹厚，著以端明。……夙夜益励，无俾厥后，有惭知臣。可朝议大夫守中书侍郎同中书门下平章事，元和十四年七月。[3]

〔1〕《唐大诏令集·册突厥苾伽骨吐禄为可汗文》，见〔宋〕宋敏求编：《唐大诏令集》（卷一百二十九），四库全书影印本，第426册，上海古籍出版社1987年版，第944页。

〔2〕《唐大诏令集·卢怀慎检校黄门监制》，见〔宋〕宋敏求编：《唐大诏令集》（卷四十四），四库全书影印本，第426册，上海古籍出版社1987年版，第294页。

〔3〕《唐大诏令集·令狐楚平章事制》，见〔宋〕宋敏求编：《唐大诏令集》（卷四十七），四库全书影印本，第426册，上海古籍出版社1987年版，第317页。

④涉大川者，操巨舰不畏于洪波，构广厦者，揭宏材乃安于栋宇。朕祗奉神器，尊临万邦。思弼谐辅相之臣，致易简雍熙之业。爰得耆旧，委之衡枢。冀弘嘉猷，以阐玄化。淮南节度大使知节度事管内营田观察处置等使光禄大夫守司空同中书门下平章事兼扬州大都督府长史上柱国晋国公食邑三千户裴度，气禀宏朗，材优康济。达识高议，兼明不渝。型仪可以光岩廊，度量有以方海岳。操握政柄，弛张化权。彝伦典谟，合若符契……我获任贤，无易由言。式遵明命。可守司空兼门下侍郎同平章事散官勋封如故。长庆三年三月。[1]

⑤绥辑万邦，实资乎元首。弼成庶绩，允属于股肱。将以道宣化源，崇固理本。立我皇极，赞于时邕。故任贤著于禹谟，纳诲载于说命。眷求懿德，斯惟佥谐。中散大夫守尚书兵部侍郎知制诰充翰林学士上轻车都尉赐紫金鱼袋路随，性禀中庸，气含大雅。身无择行，学不为人。敏识周通，宏才恢博。挺然仁者之勇，蔚为君子之儒。……贞尔百度弼予一人宠以峻阶委以极务往践厥位时乃之休可正议大夫守中书侍郎同中书门下平章事勋赐如故。太和二年十一月。[2]

⑥朕嗣守丕图，务弘至理。忧勤是切，宵旰靡遑。所以庶政万几，委诸丞相。乃者失于任使，妖沴遽生。方思正人，参我大柄。银青光禄大夫守尚书右仆射上柱国荥阳郡开国男食邑二千户郑覃，天资直气，岳降上才。性惟端

---

〔1〕《唐大诏令集·裴度平章事制》，见〔宋〕宋敏求编：《唐大诏令集》（卷四十七），四库全书影印本，第426册，上海古籍出版社1987年版，第321页。

〔2〕《唐大诏令集·路随平章事制》，见〔宋〕宋敏求编：《唐大诏令集》（卷四十八），四库全书影印本，第426册，上海古籍出版社1987年版，第326页。

庄，道本孤峻。文含风雅，学洞儒玄。通古今理乱之源，达教化损益之要。历践华贯，周旋大僚。休闻彰于搢绅，政事满于台阁……尔其使万事得其序，百官得其人。用贤罔不精，立法罔不慎。弼亮刑政，燮和阴阳。其听朕言，往践厥位。克绍先德，岩廊有光。可守本官同中书门下平章事散官勋封如故。太和九年十一月。[1]

⑦自昔皇王之有天下也，君非臣罔以济其理，臣遇君然后显其才。以调阴阳，以承法度。虽尧舜不能自圣，虽皋夔不能自贤。君臣相须，今古同体。余之梦卜，实有慕焉。检校兵部尚书兼兴元尹御史大夫山南西道节度管内观察处置等使李固言，禀河洛之上灵，孕乾坤之间气。孤退独立，公忠自持。擅菁英之雄文，洞旨要之奥学。仁归信厚，动合典谟。岩廊正人，中外全德。官僚夙望，殷乎华夷。历居大僚，咸称厥职……是宜再参大柄，正位黄枢。为朝廷之股肱，耸搢绅之耳目。康济四海，毗予一人。是非罔及于爱憎，任用必分其清浊。有犯无隐，进思弼违。勿忝我知，更光尔道。可守门下侍郎同中书门下平章事。开成元年四月。[2]

⑧天设四序，运寒暑而成岁功。国有三台，仰弼谐以助君道。安危是系，选任攸难。况朕涉道未明，纂图方始。详求英彦，思付洪钧。至诚感通，果获良辅。翰林学士承旨通议大夫守尚书兵部侍郎知制诰上柱国赐紫金鱼袋杜审权，乔岳望崇，澄波量度。禀五行之秀气，挺百仞之贞

〔1〕《唐大诏令集·郑覃平章事制》，见〔宋〕宋敏求编：《唐大诏令集》(卷四十九)，四库全书影印本，第426册，上海古籍出版社1987年版，第333—334页。

〔2〕《唐大诏令集·李固言平章事制》，见〔宋〕宋敏求编：《唐大诏令集》(卷四十九)，四库全书影印本，第426册，上海古籍出版社1987年版，第334页。

材……尔尚竭乃心力，作吾股肱。借箸必罄其嘉谟，推局罔遗于善策。用无党之道，行惟一之心。使爵位功名，并光竹帛，垂于不朽。副兹宠荣，往钦哉。可守本官同中书门下平章事。大中十二年十二月。[1]

⑨门下，夫茂育群生，动资良弼。金紫光禄大夫门下侍郎兼兵部尚书中书门下平章事充太清宫使上柱国彭阳县开国男食邑三百户令狐绹，保合太和，从容中道。……直气能断，嘉猷自新。……朕以虚怀委遇，于道始终。佩服斯言，敬承嘉命。可充弘文馆大学士，余并如故，主者施行。大中九年九月三十日。[2]

⑩门下，朕初承天序，方崇政源。属在辅臣，兼领重职……特进守司徒兼门下侍郎同中书门下平章事上柱国太原郡开国公食邑三千户白敏中，气禀岳灵，道洽王佐。致君之志，发于深诚。……敏中可兼充太清宫使弘文馆大学士，余各如故，主者施行。大中十四年正月十六日。[3]

⑪柱石之臣，台庭之老。积硕望具瞻之德；有弼谐寅亮之功。……正议大夫守门下侍郎同中书门下平章事上柱国成纪县开国侯食邑一千户赐紫金鱼袋李夷简，出身位政，笃志守道。素风彰于操履，严气峻于风雷。……可银青光禄大夫、检校尚书右仆射、同中书门下平章事、兼扬州大都督府长史、充淮南节度副大使、知节度使事、管内营田

〔1〕《唐大诏令集·杜审权平章事制》，见〔宋〕宋敏求编：《唐大诏令集》（卷五十），四库全书影印本，第426册，上海古籍出版社1987年版，第344—345页。

〔2〕《唐大诏令集·令狐绹弘文馆大学士制》，见〔宋〕宋敏求编：《唐大诏令集》（卷五十一），四库全书影印本，第426册，上海古籍出版社1987年版，第357页。

〔3〕《唐大诏令集·白敏中弘文馆大学士等制》，见〔宋〕宋敏求编：《唐大诏令集》（卷五十一），四库全书影印本，第426册，上海古籍出版社1987年版，第359页。

观察处置押新罗渤海两蕃等使。元和十二年七月。[1]

⑫将相之任，中外攸属。入则扬缉熙以正百度，出则布威令以靖一方。良以才难，委寄咸重。……特进守太尉兼门下侍郎同中书门下平章事充弘文馆大学士太清宫使上柱国卫国公食邑三百户李德裕，岳犊间气，钟磬正音。葆粹孕和，本仁叶义。道蕴贤人之业，正谓王者之师。……可检校司徒、同中书门下平章事、兼江陵尹、充荆南节度观察处置等使。会昌六年四月。[2]

（3）封赐诸武官官爵时，神气、气禀为所嘉许之义。封赐诸武官官爵时，神气、气禀等个人特质是所嘉许的方面。常见赞赏欲加封的武官精神气禀有气横风厉、气宇弘远、破敌振三军之气、气敌三军、气膺台辅、气干强果、气压三韩等，这些特质也是古代对武官职员的基本素养和品质的要求。

①黄门，古之合将帅，训甲兵，所以宣威武而制边疆也。自非栾却之裔，孙吴之才，何以总中军而绝大漠矣！右羽林军大将军上柱国河东郡开国公凉州镇军大总管薛讷，家代名将，国朝元老。知涌泉原，气横风厉。庙堂之上则宽而有谋，旗鼓之间则勇而无挠。……宜持节朔方行军大总管。[3]

---

〔1〕《唐大诏令集·李夷简淮南节度同平章事制》，见〔宋〕宋敏求编：《唐大诏令集》（卷五十三），四库全书影印本，第426册，上海古籍出版社1987年版，第376页。

〔2〕《唐大诏令集·李德裕荆南节度平章事制》，见〔宋〕宋敏求编：《唐大诏令集》（卷五十三），四库全书影印本，第426册，上海古籍出版社1987年版，第379—380页。

〔3〕《唐大诏令集·薛讷朔方道大总管制》，见〔宋〕宋敏求编：《唐大诏令集》（卷五十九），四库全书影印本，第426册，上海古籍出版社1987年版，第423页。

②敕：天地殊位，君臣异制。苟不率道，兹为乱常。退而增修，于是有舞干之义；谕以迁善，于是有文告之辞。若犹不悛，乃用致讨。兴戎动众，岂得已哉。……讨除大憝，招辑非辜。爰资辅臣，以董戎寄。银青光禄大夫检校司空平章事兼太原尹北京留守充河中保宁军节度观察处置度支营田等使北平郡王马燧，操业端亮，气宇弘远。秉难夺之节，负不羁之才。……燧可兼充奉诚军及晋绛慈隰等州节度并管内诸军行营兵马副元帅，余并如故。〔1〕

③授钺登坛，所以理兵用武。益封命职，所以褒德酬庸。才杰者建希代之功，绩茂者有非常之赏。哲王令典，无或逾之。开府仪同三司兼鸿胪卿员外置同正员西平郡王判武部事摄御史大夫持节充陇右河西节度度支营田长行转运九姓等副大使知节度事赤水军使上柱国凉国公哥舒翰，挺生朔陲，干城陇外。……可开府仪同三司、太子少保、封西平郡王。加赐实封二百户，通前满五百户。赐音声小儿十人，庄园各一所。与一子五品官。更与两子官。用旌元帅之劳，以益三军之气也。余并如故。天宝十二年七月。〔2〕

④使持节滑州诸军事守滑州刺史摄御史大夫充滑卫相魏德博六州节度使令狐彰，义勇无伦，忠贞有素。艰危效用，终始不渝。顷陷贼庭，忠诚屡达。来持汉节，壮志弥高。拔城变六月之师，破敌振三军之气。……可银青光禄大

〔1〕《唐大诏令集·马燧浑瑊副元帅同招讨河中制》，见〔宋〕宋敏求编：《唐大诏令集》（卷五十九），四库全书影印本，第426册，上海古籍出版社1987年版，第427—428页。

〔2〕《唐大诏令集·陇右河西节度使哥舒翰西平郡王制》，见〔宋〕宋敏求编：《唐大诏令集》（卷六十），四库全书影印本，第426册，上海古籍出版社1987年版，第432—433页。

夫守鸿胪卿使持节滑州诸军事兼滑州刺史御史大夫充滑卫相魏德博等六州节度使。上元二年九月。[1]

⑤朕闻有天下者，道德仁义以为理，城郭豪池以为固。故曰不教民战，是谓弃之，有备无患，何以应卒。此先王驱攘夷狄，保障黎元之大略也。……邠宁庆等州节度观察处置等使金紫光禄大夫检校司空使持节邠州诸军事邠州刺史兼御史大夫上柱国武威郡开国侯食邑二千户食实封一百户李光颜，气敌三军，心师百行。……可特进，余如故。仍与一子正员四品常参官。[2]

⑥轩皇致治，必资力牧。虞舜为政，实赖皋陶。苟无师臣，岂登仁寿。……司徒兼中书令河中尹灵州大都督单于镇北大都护充关内河东副元帅朔方节度关内度支盐池陆地水运大使押诸番部落兼管勾河阳道观察等使上柱国汾阳郡王山陵使食实封一千九百户子仪，气膺台辅，道佐经纶。当乾坤交泰之时，正君臣定位之礼。……可加号尚父，兼太尉中书令山陵使。勋封如故。仍加实封通前满二千户。每月给一千五百人粮料，并给二百匹马草料。有司备礼，以时而册命。[3]

⑦维贞观某年月日甲子，皇帝使某官某副使某官某持节册命曰："于戏，盖宣条作牧，祚土建侯。共治长寄，藩翰斯在。惟尔左领军大将军检校都督宿国公程知节，志怀锐

---

〔1〕《唐大诏令集·滑州节度使令狐彰加御史大夫制》，见〔宋〕宋敏求编：《唐大诏令集》（卷六十），四库全书影印本，第426册，上海古籍出版社1987年版，第434页。

〔2〕《唐大诏令集·李光颜特进赐一子官制》，见〔宋〕宋敏求编：《唐大诏令集》（卷六十），四库全书影印本，第426册，上海古籍出版社1987年版，第438页。

〔3〕《唐大诏令集·郭子仪号尚父制》，见〔宋〕宋敏求编：《唐大诏令集》（卷六十一），四库全书影印本，第426册，上海古籍出版社1987年版，第442页。

颖，气干强果。业预艰难，效宣行阵。入帅禁卫，勤诫著于轩陛；出镇方隅，惠化洽于黎俗。酬庸有典，式隆宠命。是用命尔为使持节朗州诸军事朗州刺史，改封卢国公。传之子孙，长是藩屏。往钦哉。尔其戎典谟之训，固臣子之节。勤修政道，以贻尔后。可不慎欤。”[1]

⑧皇帝若曰：闾阖任隆，周卢禁切。即忠贤之允著，实韬略之兼优。惟尔冠军大将军行左骁卫将军山阳郡开国公刘伯英，志力沉济；襟情爽烈。……功宣六豹，气压三韩。折冲之效有闻，爪牙之任攸属。式畴徽烈，擢卫辰闱：是用命尔为左监门卫大将军，封如故。往钦哉。尔其职司，无荒朕命。不虞之寄，可不慎与。龙朔二年。[2]

## 三、恩赦德宥与气

恩赦是古代帝王在登基等大庆时，下诏赦免罪犯或减轻刑罚。德宥是以恩惠德泽赦免宽恕罪犯。赦免和宽恕罪犯是古代常见的法律现象，与传统气论哲学存在直接的因果关系。古人正是认为政令刑狱不当会感召天气失调、阴阳气隔、和气有伤、善气缪戾，进而使民心涣散、社会动荡，而恩赦德宥、省刑薄敛的德政则会导引善气、和气，培养元气，使国家安宁、百姓和乐，所以在新君嗣位和重要的庆典时会赦免罪犯。也因为认识到政令与气相感应，故而顺应四时之气，在春夏时节多施行恩宥德政，以助春夏阴阳、发生之气。这些在《两汉诏令》《唐大诏令集》《宋大诏令集》《皇明诏制》

---

〔1〕《唐大诏令集·册程知节改封卢国公文》，见〔宋〕宋敏求编：《唐大诏令集》（卷六十二），四库全书影印本，第426册，上海古籍出版社1987年版，第452页。

〔2〕《唐大诏令集·册刘伯英左监门卫大将军文》，见〔宋〕宋敏求编：《唐大诏令集》（卷六十二），四库全书影印本，第426册，上海古籍出版社1987年版，第455页。

《大清律例》等法典文献中都有反映。

（1）以同气之情而恩宥罪过。议刑论亲，亲属之间有亲缘关系，犯有罪过时，因同气之故减轻处罚。

①皇帝使诸吏宦者令承问东平王太后。朕有闻，王太后少加意焉。夫福善之门莫美于和睦，患咎之首莫大于内离。今东平王出襁褓之中而托于南面之位，以年齿方刚，涉学日寡，骜忽臣下，不自它于太后，以是之间，能无失礼义者，其唯圣人乎！传曰："父为子隐，直在其中矣。"王太后明察此意，不可不详。闺门之内，母子之间，同气异息，骨肉之恩，岂可忽哉！岂可忽哉！昔周公戒伯禽曰："故旧无大故，则不可弃也，毋求备于一人。"夫以故旧之恩，犹忍小恶，而况此乎！已遣使者谕王，王既悔过服罪，太后宽忍以贳之，后宜不敢。王太后强餐，止思念，慎疾自爱。[1]

②王者教先立爱，义不遗亲。岂于同气之中，可致异词之间？如或慎修不至，诖误有闻，构为厉阶，犯我邦纪，未加殛窜，尚屈彝章。漳王凑，手足之亲，磐石是崇。位居宠秩，列在戚藩。顷多克顺之心，亦有尚贤之志。而满盈生患，败覆是图。奸凶会同，谋议滋及。污我皇化，彰于中外。初骇予衷，载惊群听。尚以未具狱词，犹资审克。建侯之命，姑务从宽。于戏。朕嗣守宗祧，敷弘至教。自家之训未立，掩义之私敢忘。是用降封，有丑朝典。凡百多士，宜谅朕怀。[2]

〔1〕《两汉诏令·赐东平太后玺书》，见〔宋〕林虙编：《两汉诏令》，四库全书影印本，第426册，上海古籍出版社1987年版，第1035页。

〔2〕《唐大诏令集·漳王凑降封巢县公制》，见〔宋〕宋敏求编：《唐大诏令集》，四库全书影印本，第426册，上海古籍出版社1987年版，第252页。

（2）政治失其宜、刑罚不得当、狱吏苛刻、狱中多冤结，就会感动天气，使阴阳气隔、和气有伤、善气缪戾，以水旱、地震、日食等自然灾害作为警示，君王就要明德慎罚、宽刑恤狱、赦重罪、减小罪、免轻罪，以导引善气、予以救复。

①久旱伤麦，秋种未下，朕甚忧之。将残吏未胜，狱多冤结，元元愁恨，感动天气乎？其令中都官、三辅、郡、国出系囚，罪非犯殊死一切勿案，见徒免为庶人。[1]

②朕托王公之上，涉道日寡，政失厥中，阴阳气隔，寇盗肆暴，庶狱弥繁，忧悴永叹，疢如疾首。《诗》云："君子如祉，乱庶遄已。"三朝之会，朔旦立春，嘉与海内洗心自新。其赦天下。从甲寅赦令已来复秩属籍，三年正月已来还赎。其阎显、江京等知识婚姻禁锢，一原除之。务崇宽和，敬顺时令，遵典去苛，以称朕意。[2]

③昔尧命四子，以钦天道，《鸿范》九畴休咎有象。夫瑞以和降，异因逆感，禁微应大，前圣所重。顷者州郡轻慢宪防，竞逞残暴，造设科条，陷入无罪。或以喜怒驱逐长吏，恩阿所私，罚枉仇隙，至令守阙诉讼，前后不绝。送故迎新，人离其害，怨气伤和，以致灾眚。《书》云："明德慎罚。"方春东作，育微敬始。其敕有司，罪非殊死，且勿案验，以崇在宽。[3]

---

〔1〕《两汉诏令·进柔良退贪酷诏五年五月》，见〔宋〕楼昉编：《两汉诏令》，四库全书影印本，第426册，上海古籍出版社1987年版，第1065页。

〔2〕《两汉诏令·又赦天下诏》，见〔宋〕楼昉编：《两汉诏令》，四库全书影印本，第426册，上海古籍出版社1987年版，第1103页。

〔3〕《两汉诏令·宽案验微罪诏本初元年正月》，见〔宋〕楼昉编：《两汉诏令》（卷二十），四库全书影印本，第426册，上海古籍出版社1987年版，第1106页。

④朕以寡薄，获守丕图。恭默思道，克谨天戒。常恐至诚不达，景化未敷，寅畏之诚，寝兴在虑。……虽水旱成灾，阴阳恒数。而政刑失中，或致愆伏。岂简孚有爽，衷敬未诚欤？嗟我矜人，陷于刑辟。当炎蒸之序，在缧绁之中。久积幽冤，有伤和气。所以引成汤之六事，过实在予；宽大禹之九刑，诚存育物。期于作解，以救如焚。其京城见禁囚徒、死罪以下降从流，流以下罪一切释放，仍委中书门下，即速与处分讫闻奏。虽罪疑从轻，或谓之长恶，宥过无小，宁失于不经，庶空夏台，用缓秋典。宣示中外，令知朕意。[1]

⑤敕：慎恤刑狱，大易格言。语曰如得其情，则哀矜而勿喜。而狱吏苛刻，务在侮文。守臣因循，罕闻亲事。以此械系之辈，溢于狴牢。追捕之徒，烦于简牍。实伤和气，因致沴氛。况时属熇蒸，化先茂育，并赦罪戾，式顺生成。应天下所禁系罪人，十恶忤逆及故意杀人、合造毒药、持杖行劫、开发坟墓外，余并宜疏理释放。如或信任人吏，多有生情系留，续察访得知。本道观察使判官、州府本曹官，必加惩谴，以诫慢易。敕到后十日内，疏理分析闻奏。[2]

⑥朕以凉薄之资，绍隆熙之业。实赖慈训，保祐政涂。迄兹累年，方夏宁谧。念守成之匪易，惟屡省以在勤。而春夏之交，霖澍继作。田事将废，里民其咨。托居人上，耸然嗟惕。且惧皇极之未建，号令之靡孚。天其儆予，敢

〔1〕《唐大诏令集·赦京城囚徒制》，见〔宋〕宋敏求编：《唐大诏令集》（卷八十五），四库全书影印本，第426册，上海古籍出版社1987年版，第648页。

〔2〕《唐大诏令集·咸通十三年五月疏理刑狱敕》，见〔宋〕宋敏求编：《唐大诏令集》（卷八十六），四库全书影印本，第426册，上海古籍出版社1987年版，第659页。

不祗肃。今治化犹郁，狱系尚繁。岂无幽冤，足戾和气。当宽重出轻之典，体茂时育物之仁。式布湛恩，用绥庶品。可大赦天下。云云于戏。[1]

⑦门下，朕获奉宗庙，于兹七载。忧勤愿治，弗敢荒宁。而太史预言，天将降告。正阳之朔，日有食之。推原典经，斯谓大异。夙宵战栗，未烛厥咎。岂非庶政之失，加于四方。德谊未孚，刑罚未中。善气缪戾，以累三光。今天动威，申儆不逮。是用损膳彻乐，变服避朝。推恩元元，荡宥多辟。以图消复，以召和平。应天下系囚。云云于戏。戒惧乎不睹，销救于未萌。庶几诚心，或感灵佑。告尔有众，体朕意焉。[2]

⑧门下，朕以渺身，获保宗庙。恭典神天，翼翼小心。罔敢豫怠，惟恐不德，以上干乾象。今彗出西方，灾谴为大。天垂变异，朕实惧焉。是用损膳避朝，永言辍燕。其敷恩霈，荡宥囚姑，庶消复于袄祥，以导迎于善气。可大赦天下。应绍圣四年九月五日昧爽以前罪人，除犯劫杀、谋杀、故杀、斗杀并为已杀人者并十恶伪造符印、放火等罪并不赦外，其余罪无轻重，已觉发、未觉发、已结正、未结正、咸赦除之。云云于戏。遇灾而惧，敕命惟几。尚须公卿，悉心辅政。交修不逮，同底丕平。咨尔多方，咸体朕意。[3]

---

〔1〕《宋大诏令集·霖雨赦天下制天圣七年四月一日》，见《宋大诏令集》（卷第一百五十二），中华书局 1962 年版，第 567 页。

〔2〕《宋大诏令集·日食正阳德音》，见《宋大诏令集》（卷第一百五十三），中华书局 1962 年版，第 572 页。

〔3〕《宋大诏令集·彗星见大赦天下制》，见《宋大诏令集》（卷第一百五十五），中华书局 1962 年版，第 579 页。

⑨门下，朕以菲凉，奉循圣绪。思济盈成之业，聿臻富寿之风。祇慎夙宵，敢遑暇逸。乃自春迄夏，愆亢逾时。眷彼淮壖，被灾尤广。永念刑政之戾，仰干亭育之和。犴狱滋丰，黎元重困。惟天人之协应，若影响之相随。宜沾渥恩，以迎善气。应淮南路，云云于戏。侧身修行，敢忘省惧之诚。发政施仁，庶格感通之效。咨尔中外，咸体朕怀。[1]

⑩畿辅灾伤山西地震循省诏：迩者畿辅郡县灾伤叠告，而山西平阳府属复有地震之异，虽赖所在仓廪素有积贮，及时调赈，幸免仳离，而朕心祇惕，不敢以水旱灾沴，视为气数适然。谓必政事之失宜，方致阴阳之有忒。反躬循省，深敬予辜。夫图治之道，莫先于养民，逮下之仁，莫重于宽恤。兹特诞沛恩膏，肆弘赦宥，茂迎休祉，丕惬舆情。……康熙三十四年十二月十七。[2]

（3）顺春夏时气，行助阴阳、发生之气的恩宥德政。君王稽古临民、顺时布政。春夏时节，阳气升发，万物生长，要劝督农桑，详刑慎罚，薄刑赦罪，救济贫弱，禁断网捕渔猎，以恩宥德政协助其时的阴阳之气、发生之气。

①方春戒节，人以耕桑。其敕有司务顺时气，使无烦扰。天下亡命殊死以下，听得赎论：死罪入缣二十匹，右趾至髡钳城旦舂十匹，完城旦舂至司寇作三匹。其未发觉，诏书到先自告者，半入赎。[3]

---

〔1〕《宋大诏令集·淮南旱曲赦德音政和元年四月二十五日》，见《宋大诏令集》（卷第一百五十五），中华书局1962年版，第581页。

〔2〕《大清诏令》（卷七），续修四库全书，第458册，上海古籍出版社2002年版，第545页。

〔3〕《两汉诏令·诏有司顺时气十二月》，见〔宋〕楼昉编：《两汉诏令》（卷十四），四库全书影印本，第426册，上海古籍出版社1987年版，第1075页。

②朕奉郊祀，登灵台，见史官，正仪度。夫春者，岁之始也。始得其正，则三时有成。比者水旱不节，边人食寡，政失于上，人受其咎。有司其勉顺时气，劝督农桑，去其螟蜮，以及蝥贼，详刑慎罚，明察单辞，夙夜匪懈，以称朕意。〔1〕

③方春生养，万物莩甲，宜助萌阳，以育时物。其令有司，罪非殊死，且勿案验，及吏人条书相告，不得听受，冀以息事宁人，敬奉天气。立秋如故。〔2〕

④春秋于春每月书"王"者，重三正，慎三微也。律十二月立春，不以报囚。月令冬至之后，有顺阳助生之文，而无鞠狱断刑之政。朕咨访儒雅，稽之典籍，以为王者生杀，宜顺时气。其定律，无以十一月、十二月报囚。〔3〕

⑤夫政，先京师，后诸夏。《月令》仲春"养幼小，存诸孤"，季春"赐贫穷，赈乏绝，省妇使，表贞女"，所以顺阳气，崇生长也。其赐人尤贫困、孤弱、单独，谷人三斛；贞妇有节义十斛，甄表门闾，旌显厥行。〔4〕

⑥青春式序，阳和布气。万物熙熙，莫不遂其性而嘉其生也。申念愚人，干我王度。日陷坑阱，置之网罗。朕

〔1〕《两汉诏令·诏劝农桑谨刑罚三年正月》，见〔宋〕楼昉编：《两汉诏令》（卷十四），四库全书影印本，第426册，上海古籍出版社1987年版，第1076页。

〔2〕《两汉诏令·诏用安静之吏正月》，见〔宋〕楼昉编：《两汉诏令》（卷十五），四库全书影印本，第426册，上海古籍出版社1987年版，第1086页。

〔3〕《两汉诏令·禁十一月以后报囚七月》，见〔宋〕楼昉编：《两汉诏令》（卷十五），四库全书影印本，第426册，上海古籍出版社1987年版，第1088页。

〔4〕《两汉诏令·恤贫弱诏六年三月》，见〔宋〕楼昉编：《两汉诏令》（卷十八），四库全书影印本，第426册，上海古籍出版社1987年版，第1101页。

代天理物，为人父母。眷言囚狱，良增隐测。岂宪章之尚密，将教导之不明。欲顺时令，抑惟恒典。两京及天下见禁囚，除犯恶逆并造伪以前，宜决一百，配流岭南及碛西诸州，其余一切放免。〔1〕

⑦敕，朕缅稽古训，思致人和。爰发由衷之诏旨，行顺时之政令。孟夏初吉，三农在期。礼先决于薄刑，义必宽于轻系。既听其令，用轸于怀。虽囹圄之间，少闻于冒犯。澄清之使，素尽于忠公。尤虑吏有烦苛，人或冤滞，是爽和平之气，殊乖敬授之心。其天下见系囚徒、及事发应推身不禁者，即宜差使，分往诸道，量事疏决，及宣布时令。除犯赃贿十恶死罪不赦，自犯徒以下，特宜放免。回日闻奏，务在钦恤，以称朕怀。开元二十六年四月。〔2〕

⑧王者稽古临民、顺时布政。属阳春在候，品汇咸亨。鸟兽虫鱼，俾各安于物性。罝罘罗网，宜不出于国门。庶无胎卵之伤，用助阴阳之气。其禁民无得采捕虫鱼，弹射飞鸟，仍永为定式。每岁有司具申明之。〔3〕

⑨方春阳和，庶物茂遂。爰申邦禁，以顺天时。俾无伤夭之忧，以助发生之气。诸州粘竿弹弓罝网猎捕之物，于春夏月悉禁断之。犯者委长吏严行决罚。〔4〕

---

〔1〕《唐大诏令集·开元三年正月德音》，见〔宋〕宋敏求编：《唐大诏令集》（卷八十三），四库全书影印本，第426册，上海古籍出版社1987年版，第637页。

〔2〕《唐大诏令集·遣使往诸道疏决囚徒敕》，见〔宋〕宋敏求编：《唐大诏令集》（卷八十四），四库全书影印本，第426册，上海古籍出版社1987年版，第639页。

〔3〕《宋大诏令集·禁采捕诏建隆二年二月己卯》，见《宋大诏令集》（卷第一百九十八），中华书局1962年版，第729页。

〔4〕《宋大诏令集·禁粘竿弹弓罝网猎捕之物诏大中祥符三年二月乙亥》，见《宋大诏令集》（卷第一百九十九），中华书局1962年版，第735页。

⑩王者顺时育物，议狱恤刑。当华夏开泰之辰，应天地长嬴之气。务敦养治，庶洽和平。释囹圄之系民，复山林之亡命。凡在遐迩，宜体朕怀。应两京及诸道州府见禁罪人，自五月十八日昧爽以前，犯大辟减罪一等，其余罪无轻重，咸与释放。[1]

⑪门下，朕顾以渺躬，承于重器，绥御天下，逾四十年。曷尝不周览万机，举遵先宪？垂精寥廓之治，绝意纷华之娱。虽忧惧薄于冰渊，而廑劳发于寤寐。尚虑明有所未烛，化有所未孚。方春戒中，维物在煦。言念幅员之广，生齿素繁，囹圄之间，系囚日至。滞冤之情未达，愁叹之愤或多。宜涣发于至恩，庶导迎于善气。辅宣时令，协应天心。应四京诸道。云云于戏。[2]

⑫门下，朕以渺躬，奉承圣绪。夙夜祗畏，靡敢荒宁。赖天博临，中外康靖。兵革不试，年谷屡登。方春萌阳，万物孚甲。裁成辅相，王政所先。宜涣恩休，导迎和气。嘉与四国，洗心自新。弼予一人，永膺骏命。可大赦天下。除劫谋故斗四杀、已杀人、十恶、伪印、放火、盗贼抵死，及情轻奏裁减等刺配外，其余罪无轻重，咸赦除之。云云于戏。[3]

⑬恤囚敕。宣德八年六月二十日：皇帝敕谕天下都司、布政司、按察司、巡按监察御史所属衙所州县。联与刑狱，

〔1〕《宋大诏令集·赦见禁罪诏乾德三年五月戊子》，见《宋大诏令集》（卷第二百十五），中华书局1962年版，第816页。

〔2〕《宋大诏令集·四京诸道德音嘉祐八年二月十一日》，见《宋大诏令集》（卷第二百十六），中华书局1962年版，第823页。

〔3〕《宋大诏令集·元丰八年赦天下制正月甲寅》，见《宋大诏令集》（卷第二百十六），中华书局1962年版，第824页。

念人命至重，矜恤之心，夙夜孜孜。今天气炎热，已敕在京法司，凡狱囚，除真犯死罪监候，其余所犯，随时问理发落，不许淹滞。其有情轻，提人待对及照勘者，听其亲邻知识人等保领，在外听候。[1]

⑭朕抚临区夏，勤恤黎元。每夙夜以惟寅，庶昆虫之咸遂。而刑罚未措，狱讼尚繁。适当炎酷之时，虑郁和平之气。言念于此，良用惕然。是以分命使臣，往伸轻典。俾无枉挠，称朕意焉。宜令常参官十六人，乘传分诣诸路，与长吏同决遣刑狱。除十恶、劫杀、谋杀、故杀、官典犯赃，及损败官物、见行徵督不赦外，其劫杀，止诛其首恶，余徒党悉杖脊黥面、配所在本城禁锢。其流罪已下，递减一等。所至决遣讫，具刑名事状，疾置以闻。[2]

⑮每年于小满后十日起，至立秋前一日止，如立秋在六月内，以七月初一日为止，将枷责等轻罪人犯，照例减等发落。笞罪，宽免监禁；重犯，令管狱官量加宽恤。刑部现审案件，审明减等，十日一次汇题。其人犯俱交该旗、该地方官暂行保释，俟立秋后，送部发落。[3]

⑯每年正月、六月俱停刑，内外立决重犯俱监固，俟二月初，及七月立秋之后正法。其五月内交六月节，及立秋在六月内者，亦停正法。[4]

---

〔1〕〔明〕孔贞运辑：《皇明诏制》（卷九），续修四库全书本，第457册，上海古籍出版社2002年版，第194页。

〔2〕《宋大诏令集·遣官决狱减降一等诏至道元年四月辛丑》，见《宋大诏令集》（卷第二百十五），中华书局1962年版，第818页。

〔3〕田涛、郑秦点校：《大清律例》，法律出版社1999年版，第82页。

〔4〕田涛、郑秦点校：《大清律例》，法律出版社1999年版，第82页。

⑰每岁立春后至秋分，不得决死刑。（若犯恶逆及奴婢、部曲杀主，不依此法。）其大祭祀及致斋、朔、望、上下弦、二十四气、雨未晴、夜未明、断屠日月及休假亦如之。[1]

（4）以德政恩赦导迎和气、善气，培养元气等。“和平醇壹之政行，则民休美之气应”，实行仁爱和平之政，人民就会应以和善美好之气。故圣先王早有成典，为政治国，先德后刑，后世帝王为政，讲究恩赦德宥、省刑薄敛、任贤使能、哀矜鳏寡，以济时之政、利物之泽、在宥之恩，导迎和气、培养元气。

①王者如日之照临，故圣功作而庶类睹；如风之号令，故德音降而兆人从。朕以寡薄，方兹嗣服，荷天地之眷右，承祖祧之祚运。夙夜祗励，惧不克周。永惟风教之流弊，甿俗之疾苦。思布济时之政，宜弘利物之泽，庶有以导迎和气，感兹欢心。宜申在宥之恩，用启自新之路，可大赦天下。自元和十五年二月五日昧爽已前，大辟罪已下，罪无轻重，咸赦除之。唯官典犯赃及故杀人者，不在免限。左降官量移近处，已经量移者，更与量移，如复资者即任依常调选。责授降资正员官者，亦与追改。亡官失爵不齿者，量加收叙。流人及僧尼道士移隶者，节级放还及移近处。诸色得罪人中，如有先敕去纵逢恩赦不在放还限者，并与量移。若曾任五品已上官者，奏待进止。左降官及流人先有官者，如已亡殁，各还本官。自今日已前，曾有痕累禁锢等，一切并与洗涤。永怀罔极，弓剑不留，号奉终

[1]《唐六典·尚书刑部》，见〔唐〕李林甫等：《唐六典》（卷八），中华书局 1992 年版，第 189 页。

天，用深哀感。[1]

②天分四时，必始发生之德。帝临九有，是先荡涤之恩。故雷雨作而万物滋荣，庆泽行而兆人悦服。皇王之典，今古所遵。朕以渺身，获纂丕业。上承宗社之眷祐，下系生灵之安危。夙夜祗勤，庶臻于理。永惟黎元之困，赋役之繁，干戈未宁，输发尚急。流移未复，冤滞犹多。刑狱未平，奸诈斯起。进献无度，淫巧竞生。思与蠲除，俾从开泰。将以导迎和气，咸致欢心。爰因大庆之晨，式举惟新之令。可大赦天下。[2]

③门下，创业垂统，于以贻后昆。嗣位承祧，于以绍前烈。为股肱之元首，俾亿兆之宅心。洪惟永图，属在明辟。夫何凉德，享是至休。……云云恭念先朝庶政，尽有成规。谨守奉行，不敢失坠。所宜开谏诤之路，拔茂异之材。鳏寡无告之民，悉令安泰。动植有生之类，冀获昭苏。庶几延宗社之鸿休，召天地之和气。更赖中外百执，左右荩臣。各罄乃诚，辅兹不逮。布告迩遐，咸使闻知。[3]

④且念寰海至广，休戚殊途。犯法冒令者多，迁善远罪者寡，以至婴离者未解，向隅者可伤。或尚隶遐陬，或未离谪籍，将以涣散幽冤之志，介延丕祉之祥。非大施旷荡之恩，何以召和平之气。且复以植福之趣，能仁所宗。特推

〔1〕《唐大诏令集·穆宗即位赦》，见〔宋〕宋敏求编：《唐大诏令集》（卷二），四库全书影印本，第426册，上海古籍出版社1987年版，第17—18页。

〔2〕《唐大诏令集·宣宗即位赦》，见〔宋〕宋敏求编：《唐大诏令集》（卷三），四库全书影印本，第426册，上海古籍出版社1987年版，第21页。

〔3〕《宋大诏令集·真宗即位赦天下制至道三年四月》，见《宋大诏令集》（卷第一），中华书局1962年版，第1页。

雨露之荣，广度苾蒭之侣。并发乎朕志，上奉乎母仪。心虔切而弗遑，泽滂沲而曷吝。夫圣职教化，天鉴诚明。允期精意之获申，所冀维祺之来顾。可大赦天下。[1]

⑤敕。中书门下，朕承先帝圣业，托于士民之上。历日弥长，顾德弗明。永惟前王之治，邈乎如不可跂。朕甚愧焉。夫和平醇壹之政行，则民休美之气应。憸刻媮薄之路启，则民戚惨之变生。盖风化之感天下，甚犹影响之相从也。……其令中书门下，务采端厚忠实可以表励风俗之士，并进于朝，以启迪于朕心。究其诡激辨巧敢涉朋比之迹者，必行放弃之罚。庶几朝廷清明，百异消弭，以起治平。咨尔攸司，其服朕命，毋废。故兹诏示，想宜知悉。[2]

⑥尤念兵戎事重，供亿甚劳，加以逋负相仍，科徵未息，在在皆然。方欲省刑薄敛，任贤使能，培养元气，扫除灾孽，以保我国家亿万年之祚。所有宽恤事宜条例于后。一、正德五年四月二十六日昧爽以前，官吏军民人等有犯，除子孙谋杀祖父母、父母，妻妾杀夫，奴婢杀主，毒药杀人，蛊毒压魅强盗人命失机，十恶至死者不宥外，其余已发觉、未发觉、已结正、未结正，罪无大小，咸赦除之。敢有以赦前事相告言者，以其罪罪之。[3]

---

〔1〕《宋大诏令集·皇太后寝疾赦天下普度僧尼制明道二年三月二十五日》，见《宋大诏令集》（卷第十四），中华书局 1962 年版，第 71 页。

〔2〕《宋大诏令集·厉百官浮兢诏嘉祐五年七月庚戌》，见《宋大诏令集》（卷第一百九十三），中华书局 1962 年版，第 711 页。

〔3〕《皇明诏制·五德五年》，见〔明〕孔贞运辑：《皇明诏制》（卷六），续修四库全书，第 458 册，上海古籍出版社 2002 年版，第 224 页。

## 四、刑罚责伐与气

刑罚责伐是对有罪或有过错的个人或群体采取的处罚措施。刑在汉语中有刑罚、割杀、典范、形成等多种含义。罚也有惩罚处分、出钱赎罪、诛伐等意义。《尚书·吕刑》有“五刑不简，正于五罚”[1]的记载，说明在刑罚处罚上，有时刑要重于罚。责是对犯罪或过失较轻者给予谴责、批评；伐指对叛逆、谋乱等罪行较重者进行征讨。从《两汉诏令》《唐律疏议》《元典章》《大明律集解附例》《皇明诏制》等法典文献记载来看，古人认为刑罚责伐与气相互影响感应，当政刑失当、狱有冤滞时，就会出现正气湛掩、氛气充塞、和气损伤、气生其灾等现象，这时君王就要减少服御珍膳、引咎自责并整顿吏治、疏理澄清狱刑以平复灾戾、感召和气。同时，在刑罚责伐时，古代也讲究消弭怨气、维护天地和气和恤刑仁政：对于生禀戾气、负逆气而扰乱朝纲、气焰奸慝、仗威势气力欺人致使冤气惨结、伤天地之和气的凶顽之人及犯与气有关的罪行之人都以相应的刑罚予以严惩，以安生灵、正万邦、清政刑；在审问监禁犯人时，念及含气之伦会受秽气致疫、血气有损之罪痛而实行恤刑措施。

（1）以咎责、减服等政应对正气湛掩、氛气、赤黄之气等对政刑失当的谴责警示。氛气充塞、六气戾和、正气湛掩、暖气不效等现象的出现，都是因为君王臣下有过失或政刑未得其中而感召的谴责警示，这时国君往往引咎自责，减少服御珍膳，延进贤良，指陈朝政得失，以消复灾愆，感格和气。

①今阴阳错缪，氛气充塞。群生寡遂，黎民未济。廉耻贸乱，贤不肖浑殽，未得其真。故详延特起之士，意庶

〔1〕《尚书正义·吕刑》，见〔汉〕孔安国传，〔唐〕孔颖达等正义：《尚书正义》，上海古籍出版社 1990 年版，第 297 页。

防乎。今子大夫待诏百有余人，或道世务而未济，稽诸上古而不同。考之于今，而难行。毋乃牵于文，系而不得骋与？将所谣异术、所闻殊方与各悉对着于篇。毋讳有司，明其指略，切磋究之，以称朕意。[1]

②朕战战栗栗，夙夜思过失，不敢荒宁。惟阴阳不调，未烛其咎，娄敕公卿，日望有效至今。有司执政，未得其中。施与禁切，未合民心。暴猛之俗弥长，和睦之道日衰。百姓愁苦，靡所错躬，是以氛邪岁增，侵犯太阳，正气湛掩。日久夺光，乃壬戌日有蚀之。天见大异，以戒朕躬，朕甚悼焉。其令内郡国举茂材异等贤良直言之士各一人。[2]

③朕承先帝圣绪，涉道未深，不明事情，是以阴阳错缪，日月无光，赤黄之气，充塞天下。咎在朕躬，今大将军乃引过自予，欲上尚书事，归大将军印绶，罢大司马官，是明朕之不德也。朕委将军以事，诚欲庶几有成，显先祖之功德。将军其专心固意，辅朕之不逮，毋有所疑。[3]

④自夏以来，阴雨过节，暖气不效，将有厥咎。寤寐忧惶，未知所由。昔夏后恶衣服，菲饮食，孔子曰："吾无间然。"今新遭大忧，且岁节未和，彻膳损服，庶有补焉。其减太官、导官、尚方、内署诸服御珍膳靡丽难成之物。[4]

---

〔1〕《两汉诏令·诏策贤良元光元年五月》，见〔宋〕林虙编：《两汉诏令》（卷六），四库全书影印本，第426册，上海古籍出版社1987年版，第996页。

〔2〕《两汉诏令·日食举茂材贤良诏三月》，见〔宋〕林虙编：《两汉诏令》（卷九），四库全书影印本，第426册，上海古籍出版社1987年版，第1031页。

〔3〕《两汉诏令·报王凤诏建始元年》，见〔宋〕林虙编：《两汉诏令》（卷十），四库全书影印本，第426册，上海古籍出版社1987年版，第1037页。

〔4〕《两汉诏令·减服御诏延平元年六月》，见〔宋〕楼昉编：《两汉诏令》（卷十七），四库全书影印本，第426册，上海古籍出版社1987年版，第1097页。

⑤翰林学士朝奉大夫知制诰兼侍读顾临奏奉诏。以今月九日，集官太庙，请大行太皇太后谥，曰宣仁圣烈皇后。俾臣考谥撰议，以备玉册易名之大典。臣稽首再拜，谨昧死上议。……听受之际，一以民为度。民之所欲者行，民之所否者已，无所为而不与民同者。故天下之民，不能离而议也。间或六气戾和，三辰异轨，则辍食忘寝，反覆究省，询过于朝，引咎于己，侧身咨嗟，感动中外。二帝三王之所以治天下不过乎是。〔1〕

⑥门下，朕以寡昧，获承宗庙。夙夜祗畏，不遑康宁。冀或仰当天心，感格和气，以敷锡于庶民。而太史占言，谪见乾象。及孟秋癸未，彗出西方。谴告之来，厥有攸召。夫岂朕德弗类，刑政或谬于理欤。吏之不良，而民或失职欤。永惟厥咎，朕甚惧焉。自今月戊子避正殿，减常膳。中外臣僚，并许直言朝政阙失。朕虚心以改，庶几古我格王正厥事之意焉。〔2〕

（2）政治刑狱不当使和气伤累、天生其灾，以整顿吏治予以救复。政虐而苛、刑滞而冤，使和气伤累、善气失效、天生其灾、和气难至，就要检察百官，让百官按时视事、纠揭过失、各负其责，不得虚情弹奏、法外用刑等，并对违法官员予以严惩，通过整顿吏治的方式，来感召和气、救复灾忿。

①朕钦膺骏命，寅绍庆基。率遵简易之风，勉荷承平之业。洪惟先圣，丕显大猷。属四方无事之辰，有只日视

〔1〕《宋大诏令集·宣仁圣烈谥议元祐八年十一月乙酉》，见《宋大诏令集》（卷第十二），中华书局 1962 年版，第 56 页。

〔2〕《宋大诏令集·彗星避殿减膳许中外直言朝政阙失诏》，见《宋大诏令集》（卷第一百五十四），中华书局 1962 年版，第 574 页。

朝之制。逮于冲质，获禀成规。讫臻大宁，垂兹一纪。惧德弗类，聿怀永图。念守文之固难，思置器之尤重。幅员至广，庶务实繁。傥或壅于下情，安能召于和气。当忧劳而靡暇，在旰昊而岂遑。用诏近司，载颁定式。十一月一日已后，每日于前殿视事。其余休务并假日，并依旧例。万几，躬勤于听览。股肱三事，同罄于谟明。惟文武之具僚，洎中外之庶职。励乃首公之节，副予求理之心。故兹诏示，想宜知悉。[1]

②政平召祥，化缺生沴。推精荡祲，其犹影响。故王者遭异而思德，省己以及人。交修治纲，仰答灵谴。朕虽寡昧，敢忘斯举。比者善气弗效，阴眚屡臻。坤体震于冬藏，雷音发于春孟。边关民舍，被害尤苦。是用临朝嗟惕，驰使抚绥。推咎以咨谠言，协恭而成台宰。冀复愆缪，庸克振除。尚虑幅员之遐，不无官守之众。或吏贪而弛，或政虐而苛。或狴牢有淹系之冤，或赋徭有调敛之急。或受赇鬻直，使下情壅于上闻。或隐灾逃负，使浓恩隔于周浃。或世偿逋折，巧避赦原。或岁婴呼扰，猥妨农作。一物失所，大和用亏。朕念斯责者，外则有提转按巡之司，次则有藩条守长之任。率荷忱寄，当体至怀。苟前弊之尚存，宜悉心而思革。庶迎美应，用洽重熙。凡厥具僚，无忽于职。宜令三司及诸路转运使副提点刑狱。案察所部官吏以闻。[2]

③朕闻自古为治，靡不以苛察为戒。而近岁风俗，争

[1]《宋大诏令集·每日前殿视事诏明道二年十月二十日壬子》，见《宋大诏令集》（卷第一百四十四），中华书局 1962 年版，第 526 页。

[2]《宋大诏令集·令提转察官吏诏》，见《宋大诏令集》（卷第一百五十二），中华书局 1962 年版，第 568 页。

事倾危。狱讯滋多，上下睽急。伤累和气，朕甚悼焉。自今台谏官，非朝廷得失。民间利病，更不许风闻弹奏。违者坐之。[1]

④御史府风宪之地，政治尤先。棘木平反，所以明慎庶狱。绣衣直指，所以振肃外庭。近年以来，旧制惰紊。会朝之礼，例失于恪恭。执法之臣，但务于循默。宜申明于诏旨，用恪举于官常。勉遵三听之文，载肃九宾之序。使表著以定，而囹圄不冤。克彰恺悌之风，用召和平之气。宜令御史台应行故事，并条奏以闻。狱无大小，自中丞已下，皆亲临鞫问，不得专责所司。[2]

⑤万方之广，百姓为心。期狱讼之无冤，庶刑罚之必中。尝颁明诏，深戒有司。冀尽公平，以副钦恤。然具狱之来上，犹非理而居多。且狴牢之中，已屈吏议。捶楚之下，何难自诬。倘五听之或乖，则三章之有滥。无辜致罪，和气用伤。言之恻然，有足哀悯。眷庶邦之授任，皆共治以分忧。所宜振举教条，纠察僚吏。凡于听讼，无失原情。合械系者，自有常科。至拷讯者，勿复乖当。如或公然逾矩，法外用刑，致枉横之有闻，在殿黜而无舍。布告有位，知予意焉。[3]

⑥国家明慎庶狱，抚养群黎。囹圄之间，必须阅实。捶楚之下，尤贵得情。陇州官吏孙济等诛陷未辜，阻伤和

---

〔1〕《宋大诏令集·诫饬倾危诏皇祐元年正月辛酉》，见《宋大诏令集》（卷第一百九十三），中华书局 1962 年版，第 709 页。

〔2〕《宋大诏令集·令御史台应行故事并条奏狱无大小中丞已下亲鞫不得专责有司诏淳化四年六月戊午》，见《宋大诏令集》（卷第二百一），中华书局 1962 年版，第 744 页。

〔3〕《宋大诏令集·诫约治狱法外用刑诏大中祥符二年四月壬寅》，见《宋大诏令集》（卷第二百一），中华书局 1962 年版，第 746 页。

> 气。且人命至重，朝宪具存。倘援宽大之恩，曷谢沉冤之痛。并从严谴，式戒慢官。应天下亲民掌狱之官，自今各务究狱讼而审行之。苟致冤滥，必罚无赦。[1]

> ⑦清宁宫灾修省。弘治十一年十月二十五。朕惟天道人事相为之机，捷于影响，甚可畏也。迩者上天示戒，灾异频仍。乃弘治十一年十月十二日清宁宫灾，中夜达旦，朕心惊惧，寝食靡宁，虑有愆违，上干和气，修省数日，莫究所由。兹特齐心竭诚，遣官祭告天地、太庙、社稷、山川。尔文武群臣有官守言责，皆与朕共天职者，宜各省躬思咎、去垢涤污、殚心效力，毋得因循怠玩、若罔闻知。凡百司弊政、奸贪显迹及一应军民利病，皆直切指陈，无有所隐，以助朕励精之治，答上天仁爱之心，绵国家亿万载隆长之祚。钦哉故谕。[2]

（3）刑狱不当使和气损伤、气生其灾，通过澄清狱刑予以平复。刑罚不中，狱多淹滞枉滥，使和气损伤、气生其灾，就要委派官员及时疏决刑狱，并依法鞫狱，有罪必惩。通过澄清狱刑的方式，来平复灾害，安治国家。

> ①赦，书曰：元后作人父母。又曰：一夫不获，则曰时予之辜。政或不平，讼或不理，则人受其弊，气生其灾。……而河南淮南又甚诸道，得非蒐乘补卒之数，急赋横税之烦，致使忧骇匪宁，流庸不复？……虽节制廉察，务令调理。而贪官暴法，未绝奸原。诛求无厌，鳏寡重困。

[1]《宋大诏令集·诫狱吏诏天圣九年四月戊寅》，见《宋大诏令集》（卷第二百二），中华书局1962年版，第750页。

[2]〔明〕孔贞运辑：《皇明诏制》（卷一七），续修四库全书，第457册，上海古籍出版社2002年版，第383页。

永叹遐想，过实在予。……宜委某官与节度观察，切加疏理，勿令冤滥，以副忧劳。[1]

②著作佐郎龚士元，治其侄小熹之罪。狱既具，将加刑，朕疑其奸，因令有司再穷问，果得士元奸状。朕方抚育黎元，钦恤刑宪。岂容照临之内，尚有冤枉之人，黩乱政经，损伤和气。望其按治，岂可得乎？应两京及诸道州府，凡有鞫狱，宜令尽心，无致枉挠。[2]

③庶务之中，惟刑是恤。苟狱讼有所枉抑，则和气为之损伤。宜遣右补阙韩援等分往西川岭南江浙等道按问刑狱。小事即决之，大事趣令速了。事有可了，而官吏故违稽缓者，鞫其状以闻。[3]

④朕钦承先训，嗣守鸿图。视民如伤，惟刑是恤。言念庶狱，尚多系囚。或冤枉而莫伸，或滞淹而未决。感伤和气，莫甚于斯。凡尔庶僚，各宜匪懈。应在京见禁罪人，朕已躬亲疏决。其四京及诸路系囚，敕到日，仰长吏画时断决。如有冤滥，即与伸理。限三日内毕具闻奏。追证未圆候对款者，亦速为结绝。老幼疾患不任科责者，流徒罪准律收赎。杖已下释之。[4]

⑤朕道未方古，德罔洽人。致使庶狱尚繁，五刑未措。

---

〔1〕《唐大诏令集·刘晏宣慰河南淮南制》，见〔宋〕宋敏求编：《唐大诏令集》（卷一百十六），四库全书影印本，第426册，上海古籍出版社1987年版，第813页。

〔2〕《宋大诏令集·龚士元狱事讫诫约诸道尽心鞫狱诏太平兴国九年二月甲午》，见《宋大诏令集》（卷第二百），中华书局1962年版，第740页。

〔3〕《宋大诏令集·遣使西川岭南江浙等道按问刑狱诏雍熙四年正月己卯》，见《宋大诏令集》（卷第二百），中华书局1962年版，第742页。

〔4〕《宋大诏令集·外路系囚画时断决诏咸平元年二月乙未》，见《宋大诏令集》（卷第二百一），中华书局1962年版，第744页。

兴言及此，良用愧焉。载念黎人，陷于刑辟。或槚楚之下，痛急自诬。或狴牢之中，苦极难诉。感伤和气，职此之由。是用分命使车，遍诸方郡。申此纳隍之意，成予空圄之心。宜遣常参官驰往诸路，疏决刑狱。[1]

⑥如今星芒天旱、百姓缺食的其间，似这般有罪过的歹人每放了呵，被害的人每冤气无处伸告，伤着和气。今后做罪过的歹人每依体例交问了，要罪过不疏放呵，歹人每怕惧也者！[2]

⑦两京法司及在外问刑衙门，近年以来，军民词讼不行，即时问理，又听犯人展转攀扯，以致淹禁日久，因而瘦死者往往有之，冤抑不伸，致伤和气，今后务要上紧问始，毋致枉滥。[3]

（4）责罚气禀凶戾、逆气伤和之人。对于一些气本凶狂、生禀戾气，或负逆气而扰乱朝纲、聚众叛乱及气焰奸慝、依仗威势气力欺人致使冤气惨结、伤天地之和气的凶顽之人，处之以削夺官爵、诛伐、赐死、究治、杖责等刑伐责罚。

①门下，王者之御天下也，推至诚以格物，委大信以任人。故能邦家用宁，上下交感。所以诏禄爵而不吝，待臣下而无疑。岂谓变起股肱，患生毗倚，鉴昧兴叹，难弭于怀。且负德背恩，干纪悖戾，而古今未有能济者，盖人神之

〔1〕《宋大诏令集·遣官诸路疏决诏（咸平元年四月丙申）》，见《宋大诏令集》（卷第二百一），中华书局1962年版，第744页。

〔2〕《元典章·刑部》，见《元典章》，海王邨古籍丛刊本，中国书店1990年版，第570页。

〔3〕《皇明诏制·嘉靖二年》，见〔明〕孔贞运辑：《皇明诏制》（卷七），续修四库全书，第458册，上海古籍出版社2002年版，第261页。

所不容。逆贼郑注，气本凶狂，志怀奸逆。害时蠹政，卜射张皇。行诈而缘术多端，黩货而溪壑难满。情惟点白，口可铄金。罔冒包藏，为恶滋甚。……弃生成之恩义，乱君臣之纪纲。妄兴妖言，前古未有。罪同枭竟，法在必诛。况诏旨既追，已离城邑。险谋且败，中途遽回。又迤逦使人，迎接逆贼李宪。稽之国宪，岂逭常刑。其郑注在身所有官爵并宜削夺。将士如有能奋扬义勇、执戮渠魁者，先是五品以下官者，便授三品正员官。[1]

②门下，定天下者，致风俗于大同；安生人者，齐法度于画一。虽晋之栾赵，家有旧勋；汉之黥彭，身为佐命。至于干乱纪律，罔不枭夷；禁暴除残，古今大义。……刘从谏生禀戾气，幼习乱风。因跋扈之资，以专封壤。恃纪纲之力，以袭兵符。……其赐官及所授官爵并刘祯在身官爵并宜削夺。……如能擒送刘祯者，别授土地以报庸。……如能感喻刘祯，束身归朝，必当待之如初，特与洗雪。……罪止元恶，务安生灵。于戏！藩维大臣，抗疏于外；髦隽旧老，昌言于朝。戒朕以祖宗之法，不可私一族。刑赏之柄，所以正万邦。宜用甲兵，陈于原野。朕以恩不听，群臣以义固争。询日命谋，谅非获已。布告中外，明体朕怀。[2]

③敕，恃众专杀，谓之乱常。合族并命，谓之不道。按以春秋，宜加重责。况自悖人理，实生厉阶。合从弃市之论，尚就议亲之减。李怙幸以宗属，列于藩任。政之不

---

〔1〕《唐大诏令集·讨凤翔郑注德音》，见〔宋〕宋敏求编：《唐大诏令集》（卷一百二十），四库全书影印本，第426册，上海古籍出版社1987年版，第861页。

〔2〕《唐大诏令集·讨潞州刘祯制》，见〔宋〕宋敏求编：《唐大诏令集》（卷一百二十），四库全书影印本，第426册，上海古籍出版社1987年版，第862页。

修，乱是用长。轻侮法令动摇军州……朕思以道德，在宥天下。使一代之人，登于仁寿之域。风化犹薄，正教不明。致令长吏专此威暴，无罪无辜，横分身首，冤气惨结，有伤元和。惕然增怀，深自咎责。期于止杀，不可措刑。宽其斧锧之诛，降从盘水之礼，宜赐自尽。虽不掩义，道在无私，而礼有缘情，实亦多愧王者之法，敢忘至公？凡百卿士，宜悉朕意。[1]

④敕，理髋髀者，不可以婴芒刃。图草蔓者，必在乎绝本根。故代甲兵以正其刑，钟鼓以声其罪。爰用重典，以清乱邦。逆贼郭谊等，狐鼠之妖依兵穴而自固，牛羊之力得水草而逾凶。久从叛臣，皆负逆气。……郭谊、王协开邢沼归，疑惧义旅。复巢卖孽，童以图全。据坚城而请命，挎甲以祈于抚纳，要君以盖其前愆。天地神祇，所难容舍。昔伍被诣吏，不免就诛。延岑出降，终亦夷族。致之大辟，无用愧怀。郭谊、王协、刘公直、安全庆、李道德、李佐尧、刘武德、宗可武并宜处斩，其余支党，并宜别敕处分。[2]

⑤宗愈自领言职，未尝存心裨补朝廷治道。凡进对论事，必潜伏奸意。舍其事情，旁为邪说。以私托公，专在破坏正理。中伤善良，所为如此。而置之左右前后，岂非自蔽聪明。气焰奸慝，遂夺职通判真州。[3]

〔1〕《唐大诏令集·李怙自尽制》，见〔宋〕宋敏求编：《唐大诏令集》（卷一百二十六），四库全书影印本，第426册，上海古籍出版社1987年版，第925页。

〔2〕《唐大诏令集·诛郭谊等敕》，见〔宋〕宋敏求编：《唐大诏令集》（卷一百二十七），四库全书影印本，第426册，上海古籍出版社1987年版，第931页。

〔3〕《宋人诏令集·胡宗愈夺职通判真州诏熙宁三年六月丙戌》，见《宋大诏令集》（卷第二百五），中华书局1962年版，第767页。

⑥议得：今后怯薛歹每昔宝赤每等勾当里去，晚了呵，宿处粥饭马草料，他每根底据有的与者，值风雨依体例鹰食呵，索与者。依本分与了，分外无体例使气力呵，休聚众，休厮打，那人每的名字记了，合属官司陈告，申覆上司究治。都省除外，仰遍行依上施行。[1]

⑦威力制缚人纂注：设官置吏，所以为民。故民有争论，须听断于官。若恃威势气力，将人拘制捆缚、及拿至私家，拷打之，监禁之，皆所谓强凌弱、众暴寡也。故不问有伤无伤，并杖八十。[2]

⑧戒谕晋王敕。成化十八年九月初一日。

兹者镇守太监刘忠并巡抚等官奏庆成王府奇涧抗拒父命，打死平人，奸占乐妇，饰词奏扰……王即日召拘庆成并奇涧至府，令其望阙跪伏，数庆成以下不能教子之失，不启不奏之过。……数奇涧以前项罪恶，谓他事且已，尔前次打死朱阅，今又打死卢顺。彼虽贱役，亦人命也！骋无忌之怒，歼二命之苦，兴一方之怨仇，伤天地之和气，未必不由于是。且尔父何人，尔敢置教言如不闻，发赖言以挟制，以成法论之，当加不孝之典。[3]

（5）以相应之刑处决与气有关之罪。对于观见风云气色有异而泄密、五时迎气时毁坏祀坛、二十四节气时等奏决死刑的分别处以相应刑罚。

---

〔1〕《通制条格·杂令·扰民》，见方龄贵校注：《通制条格校注》（卷第二十八），中华书局 2001 年版，第 657 页。

〔2〕《大明律集解附例》（卷第二十三），万历三十八年（1610）刻本。

〔3〕〔明〕孔贞运辑：《皇明诏制》（卷十六），续修四库全书本，第 457 册，上海古籍出版社 2002 年版，第 352 页。

①诸漏泄大事应密者，绞。大事，谓潜谋讨袭及收捕谋叛之类。

非大事应密者，徒一年半；漏泄于蕃国使者，加一等。仍以初传者为首，传至者为从。即转传大事者，杖八十；非大事，勿论。

［疏］议曰："非大事应密"，谓依令"仰观见风云气色有异，密封奏闻"之类。有漏泄者，是非大事应密，合徒一年半。国家之事，不欲蕃国闻知，若漏泄于蕃国使者，加一等，合徒二年。其大事，纵漏泄于蕃国使，亦不加至斩。漏泄之事，"以初传者为首"，首谓初漏泄者。"传至者为从"，谓传至罪人及蕃使者。其间展转相传大事者，杖八十。"非大事者，勿论"，非大事，虽应密，而转传之人并不坐。[1]

②诸大祀丘坛将行事，有守卫而毁者，流二千里；非行事日，徒一年。壝门，各减二等。

［疏］议曰："大祀丘坛"，谓祀天于圆丘，祭地于方丘，五时迎气祀五方上帝，并各有坛。此等将行祭祀，各有守卫。此时有损坏丘坛者，流二千里。"非行事日"，谓非祭祀之日而毁者，徒一年。"壝门，各减二等"，壝门，谓丘坛之外，拥土为门。毁壝门者，将行事之日，徒二年半；非行事日，杖九十。故云"各减二等"。毁中、小祀，各递减二等。[2]

③死刑二：绞。斩。赎铜一百二十斤。

［疏］议曰：古先哲王，则天垂法，辅政助化，禁暴防

---

〔1〕刘俊文点校：《唐律疏议》，法律出版社 1999 年版，第 212 页。

〔2〕刘俊文点校：《唐律疏议》，法律出版社 1999 年版，第 552 页。

奸，本欲生之，义期止杀。绞、斩之坐，刑之极也。死者魂气归于天，形魄归于地，与万化冥然，故郑注礼云："死者，澌也。消尽为澌。"春秋元命包云："黄帝斩蚩尤于涿鹿之野。"礼云："公族有死罪，罄之于甸人。"故知斩自轩辕，绞兴周代。二者法阴数也，阴主杀罚，因而则之，即古"大辟"之刑是也。[1]

④诸立春以后、秋分以前决死刑者，徒一年。其所犯虽不待时，若于断屠月及禁杀日而决者，各杖六十。待时而违者，加二等。

［疏］议曰：依狱官令："从立春至秋分，不得奏决死刑。"违者，徒一年。若犯"恶逆"以上及奴婢、部曲杀主者，不拘此令。其大祭祀及致斋、朔望、上下弦、二十四气、雨未晴、夜未明、断屠月日及假日，并不得奏决死刑。其所犯虽不待时，"若于断屠月"，谓正月、五月、九月，"及禁杀日"，谓每月十直日，月一日、八日、十四日、十五日、十八日、二十三日、二十四日、二十八日、二十九日、三十日，虽不待时，于此月日，亦不得决死刑，违而决者，各杖六十。"待时而违者"，谓秋分以前、立春以后，正月、五月、九月及十直日，不得行刑，故违时日者，加二等，合杖八十。其正月、五月、九月有闰者，令文但云正月、五月、九月断屠，即有闰者各同正月，亦不得奏决死刑。[2]

（6）悯恤刑狱，因气而施惠。悯恤刑狱为历世所重。念及含气之伦受刑时，或血气有伤，造成伤残，或秽气蒸薰，致生疾疫，或

〔1〕 刘俊文点校：《唐律疏议》，法律出版社 1999 年版，第 5 页。

〔2〕 刘俊文点校：《唐律疏议》，法律出版社 1999 年版，第 613 页。

受孕怀胎，血气未全。故在执法用刑时禁绝刑讯逼供、法外用刑；羁押犯人的牢狱要及时修治，不使秽气蒸薰；对于妇女犯罪，拷问用刑要在其产后百日血气方全时进行。

①朕闻大小之情，义重前诰。哀矜勿喜，道光遐册。朕恭膺宝业，嗣临亿兆。留心听断，劬劳日积。一物乖方，纳隍轸虑。今既科格咸备，宪制久行。讯鞫之法，律条具载。深文之吏，犹乖遵奉。肆行惨虐，曾靡仁心。在含气之伦，禀柔脆之质。乃有悬枷著树，经日不脱。身被五木，连宵忍冻。动转有碍，食饮乖节。残酷之事，非复一途。楚痛切心，何求不得？念及于此，深以矜怀。又投匿名书，国有常禁。凡厥僚庶，咸应具悉。近遂有人向朝堂之侧投书于地，隐其姓名诬人之罪。朕察其所陈，皆极虚妄。此风若扇，为蠹方深。自今以后，内外法司及别敕推事，并依律文，勿更别为酷法。其匿名书并宜准律处分，庶使泣辜之事远覃于四海，恤刑之旨长垂于万年。永徽六年十一月。[1]

②（禁杀杀问事）大德四年九月江西行省扎付：据南礼州备吏目王沂呈："钦惟圣朝大推好生之仁，曲尽恤刑之意。方今用刑，已有定例。向之者绳缚罪人、磁芒刺膝、鞭背精跪、游街拷掠、遇夜问事等项非法酷刑，已蒙上司禁革。切见有司亲民之官，每于问事之际，私情暴怒，辄遣凶徒，驱于公厅之下，恣情以杀杀掴打。不思为人睹物听事，全在耳目。其杀杀击之，打及一颊，则冲损头目，以致含血满口，两颊衅肿，伤于肌肤，连月不愈。及其甚者，或打其耳际近于太阳虚怯去处，左边击，则右耳出血；右边击，左耳出血。经日昏迷。轻则救之苏省，痛楚之余，

[1]《唐大诏令集·法司及别敕推事并依律文诏》，见〔宋〕宋敏求编：《唐大诏令集》（卷八十二），四库全书影印本，第426册，上海古籍出版社1987年版，第627页。

血气闭塞，致成聋聩，终为残废；重则因而致人命，深可哀怜。如蒙一例禁止，不惟居官者，戢酷虐之风；为事者，免残疾之苦，庶失圣朝好生之意。乞备申施行。”得此。州司看详：若准吏目王沂所言，实为允当，备申乞照详。得此。移准中书省咨：照得：诸人犯罪，自有常宪。请照验依例施行。准此。〔1〕

③（牢狱分轮提点）大德九年八月，湖广行省准中书省咨：照得：各处见禁轻重罪囚数多。即目仲夏盛暑，恐牢狱不为修治，秽气蒸薰，致生疾疫，有司不加医疗，因而死伤人命，诚可哀悯。今后，委佐贰、幕官，分轮提点牢禁，及令推官督责狱卒，常加洒扫，每三日一次，诣狱点视汤药，枷杻、匣具，须要洁净，仍备凉浆。若遇冬月，依例官给絮布、暖匣、席荐等物，病者即给药饵，令医看治，毋致失所。都省咨请依上施行。〔2〕

④妇人犯罪：纂注：妇人以失节为耻，故犯罪听令其夫及亲属保管，不许一概监禁。惟死罪不得不禁。犯奸者亦失身之人，故亦禁之。妇人产后一百日血气方全，故凡孕妇，罪必待产后百日拷决。虽死罪，亦听稳婆入视，亦待产后百日乃刑，盖恐伤其胎与躯也。〔3〕

## 五、封禅祭祀与气

“国之大事，在祀与戎。”〔4〕封禅祭祀是古代重要的典礼仪则，在

〔1〕《元典章·刑部》，见《元典章》，海王邨古籍丛刊，中国书店 1990 年版，第 578 页。
〔2〕《元典章·刑部》，见《元典章》，海王邨古籍丛刊，中国书店 1990 年版，第 589 页。
〔3〕《大明律集解附例》（卷第二十四），万历三十八年（1610）刻本。
〔4〕 杨伯峻编著：《春秋左传注》（第二册），中华书局 1990 年版，第 861 页。

国家政治活动中占有重要地位，是沟通人与天地、神灵、自然、祖先等的重要方式，也是体现政权神圣和尊卑等级的重要方式。古人认为通过祭祀，还可以导迎喜气和气、顺发生之气，实现人与天地、四时、阴阳等气的和谐调融，为国家和民众带来福祉。所以，每逢国家太平之时和春夏秋冬等重要时节，帝王都会带领百官举行祭祀天地的封禅、郊祀之礼，并对阵亡兵士等瘗埋祭祀。《两汉诏令》《唐大诏令集》《宋大诏令集》就记载了汉宣帝、唐太宗、宋英宗等皇帝为答谢天地神灵，迎祈喜气、嘉气，求天地神灵赐与福德祥瑞而专门下诏组织准备封禅、郊祀等祀典。这说明古代对封禅祭祀活动及其意义非常重视。

（1）谢神祇赐和气，使含气随性而行封禅之礼典。天下太平、礼义兴行、和气氤氲、含气物类各得其宜，既是祖先泽被所及，亦是皇天上帝神灵所赐，所以每当国家安治之时，皇帝就会举行封禅之礼来答谢天地神灵，并祈求天地神灵继续赐予福德祥瑞。

①肇有蒸庶，树之司牧。载籍所纪，风烈犹存。至于道洽品物，功成宇县。天眷彰于符瑞，人事表于隆平。莫不增封岱宗，广禅梁甫。荣镜六合，对越三神。前圣所以垂其尊名，后王所以仰其休烈，盖由此也。……朕丕膺景命，嗣修鸿基。承大乱之余，当率土之责。负衣兴惕，纳隍在虑。上凭宗社之灵，下资士庶之力。草昧伊始，援干戈以靖乱；区夏既平，弘礼乐以纬俗。尉候无警，菑畬有年。比屋咸保其欢，含气不违其性。殊方异域，尽地界而来廷；应图合牒，殚天符而表瑞。缅怀载籍，详求诸己，岂伊寡德能致此乎？固乃上玄之所叶赞也。而群公卿士，百辟庶僚，固陈人祇之意，请遵封禅之典。推而不居，至乎数四。文武之情弥切，内外之议日闻。请诚繁频，淹历年载。朕继迹百王，因心万物。上奉苍昊，义在荐功。下抚黎元，方祈

厚福，既迫兹理，敢不祇从。……可以来年二月有事泰山，所司宜与公卿并诸儒士并朝臣有学业者详定其仪，博考圣贤之旨，以允古今之中。务尽诚敬，称朕意焉。贞观十五年四月。〔1〕

②自古受命而王者，尝不封泰山禅梁父。答厚德，告成功。三代之前，率由斯义。……今五材无眚，百谷有年。刑罚不用，礼义兴行。和气氤氲，淳风泊淡。蛮夷戎狄、殊方异类重译而至者，日月于阙庭；奇兽神禽、甘露佳醴穷祥极瑞者，朝夕于林籞。王公卿士，罄乃诚于中；鸿生硕儒，献其书于外。莫不以神祇合契，亿兆同心。斯皆列祖圣考垂裕余庆，故朕得荷皇天之景祐、祖庙之介福。敢以渺身而颛其让？是以敬承群议，弘此大猷，以光我高祖之丕图，以绍我太宗之鸿业。永言陟配，祇感载深。可以开元十三年十一月十日式遵故实，有事泰山。……开元十二年十二月。〔2〕

（2）谢神祇使四气咸理，和平之气遍布而行郊祀之礼赦。天下太平、年丰岁稔、四气咸理、气无灾厉，既是祖先泽被所及，亦是皇天上帝神灵所赐，所以每当国家安治之时，皇帝就会举行郊祀之礼并赦宥罪犯来答谢天地神灵，并祈求天地神灵继续赐予福德祥瑞。

①敕，时和年丰，神所福也。精意备物，祭之义也。朕每为苍生，常祈稔岁。征诚有感，丕应乃彰。今宗社降灵，神祇效祉。三时不害，百谷用成。遂使京坻，遍于天

〔1〕《唐大诏令集·贞观十五年封泰山诏》，见〔宋〕宋敏求编：《唐大诏令集》（卷六十六），四库全书影印本，第426册，上海古籍出版社1987年版，第490—491页。

〔2〕《唐大诏令集·封泰山诏》，见〔宋〕宋敏求编：《唐大诏令集》（卷六十六），四库全书影印本，第426册，上海古籍出版社1987年版，第494—495页。

下。和平之气，既无远而不通。禋祀之典，亦有祈而必报。宜令兵部尚书兼中书令晋国公李林甫、工部尚书同中书门下三品幽国公牛仙客即分祭郊庙社稷，尚书左丞相裴耀卿祭中岳，礼部尚书杜暹祭东岳，御史大夫李适之祭西岳，太子宾客王丘祭北岳，国子祭酒张说祭南岳。其四犊四海四镇及诸名山灵迹等，各委所由州长官祭。仍令所司即择日奏闻。务于蠲洁之礼，以致精明之德。冀申诚恳，如朕预焉。道释二门，玄通众妙。济时育物，皆有明征。是所依凭，岂忘尊奉。其天下寺观，并令量修功德，用齐三圣之教，以叶百灵之心。宜嗣虚怀，各陈至敬者也。开元二十五年十月。[1]

②朕闻王者大业，孝莫盛于配天；国之大事，礼莫重于享帝。故二仪合祭，知天子育物之仁；万国骏奔，观圣人严父之道。教之所设，礼极于斯。……朕以微渺，缵奉昌图。畏此鸿业，若临深谷。而大事所属，仙寝继营。凶德相挺，两隅皆阻。淮湖奥壤，水旱愆期。惄然疚怀，惧不克济。既而上天降祐，烈祖垂休。妖氛尽弭，逆节咸伏。精神有以相荡，善恶有以相资。五岳感诚而效灵，四气应序而咸理。物皆滋茂，岁亦丰登。百姓之心，欢然相与。是用斋精三日，凝谒上玄，明发不寐。祗见烈祖。周旋在位，陟降是虔。克配之礼既展，如在之诚增慕。嘉此福祐，与物惟新。[2]

③门下，朕闻大事在祀，礼极乎郊丘。大道日生，道存乎赦宥。故至诚斯感，允接神明之休；盛典聿修，必敷

[1]《唐大诏令集·命宰臣等分祭郊庙社稷制》，见〔宋〕宋敏求编：《唐大诏令集》（卷六十七），四库全书影印本，第426册，上海古籍出版社1987年版，第503—504页。

[2]《唐大诏令集·元和二年南郊赦》，见〔宋〕宋敏求编：《唐大诏令集》（卷七十），四库全书影印本，第426册，上海古籍出版社1987年版，第524页。

雷雨之施。……朕以渺身，恭荷丕构。常恐政理乖中，风雨愆期。惕厉周于万户，疚怀切于一物。幸乾坤交泰，宗社降灵。气无疵厉之灾，物遂生成之性。呼韩慕化，侍子来庭。月支请职，名王入贡。大荒同轨，瀛海无波。俯循凉德，载怀寅畏。故以岁首，肃事禋宗。爰撰令辰，亲祀方泽。采黄图之旧制，定黑畤之前基。心谋取则于礼经，宥密同规于诗颂。三祖登配，群望毕从。……宜因大典，式畅洪恩。可大赦天下。[1]

（3）行郊祀之礼赦以迎嘉气、喜气、顺发生之气等。祭祀天地山川上帝神灵，统和神人是古今通礼，所以古代君王常常在岁首举行郊祭等礼并大赦天下，以此导迎喜气、顺发生之气、荐四时和气，并为百姓祈求嘉气。

①盖闻天子尊事天地，修祀山川，古今通礼也。间者上帝之祠，阙而不亲，十有余年。朕甚惧焉。朕亲饬躬斋戒，亲奉祀，为百姓蒙嘉气，获丰年焉。[2]

②门下，古之令王，肇建皇极，莫不严禋郊庙，统和神人。将以承上天之眷命，告下土之率服。恪有令典，留为后法。……朕以寡昧，入奉丕构。……粤以献岁吉辰，禋祀上帝。烟燎既达，牲币克修。百神受职而恭敬，六合承休而霈洽。礼成而退，庆孰大焉！思与公卿大夫、内外臣庶，道迎喜气，同我休嘉。变生人之耳目，振大化之纲纪。立号垂统，自中形外。延八表之福敬，昭万象之惟

〔1〕《唐大诏令集·太极元年北郊赦》，见〔宋〕宋敏求编：《唐大诏令集》（卷七十三），四库全书影印本，第426册，上海古籍出版社1987年版，第549页。

〔2〕《两汉诏令·亲奉祀诏元康末》，见〔宋〕林虙编：《两汉诏令》（卷八），四库全书影印本，第426册，上海古籍出版社1987年版，第1020页。

新。事天之礼既因高以荐诚，及物之思宜顺时以布泽。可大赦天下。改开成五年为会昌元年。[1]

③门下，执大象者导阴阳之和，帝率土者茂生植之化。……朕荷先帝之眷求，奉祖宗之成宪。……爰因首政，克举彝典。告受命之纂绪，展严配之盛仪。柴燎升闻，馨香殷荐。群礼昭答，百神来享。精诚既达，感庆良深。是用肆眚恤刑，改元建号。利时者不废，便人者必行。俾覃在宥之恩，以顺发生之气。与之更始，咸使惟新。可大赦天下。改会昌七年为大中元年。[2]

④天地者，生之本。先祖者，类之始。礼有报本反始，而事天地，尊先祖，于是乎致虔恭焉。国朝之制，郊以三岁。朕以冲渺之资，荷顾托之重。巍乎王公士民之上，懔乎宗庙社稷之寄。日慎一日，唯恐勿任。而三灵眷怀，亿姓褆福。天清日润，雷动风行。嘉生讫臻，□气荡定。固可以荐四时之和气，总万国之欢心。以报本乎大地，而反始乎先祖也。朕以今年十一月十六日有事于南郊。咨尔攸司，务勤厥职。诸道州府，不得以进奉为名，辄行科率。必循其故，毋或烦民。[3]

（4）宗祀之礼典讲究法气象之运行、达八方之气。合宫、衢室、重室、阳馆、明堂等作为宗祀之所和朝诸侯之地，可以礼敬五神、尊祀祖先。这些地方贵在“开乾坤之奥策，法气象之运行”，并且在

---

〔1〕《唐大诏令集·会昌元年三月南郊赦》，见〔宋〕宋敏求编：《唐大诏令集》（卷七十一），四库全书影印本，第426册，上海古籍出版社1987年版，第535页。

〔2〕《唐大诏令集·大中元年南郊赦正月十七日》，见〔宋〕宋敏求编：《唐大诏令集》（卷七十二），四库全书影印本，第426册，上海古籍出版社1987年版，第536页。

〔3〕《宋大诏令集·治平二年有事南郊诏七月壬戌》，见《宋大诏令集》（卷第一百十八），中华书局1962年版，第404页。

设置上讲究开设八个窗户以达八方之气。

①昔轩黄御历，朝万国于合宫；丹陵握符，咨四岳于衢室；有虞辑瑞，总章之号既存；大禹锡圭，重室之名攸建；殷人受命，置阳馆以辨方；周室凝图，立明堂以经野。用能范围三极，幽赞五神。展尊祖之怀，申宗祀之典。爰从汉魏，迨及周隋，经始之制虽兴，修广之规未备。朕以庸昧，虔膺厚托。受寄于缀衣之夕，荷顾于仍几之前。伏以高宗，往年已属意于阳馆。故宗辅之县预纪明堂之名，改元之期先著总章之号。朕于乾封之际，已奉表上陈，简在辰心，未遑营构。……夫明堂者，天子宗祀之所，朝诸侯之位也。开乾坤之奥策，法气象之运行。故能使灾害不生，祸乱不作。眷言是烈，岂不美欤。……今以上堂为严配之所，下室为布政之居。光敷礼训，式展诚敬。来年正月一日，可于明堂宗祀三圣，以配上帝，宜令礼官博士、内外明礼者详定仪注，务从典要，速以奏闻者。垂拱四年十二月。〔1〕

②门下，祇承于帝，膺骏命者必昭大报之诚。对越在天，竭孝思者必谨肇禋之举。乃眷度筵之制，久隳考室之文。若有大猷，称秩元祝。规天矩地，適追三代之隆。负阴抱阳，裒对一堂之上。八牖以达八方之气，四阿以施四序之和。苾苾芬芬，齐诚允格。洞洞属属，神保是修。方钜典之涓成，既繁禧之显被。其敷惠术，诞霈恩纶。内均四守之微，外浃万邦之众。可大赦天下。〔2〕

〔1〕《唐大诏令集·亲享明堂制》，见〔宋〕宋敏求编：《唐大诏令集》（卷七十三），四库全书影印本，第426册，上海古籍出版社1987年版，第551页。

〔2〕《宋大诏令集·政和七年宗祀赦天下制》，见《宋大诏令集》（卷第一百二十五），中华书局1962年版，第434页。

（5）祭祀亡灵以导和气。贤明的帝王任德而不任刑，对亡灵会加以祭祀敛瘗，以导和气、慰幽魂。

①朕闻天以阳居大夏，地以阴居玄冬。是明帝任德而不任刑也。……其自兵荒以来，杀伤之处，委所在州县以孟冬行赏。死事之日，于北郭除地，用鸡豚设祭，所贵以导和气，且慰幽魂。[1]

②朕以富庶之教，未洽于寰区。穷困之民，或殒于沟渎。念遗骸之不掩，谅和气之有伤。乃命瘗藏，表予轸恻。两京诸路，有暴露骸骨，官为敛瘗。坟墓穿穴者塞之。[2]

## 六、岁历音律与气

古人认为颁定历法、修订音律、授告岁时政令，既是奉天地阴阳时气运行规律的施政要求，亦是使气序恒顺、和气通达的现实需要，所以古代为政重视改元建历、修定音律来布和顺气、革故惟新，并按照天地、四季、阴阳、五行、寒湿等气的运行规律指导民众从事政治活动和社会生产。《两汉诏令》中记载，东汉章帝时将疠疫之气的发生归因于历法失当，从而改用四分历；《唐大诏令集》中记载，唐玄宗欲恢复音乐“殷荐上帝”“严配祖考”“顺天地之体，开山川之风”“发挥雅音，道达和气”的古义，亲自裁校厘定大唐乐；《宋大诏令》载宋徽宗在政和七、八年间农历每月初一按时气颁布政令、指导民众从事社会和生产活动。

（1）建气物分数，改元而布和顺气。建年号、授岁时政令，是

〔1〕《唐大诏令集·光启三年七月德音》，见〔宋〕宋敏求编：《唐大诏令集》（卷八十六），四库全书影印本，第426册，上海古籍出版社1987年版，第659页。

〔2〕《宋大诏令集·敛瘗遗骸诏咸平二年闰三月丁亥》，见《宋大诏令集》（卷第二百二十二），中华书局1962年版，第859页。

历代统治者的常政。帝王嗣位、年时不顺、和气郁滞之时及每年岁首，君王就会改元建号、授时颁历、大赦天下，以革故惟新、顺阳气、施惠泽、布和气。

①乃者有司言历未定，广延宣问，以考星度，未能雠也。盖闻古者黄帝，合而不死，名察发敛，定清浊，起五部，建气物分数。然则上矣。书阙乐弛，朕甚难之。依违以惟，未能修明。其以七年为元年。[1]

②叶五纪者建号以体元，授四时者布和而顺气。天心可见，人欲是从。爰立大中之道，式授维新之命。朕嗣膺下武，获主多方。顾以薄德，承兹艰运。戎师问罪，今已十年。饮至策勋，虽凶渠之授首，劳师黩武，岂人主之用心？……乃者刑政不修，惠化未洽，既尽财力，良多抵犯，静惟哀敬，实轸于怀。今将大振纲维，益明惩劝，肇举改元之典，弘敷在宥之泽，可大赦天下。改广德三年为永泰元年，自永泰元年正月一日昧爽以前，大辟罪已下，罪无轻重、已发觉、未发觉、已结正、未结正、系囚见徒、常赦所不免者，咸赦除之。[2]

③王者钦若昊天，诞受丕命，莫不叶五纪而剩运，稽三微以体元。上齐璿玑，下立人极，乃颁历于惟岁，更覃恩于率土。朕嗣守洪业，恭临宝位……驭朽而贻惧，每思弘济之道，用拯黎元之敝。月缠星昴，律中黄钟，合天正之符，承日至之永。祥云在瞩，既当伯赵之司。惠泽布和，

---

〔1〕《两汉诏令·改元诏》，见〔宋〕林虙编：《两汉诏令》（卷六），四库全书影印本，第426册，上海古籍出版社1987年版，第1007页。

〔2〕《唐大诏令集·改元永泰赦》，见〔宋〕宋敏求编：《唐大诏令集》（卷四），四库全书影印本，第426册，上海古籍出版社1987年版，第37页。

宜顺一阳之气。建元发号，革故惟新，俾及履长之节，用深行庆之典，可大赦天下。[1]

④朕钦膺骏命，临御中区。守三代之成基，为群黎之司牧。四隅底定，一纪于兹。乃至图任忠良，博询谠直。罔敢暇逸，务致隆平。自明道之建元，逮作噩之居岁。祲灾荐起，暵潦相仍。人多疠疫之伤，稼有虫螟之害。亦尝去溢美之号，损兼膳之珍。宵旰不遑，但虞于阙政。牲币靡爱，遍祷于群神。然而丰泽尚僭，和气犹郁。物价腾涌，编氓阻饥。常赋既蠲，廪粟皆振。岂恻隐之心弗至，致休若之应未臻。侧身内思，其咎安在。且夫阴阳之道难测，变则能通。天地之戒甚明，顺则成福。消救之言斯在，向应之报可期。惟上春首祚之辰，及万物向荣之始。用举授时之典，载更纪岁之名。祇若灵心，庶迎丕贶。式报惟新之令，先申诞告之文。宜改明道三年为景祐元年。咨尔庶邦，当体予意。[2]

（2）修定历律，使气序顺、和气达。历法音律是奉天地阴阳运行规律而施政的必有之义。但随着时变世异，过去的历法和音律不能符合当世节令和政治需要，以致出现疠疫之气伤民、立春日折狱断大刑迕气等现象。这时，古代君王就会修定新历、校正音律，以使气序恒顺、和气通达、升平可至。

①朕闻古先圣王，先天而天不违，后天而奉天时。……间者以来，政治不得，阴阳不和，灾异不息，疠

[1]《唐大诏令集·改元大历赦》，见〔宋〕宋敏求编：《唐大诏令集》（卷四），四库全书影印本，第426册，上海古籍出版社1987年版，第38页。

[2]《宋大诏令集·灾伤改景祐元年御札明道二年十二月丁巳》，见《宋大诏令集》（卷第二），中华书局1962年版，第7页。

疫之气，流伤于牛，农本不播。夫庶征休咎，五事之应，咸在朕躬。信有阙矣，将何以补之？《书》曰："惟先假王正厥事。"又曰："岁二月，东巡狩，至岱宗，柴，望秩于山川。遂觐东后，叶时月正日。"祖尧岱宗，同律度量，考在玑衡，以正历象，庶乎有益。《春秋保乾图》曰："三百年斗历改宪。"史官用太初邓平术，有余分一，在三百年之域，行度转差，浸以谬错。璇玑不正，文象不稽。冬至之日，日在斗二十二度，而历以为牵牛中星。先立春一日，则《四分》数之立春日也。而以折狱断大刑，于气已迕，用望平和随时之义，盖亦远矣。今改行《四分》，以遵于尧，以顺孔圣奉天之文。冀百君子越有民，同心敬授，傥获咸熙，以明予祖之遗功。[1]

②夫气象初分，乾坤之位斯定；刚柔递运，寒暑之节攸施。而晦朔相循，炎凉载革。归乎推步，方纪岁时。颛顼应期，重黎司天地之职；放勋承统，羲和掌日月之官。履端之道无睽，举正之典斯在。……朕御天抚历，君临万方。眷言兹道，将恐沦缺。钦若垂化，曷所凭焉？爰命所司，研穷详正。仰稽七曜，傍综五家。去其繁衍，裁以要密。古所未通，今则备载。阴阳之数可测，盈缩之理无愆。改元履初，占考此历，岁唯甲子，得于天正，合朔之后。应以嘉祥，五纬步连珠，二曜若合璧。虽上玄至遐，实深祇愧。而推测所详，固已精悉。气序恒顺，分余弗舛。以受农祥，升平可致。昔洛下闳造汉历云后八百岁当有圣人定之。自火德咱我，年将八百。事合当仁，朕亦何让？宜即宣布，永为昭范。可名曰麟德历，起来年行用之。麟德

〔1〕《两汉诏令·改用四分历诏二月甲寅律历志》，见〔宋〕楼昉编：《两汉诏令》（卷十五），四库全书影印本，第426册，上海古籍出版社1987年版，第1086页。

二年九月辛夘。[1]

③王者作乐，古之大猷。盖以殷荐上帝，严配祖考。况顺天地之体，开山川之风。发挥雅音，道达和气。揖让而理，不其盛欤。自战国以来，此道隳坏。但纪铿锵之节，宁探述作之深。历代因循，莫之改革。朕尝以听政之暇，缅寻前典。虽旧制之空存，而正声之多缺。将何以列彼祠祀，感于灵神。斯事体大，谅资合度。是用躬亲，有以裁校。定六律而为本，避五行之相克。哀慢遥过，去其弊也；清浊刚柔，适其中也。亦既协应，颇为成文。或得之于自然，乃不知其本然。岂上玄幽赞，俾正缺遗者哉。方于六代之作，亦各一时之义也。乃命奉常陈于祀事，用昭诚敬，且敦风俗。而王公卿士，爰及有司。频诣阙上言，请以唐乐名。斯至公事，朕安得而辞焉。然则大成大韶大濩大夏，皆以大字表其乐章。今之所请，宜曰大唐乐。开元二十九年六月。[2]

（3）为政重视并遵守时气运行规律。施政安邦讲究奉天道、钦时宪，重视“授人时，徽月令”。每年四孟月帝王要带领百官举行迎气之礼，秋后煞气方严时扬修武备，春夏阳气升发时劝课农桑，新年来临时颁告岁运历数，指导民众按照天地、四季、阴阳、五行、寒湿等气运之数来从事政治活动和社会生产。

①门下，惟天为大，事之在明。惟圣能享，承之在德。……朕敬授人时，慎徽月令。庶无否极，以获休征。自今以后，每至四孟月迎气之日，与百辟卿士举而行之。

---

〔1〕《唐大诏令集·颁行麟德历诏》，见〔宋〕宋敏求编：《唐大诏令集》（卷八十二），四库全书影印本，第426册，上海古籍出版社1987年版，第634页。

〔2〕《唐大诏令集·雅乐名大唐乐制》，见〔宋〕宋敏求编：《唐大诏令集》（卷八十一），四库全书影印本，第426册，上海古籍出版社1987年版，第622页。

建辰月应番犷骑宜三分量留一分，其余放归营农。至建巳月任依常式。诸州刺史县令及有司参军令设法劝课，令其耕种，不得失时。贫不支济户仍方圆处置，量事借贷，务令成立。岁终巡按，量其功效，便申赏罚。[1]

②安人静俗，文教为先。禁暴惩凶，武略斯重。比以丧乱日久，黎庶雕残。是用务本劝分，冀在丰赡。而人蠹未尽，冦盗尚繁。欲畅兵威，须加练习。今农收已毕，煞气方严。宜顺天时，申曜威武。可依别敕，大集诸军。朕将躬自巡抚，亲临校阅。武德九年十月。[2]

③朕以农为政本，食乃民天。必务穑以劝分，庶家给而人足。今土膏将起，阳气方升。苟播种之失时，则丰登之何有。卿任隆分土，化洽编氓。所宜趋东作之勤，副西成之望。使地无遗利，岁有余粮。勉行敦劝之方，体我忧勤之意。[3]

④凡时之运气与月之政令，朕亲御明堂举而行之。布告中外，惟尔攸司。其悉乃心，祗若成宪。检举遵守，使继志述事之政。常行而不怠，常举而不废。以称朕意。云云于戏。无疆惟休，既对自天之命。并受其福，式敷率土之仁。尚资修辅之联，更懋奋庸之志。诞绥有众，永底丕平。[4]

---

〔1〕《唐大诏令集·乾元元年建卯月南郊赦》，见〔宋〕宋敏求编：《唐大诏令集》（卷六十九），四库全书影印本，第426册，上海古籍出版社1987年版，第513页。

〔2〕《唐大诏令集·阅武诏》，见〔宋〕宋敏求编：《唐大诏令集》（卷一百七），四库全书影印本，第426册，上海古籍出版社1987年版，第742页。

〔3〕《宋大诏令集·劝农诏乾德二年正月辛巳》，见《宋大诏令集》（卷第一百八十二），中华书局1962年版，第658页。

〔4〕《宋大诏令集·受定命宝赦文政和八年正月六日》，见《宋大诏令集》（卷第一百四十九），中华书局1962年版，第553页。

⑤政和七年十月朔，皇帝御明堂平朔左个。申命牧司，颁告八年戊戌岁运历数于天下。皇帝若曰，古我先后，先天而天弗违，后天而奉天时。其岁月日时无易，民用平康。今朕临观八极，考建五常。以天地日月星辰气运之数，敷锡庶民，以待来岁之宜。惟尔万邦，率兹典常。奉若天道，钦厥时宪。保于有极，外溥四海，罔或不祗。政和八年戊戌岁运气，阳火太过，运行先天太徵少宫太商少羽少角。五气运行，各终期日。赫曦之纪，北政司天。丹天之气，经于戊分。太阳司天，左间厥阴。右间阳明，太阴在泉。左间少阳，右间少阴。岁半之前，天气太阳主之。岁半之后，地气太阴主之。水土合德，上应辰星镇星。寒化六，热化七，湿化五。木位为初气，大火为二气，相火为三气，土位为四气，金位为五气，水位为终气。是为主初之气，少阳相火居木位。二之气，阳明燥金居火位。三之气，太阳寒水居火位。四之气，厥阴风木居土位。五之气，少阳大火居金位。终之气，太阴湿土居水位。是为客气，戊火太过。赫曦之纪，戊为太阳司天之政。太阳寒水有以胜火。火既受制，其气适平。故曰上羽与正徵同。盖火之太过为太徵，不及为少徵，平为正徵。以运推之，阴气内化，阳气外荣。炎暑施化，物得以昌。其气高，其性速，其收齐，其病痓。其谷麦豆，其畜羊彘，其果杏栗。其气赤白元，其味苦辛咸，其祭肝心肺。其虫羽鳞。以气推之，天气肃，地气静。寒政大举，泽无阳焰。少阳中治，时雨乃注。还于太阴，湿化乃布，寒湿之气交。岁半以前，民感寒气，病本于心。平以辛热，佐以甘苦，以咸写之。岁半之后，民感湿气，病本于肾，治以苦热，佐以酸淡，以苦燥之，以淡泄之。一岁之间，宜食元黄□令之谷，以全其真。资化源以助天气，无使暴过而生痰。是谓至治。政

和八年戊戌岁历。布告中外，咸使闻知。[1]

(4) 冬季三月政令依气而设。孟冬、仲冬、季冬冬季三个月，天气上升，地气下降，阴气居位，五行之气属水。皇帝就按照冬季水德气运布政教民，祭祀黑帝、迎冬气于北门之外、颁裘服、受田讼、系狱囚、计盗贼、察枉滥，政令以肃静凄沧为主。

①政和七年十月朔，皇帝御明堂平朔左个，以是月天运政治布告于天下曰：孟冬之月，斗建辛亥，日在氐，昏女中，晓星中，朔日乙卯，律中应钟。戊午立冬，盛德在水。水始冰，地始冻，雉入大水为蜃。虹藏不见。其位金，其气厥阴风木。五之气终，木火交司，地气始闭，人气在心。其德凄沧，其化为肃，其政为静，其令为寒。是月也，去寒就温，无泄皮肤，使气亟夺，病在四肢。逆冬气则少阴不藏，春为痿厥。厥阴所至为风生，终为肃，为毛化，为生化，为挠动，为迎随。暖风来至，草乃生荣。民气和，养生之宜。慎无犯温。补宜以辛，写宜以酸，谷宜用麦。是月也，朔告于庙，皇帝居平朔左个。申命有司，立冬之日，祀黑帝，迎气于北门之外，祀中太一，祀北方岳镇海渎，祀健鼎。祀行，乃以后亥祀司中、司命、司民、司禄。甲子祭神州地示。卜吉荐享于宫。是月也，以新荐于寝庙。羞以兔，果以栗，蔬以山蕻。是月也，天气上腾，地气下降。天地不通，闭塞而成冬。皇帝始裘，乃以朔日颁裘服于内外群辟。大府以军士来岁春服之式，陈闳于庭。凡乐，以应钟为宫，南吕为商，林钟为角，仲吕为闰徵，姑洗为徵，太簇为羽，黄钟为闰宫。是月也，皇帝受来岁之历，

---

〔1〕《宋大诏令集·政和八年戊戌岁运》，见《宋大诏令集》（卷第一百二十六），中华书局1962年版，第435页。

颁之天下。申命有司，理桥梁修道路，拣补禁旅不足之数，禁野烧，休城池卒役，阅习楼橹器备。是月也，申命有司，农务毕乃受田讼。申诏部使者，举恤刑之典，命长吏虑囚徒，察枉滥，毋或废怠。工师校弓弩者，以是月为准。训民兵以射艺坐作进退之法。岁帛豫市于民者，州县以是月请于州。是月也，小雪至，有司归役兵于营屯。是月也，录老疾孤幼不能自存，察乞丐之非游堕者，藉其姓名，以待赈给。孟冬行春令，则冻闭不密；行夏令，则国多暴风，蛰虫复生；行秋令，则雪霜不时。惟尔万邦黎庶，用天之道，毋或有违。凡厥攸司，率尔典常。申厥政令，其或不恭，邦有常刑。〔1〕

②政和七年十一月朔，皇帝御明堂，南面以朝百辟。退授民时，布政事于天下曰：仲冬之月，月建壬子。……其气少阴火居之。是月也，水复地气合，其德凄沧，其化为肃，其政为静，其令为寒。……命有司循行系囚，督遣毋留。犴狱禁肉给火，假以襦裤。凡罪人毋令于市。诸军坐配流、若逋逃应部送遣行者，随所至，留役于州，饭之勿遣。河防工役，分缓急三等，急其先者。是月也，天应节，有罪毋决三日，日至停决大辟囚。〔2〕

③政和七年十二月朔，皇帝御明堂平朔右个，以是月天运政治布告于天下曰：季冬之月，月建癸丑，日在斗，昏奎中，晓亢中，朔日甲寅，律中大吕，盛德在水。鹊始巢，雉雊，鸡乳，征鸟厉疾，水泽腹坚。是月也，冰复结，地

〔1〕《宋大诏令集·政和七年十月月令自是月始颁》，见《宋大诏令集》（卷第一百二十六），中华书局1962年版，第435页。

〔2〕《宋大诏令集·十一月月令》，见《宋大诏令集》（卷第一百二十六），中华书局1962年版，第435页。

气合，其性凛，其德凄沧，其化清谧，其政凝肃。……是月也，命户部具天下民数之升降；礼部上岁中祥瑞；刑部会已断大辟；兵部揭诸路民兵；水部检举颁药役兵，以备疾疫；□部预颁帑藏印，以防奸伪。是月也，日穷于次，月穷于纪，星回于天，岁将更始。凡上供之谷，毋敢不入。凡粮草之数，毋敢不□。监司互巡，必遍所部。计帐勾稽，各上本曹军器增亏，与功程进退，以是月比较。若军卒逃亡，理欠多寡，以是日赏罚。乃命有司，以衣给饥流之民。诸郡长吏较县令劝农勤惰，以为优劣之等。部使者会盗贼已获未获之数，较令佐添植桑柘之实。以其最多最少者，闻于吏部，奉常长贰。[1]

（5）春季三月，政令依气而设。孟春、仲春、季春春季三个月，天气始通，地气始发，少阳之气居位，五行之气属木。皇帝就按照春季木德气运布政教民，祭祀青帝、东太一及东方岳镇海渎，劝农桑、拒田讼、禁捕杀、救民疾、谨考选，政令以舒展宣发为主。

①政和八年正月朔，皇帝御明堂青阳左个，以是月天运政治布告于天下曰：孟春之月，月建甲寅，日在虚，昏胃中，晓房中，朔日甲申，七日庚寅立春，盛德在木。其帝太皞，其神勾芒，其色苍，其音角，其数八。律中太簇，东风解冻，蛰虫始振。鱼上冰，獭祭鱼，鸿雁来，草木萌动。是月也，天气始亨，地气始发，人气在肝。天度至此，风气乃行。天地神明，号令之始。其性暄，其德敷和，其化生荣，其政舒启，其令宣发。其在人也，逆春气，则少阳不生。夏为寒变，奉长者少。是月也，主位风木，客气

〔1〕《宋大诏令集·十二月月令》，见《宋大诏令集》（卷第一百二十六），中华书局 1962 年版，第 436 页。

少阳相火。其气所至，为热府，为长，为蕃鲜，为燔燎，为光显，为彤云，为曛，为羽化，为火生。终为溽蒸，少阳中洽，时雨乃沛。是月也，地气迁，气乃大温，草乃早荣，民乃厉，温病乃作。宜调少阳之客，以咸补之，以甘写之。食元谷以全其真，避虚邪以安其正。司气以热药，食之宜用热。凡乐之声，太簇为宫，南吕为徵，姑洗为商，应钟为羽，蕤宾为角，大吕为闰宫，夷则为闰徵。是气少阳相火，与岁运同，火气太过，调宜羽，致其和。是月也，朔告于庙，皇帝大朝会于路寝，命有司以上辛祈谷于上帝，配以太宗，祀感生帝，配以宣祖。以立春祀青帝、东太一，祀东方岳镇海渎，祀和鼎，祀户。命州县出土牛示农早晚。乃以后亥享先农，辛丑祀风师。卜吉荐享于庙，朝献于宫。乃择元辰，皇帝载耒耜以玉辂，率公卿大夫躬耕帝籍，播时穜稑。是月也，荐新于寝庙，蔬以韭莳，配以卵。是月也，元日释菜于先圣，命诸生作乐。凡学，岁终校定，是月以闻，乃大比贡士而去取之。命监司牧守各举劝农御笔以督所部，察其勤惰。命宗正以宗藩庆系录来上，户部核户口登耗之实，刑部遣郎吏督系囚留狱，都水以河堤固状上于工部。凡关津几察，城门启闭，司门举其禁令。是月也，止伐木，申埋胔之命。凡法令增改，录目遍下。举宽恤手诏，以惠兆民。是月也，揭捕蝗法，起上供物之守冻者。凡八路夏籴，若四路河索，必预戒毋乏事。乃命帅臣，按诸将兵马，较其强惰肥瘠，以为殿最。诸军官骑营屯空舍归明除附，咸以其数上于本曹。给盐以利蚕者，岁帛之市于民者，豫予之直。命部使者具循行所至月日，考郡守任内催科为优劣等。农田水利役作辍，若场务岁课增亏，皆闻于所隶。孟春行夏令，则雨水不时，草木早落；行秋令则民大疫，飙风暴雨总至，藜莠蓬蒿并兴；行冬令，则水潦为败，雪霜大至，首种不入。于戏。惟天难谌，惟圣时宪，惟臣钦若，惟民从乂。咨尔有众，其克率循毋怠。[1]

②政和八年二月朔，皇帝御明堂青阳，以是月天运政治布告于天下曰：仲春之月……是月也，生气淳化，万物以荣。其性暄，其德敷和，其化生荣，其政舒启，其令宣发。……乃择元日，祀九宫贵神，祀五龙，祀马祖。命宗正选官荐，献陵寝；诸州祀古帝王逮其功臣。命有司第大比公试之，士以名闻；郡县发常平金谷，省耕；农务方兴，毋受田讼。是月也，始禁野烧，毋捕鸟兽；颁药以救民疾，浚沟洫；颁春服于内外官暨吏卒；始役壮城卒治城池；课河堤吏植榆柳。行视工役，无敢怠息。凡以条枚稿秸输河备者毕至，部送之隶。留役于州者遣之。是月也，诸路上守令课绩；省曹较监司功过；县列户口登耗之实于州；役卒以大寒归营而逃亡者，州总其数报役所。凡宣借卒代更名数，若场务立岁额，保伍造新帐，皆闻于所隶。[2]

③政和八年三月朔，皇帝御明堂青阳右个，以是月天运政治布告于天下曰：季春之月……其性暄，其德敷和，其化生荣，其政舒启，其令宣发。是月也，天气正方，地气定发，人气在脾。是月也，朔告于庙。癸巳、享先蚕。命太常视五方斋宫坛壝，荐新于寝庙，羞以含桃。寒食、停决辟囚，前五日趣断狱讼，遣官朝诸陵。清明、出新火赐近臣，临轩策士而官之，命学校谨考选之始。是月也，

〔1〕《宋大诏令集·政和八年正月月令》，见《宋大诏令集》（卷第一百二十六），中华书局1962年版，第437页。

〔2〕《宋大诏令集·政和八年二月月令》，见《宋大诏令集》（卷第一百二十六），中华书局1962年版，第438页。

弊畛讼，无妨田事；民授□田，至秋始赋；凡输河备，毋或不集；所属以沿河卒岁终逃亡数报所隶。是月也，卒戍于外者，预颁冬服，选夏衆；大阅诸军，以肄武事；卫尉会军器增损；太府具都城内外场务岁课来上；御史以察案书吏赏罚，上之都省；州以户口帐上之漕司。是月也，出马于牧，缮马庌；治陂堰，发上贡；户部考在京筦库之息。凡上供物数，若畿漕移用官舍，僦直诸军官马。胥吏功过，铸钱登耗，皆闻于本曹。[1]

（6）夏季三月，政令依气而设。孟夏、仲夏、季夏夏季三个月，天气盛，地气高，天地气交。太阳之气居位，五行之气属火。皇帝就按照夏季火德气运布政教民，祭祀赤帝、中太一及南方岳镇海渎，劝农桑、拒田讼、禁捕杀、救民疾、谨考选，政令以明曜显茂为主。

①政和八年四月朔，皇帝御明堂左个，以是月天运政治布告于天下曰：孟夏之月……盛德在火，其性暑，其德彰显，其化蕃茂，其政明曜。……是月也，小满之后，属三气之初，金水交司。其位少阳相火，其气太阳寒水。天政始布，雨寒间至……命有司以立夏祀赤帝，迎气于南郊，祀中太一，祀荧惑，祀南方岳镇海，祀沽鼎，祀灶。……是月也，天祺节，有罪毋决三日，立夏停决重囚，部使者举恤刑条制；颁时药于五门，督疾医分而治之；申伐木之禁，军马听择，官地系荫；其在枥者，刍豆半给；大农遣舟致面麦，京畿入两学租；夏田应诉灾，水田应诉税；若圭租给前后官者，皆以是月为限，诸州以秋税籍；及吏皂之愿

---

〔1〕《宋大诏令集·政和八年三月月令》，见《宋大诏令集》（卷第一百二十六），中华书局1962年版，第438页。

试刑法者，闻于所隶；保甲应造帐者，上都帐于户部；趣沿流上供物，畿甸封桩；与凡官马季帐，各以时上。[1]

②政和八年五月朔，皇帝御明堂，以是月天运政治布告于天下曰：仲夏之月……天气盛，地气高，天地气交，万物华实。……是月也，宁贶节，毋决重辟三日。命刑部郎吏御史督遣中都系囚；监司分趣所部；案在大理者毕谳，犴狱辟片□匆，以达郁气；设浆饭，五日一濯梏拲，毋以日中施刑，罪人毋令于市。是月也，申河桥之，郡贰月视塘堤，修其圮坏；遣戍卒冬服，边臣蕃官及军吏应赐袭者上其名数。是月也，舍役徒功之半；毋课伐木于山林；诸军晨阅士卒；京畿与诸路始督夏赋，峙刍粮，必以时，给纳之官毋或离次。[2]

③政和八年六月朔，皇帝御明堂右个，以是月天运政治布告于天下曰：季夏之月……其德为显，其化为茂，其政为明，其令为郁蒸，其性为暑。……是月也，天贶节，停决重辟；漕臣具户口都帐，若场务官之殿最上于户部；宪司具盗贼已获未获之数，至秋以闻；缮塘堤，以是月毕工；按增植榆柳之实，金部趣内帑金帛之入；州县镇寨会刍粮广储峙，不足则列于漕司；监司遣吏之与选者，至于刑部；百工日课，收十之八。是月也，以军器功程进退，若钱监鼓铸分数，较工匠而升降之；州县葺犴狱，视共用无或不备，按捕盗官器甲；凡被受法令之目，若捕盗兵级之数，

〔1〕《宋大诏令集·政和八年四月月令》，见《宋大诏令集》（卷第一百二十六），中华书局1962年版，第440页。

〔2〕《宋大诏令集·政和八年五月月令》，见《宋大诏令集》（卷第一百二十六），中华书局1962年版，第440页。

营屯阙舍，仓库借用，皆闻于所隶。[1]

（7）秋季三月，政令依气而设。孟秋、仲秋、季秋秋季三个月，天气急，地气明，阴气居位，五行之气属金。皇帝就按照秋季金德气运布政教民，祭祀白帝、西太一及西方岳镇海渎等，锡缗钱、计河备、督系囚、谳刑狱、犒军士，政令以劲切燥敛为主。

①政和八年七月朔，皇帝御明堂总章左个，以是月天运政治布告于天下曰：孟秋之月……盛德在金则性凉。其德清洁，其化紧敛，其政劲切，其令燥。其在人也，逆秋气，则太阴不收。……是月也，风木客气，湿土主位。其气所至，为挠动，为迎随，为风生。终为肃，为毛化。地气上腾，湿化乃布。风湿交争，风化为雨。乃长、乃化、乃成。……是月也，朔告于庙，以立秋祀白帝，祀西太一，祀西方岳镇海渎，祀顺鼎，祀门厉。……是月也，先天节，有罪毋决三日；监司牧守各举劝农御笔以督所部；法令已颁而增改者，录目遍下；锡缗钱于太学；州县上供物数，以发之月日；吏卒姓名上于本部，沿流所受，是月毕发。命有司计河备，以待来岁之用，徒役应调者亦如之；防河卒特支有差，凡刍稿市于畿甸者，漕司观稼，以年之上下闻于户部；州选官以司众事，县官给纳毋或离次；监司督系囚，始遍所部，封桩季帐，上之都省；秩田应诉灾伤，徒收半功，皆以是月为限。[2]

②政和八年八月朔，皇帝御明堂总章，以是月天运政

[1]《宋大诏令集·政和八年六月月令》，见《宋大诏令集》（卷第一百二十七），中华书局1962年版，第441页。

[2]《宋大诏令集·政和八年七月月令》，见《宋大诏令集》（卷第一百二十七），中华书局1962年版，第442页。

治布告于天下曰：仲秋之月……在气为成，其德为清，其化为敛，其政为劲，其令雾露。……是月也，土贡悉至于邸，择日燕群臣；部使者考守令善最以闻，参选而应试；若有战功而愿较武技者皆赴于本部；具狱之在法寺者毋或留谳；朝廷封桩季帐上之都省；禁军缺额请给季帐上之枢密院；畿漕具刍稿市直，若移用起发之数上之户部；秋折色具报大农，夏赋至是毕输；常平钱谷以时敛纳；颁冬服于内外官暨吏卒；诸军始晚教，大阅犒赏以作士气。〔1〕

③政和八年九月朔，皇帝御明堂总章右个，以是月天运政治布告于天下曰：季秋之月……盛德在金，此谓容平。天气以急，地气以明，其德为清，其化为敛，其政为劲，其令雾露。……是月也，命奉常视五方斋宫坛壝；九日锡群臣宴于园苑；户部总诸路常平金谷之数，以旁通图册来上；畿甸始督秋赋；宗正寺以属籍应修纂之事报宗司；太史具新历以待颁之天下；郡贰季视塘堤；骑兵甸出教习毋践禾稼。是月也，命有司理梁桥；工师始警弓弩；纲运暴粮，第宽期日；稿秸和市于民者豫给之直；畿漕输缗钱备河，无或乏事；夏峙刍粮，以是月毕；秋籴始纳，授田起赋，待夏乃敛；圭田给前后官者，以是月为限。〔2〕

## 七、巡行抚慰与气

巡行抚慰是国之常典和惯例。巡行，即出外巡察、视察；抚慰，

---

〔1〕《宋大诏令集·政和八年八月月令》，见《宋大诏令集》（卷第一百二十七），中华书局1962年版，第442页。

〔2〕《宋大诏令集·政和八年九月月令》，见《宋大诏令集》（卷第一百二十七），中华书局1962年版，第443页。

即抚恤、安慰。从《两汉诏令》《唐大诏令集》《宋大诏令集》等法典文献记载来看，古代君王的巡行抚慰活动与气概念密切相关：以仁政治国，常会抚慰存恤杀气早到的边地和血气衰微的老弱之民；当政治刑狱失当时，会出现民生怨痛、和气有伤，并招致水旱等自然灾害，而对受灾和戍边军士加以抚慰则可以感召和气、祈求安宁；君王巡幸六气所交之重地，也是奉天利人的要事。

（1）抚慰肃杀之气早到的寒地之人。仁政治国，讲究抚慰存恤寒地边地之人。匈奴处于北方寒地，冬天肃杀之气到来得早，汉代与匈奴结好，每年都要给单于赠送金帛棉絮等物，加以慰问。

> 汉与匈奴，邻敌之国。匈奴处北地寒，杀气早降。故诏吏遗单于秫蘖金帛绵絮它物岁有数。今天下大安，万民熙熙，独朕与单于为之父母。朕追念前事，薄物细故，谋臣计失，皆不足以离昆弟之欢。朕闻天不颇覆，地不偏载。朕与单于皆捐细故，俱蹈大道也。堕坏前恶，以图长久，使两国之民若一家。[1]

（2）抚慰血气衰微之人。老年人血气衰微，一旦犯罪被拘，就难以终天命，所以汉宣帝下令，八十岁以上的老年人，除了诬告杀伤人，其他罪行都不受惩罚，并且派人巡行各地，慰问鳏寡孤独之人。

> 遣太中大夫循行天下诏（四年正月）
>
> 朕惟耆老之人，发齿堕落，血气衰微，亦亡暴虐之心。今或罹文法，拘执囹圄，不终天命，朕甚怜之。自今以来，诸年八十以上，非诬告杀伤人，他皆勿坐。遣太中大夫强等十二人循行天下，存问鳏寡，览观风俗，察吏治得失，

---

〔1〕《两汉诏令·遗匈奴书后二年　西汉·文帝》，见〔宋〕林虙编：《两汉诏令》（卷四），四库全书影印本，第426册，上海古籍出版社1987年版，第989页。

举茂材异伦之士。[1]

（3）抚恤狱刑失当伤害和气而致水旱等受灾者。刑狱失当，则使民生怨痛、和气有伤，进而招致水旱等自然灾害。这时，就遣使者巡行受灾地区，减免租赋、疏理刑狱，加以抚恤。

① 数敕有司，务行宽大，而禁苛暴，讫今不改。一人有辜，举宗拘系，农民失业，怨恨者众，伤害和气，水旱为灾。关东流冗者众，青、幽、冀部尤剧，朕甚痛焉。未闻在位有恻然者，孰当助朕忧之！已遣使者循行郡国，被灾害什四以上，民赀不满三万，勿出租赋。逋贷未入，皆勿收。流民欲入关，辄籍内。所之郡国，谨遇以理，务有以全活之。思称朕意。[2]

② 去冬以来，嘉雪未普。今春将半，膏泽尚愆。农事方兴，亢阳是惧。遍走群望，精祈上元。感应未蒙，祗畏良切。得非郡国之内，狱讼滋章。狴牢之间，缧系淹久。或伤和气，或召灾氛。是用特遣使车，巡行诸道。决其留滞，务尽哀矜。宜令库部员外郎程渥等，乘驿分诣诸路，疏理系囚。杖以下并放。内有公然淹缓刑狱处，具事以闻。[3]

（4）赈恤徭役赋税过重伤害和气、气候反常而致水旱受灾之民。徭役赋税过重，会使人民愁苦哀痛，导致和气有伤、气候反常、水

〔1〕《两汉诏令·遣太中大夫循行天下诏四年正月·西汉·宣帝》，见〔宋〕林虙编：《两汉诏令》（卷八），四库全书影印本，第426册，上海古籍出版社1987年版，第1020页。

〔2〕《两汉诏令·水旱诏四年正月·西汉·成帝》，见〔宋〕林虙编：《两汉诏令》（卷十），四库全书影印本，第426册，上海古籍出版社1987年版，第1042页。

〔3〕《宋大诏令集·遣程渥等诣诸路理系囚诏咸平四年二月丙午》，见《宋大诏令集》（卷第一百五十一），中华书局1962年版，第563页。

旱灾害。这时，古代君王会委派官吏以巡行检视灾情、减免差役赋税、救济慰问受灾民户等方式加以赈济抚恤。

① 农，天下之本也。祖宗以来，务加惠养。比下宽恤之令，赐蠲复之恩。然而历年于兹，未极富盛。间因水旱，颇致流庸。深惟其故，殆州郡差役仍重，劳逸不均；喜为浮冗之名，不急之务，以夺其时而害其财也。故愁痛亡聊之声，上奸和气，深可伤悯。其令逐路运司，遍牒辖下州军。如官吏有知差役利害、可以宽减者，实封条析以闻。〔1〕

② 虫霜为害，风雨不时。政道未康，咎征斯在。朕祗奉明命，抚育黔黎。爱悯之至，实切怀抱。轻徭薄赋，务在劝农。必望民殷物阜，家给人足。而阴阳不和，气候乖舛。永言罪己，抚心多愧。河北燕赵之际、山西并潞所管及蒲虞之郊、幽延以北，或春逢亢旱，秋遇霖淫；或蟊贼虫灾，严凝早降，有致饥馑，惭惕无忘。特宜矜恤，救其疾苦。可令中书侍郎温彦博、尚书右丞魏徵、治书侍御史孙伏伽、检校中书舍人辛谞等，分往诸州驰驿检行。其苗稼不熟之处，使知损耗多少；户口乏粮之家，存问若为支济。必须仔细勘当，速以奏闻。待使人还京，量加赈济。贞观元年九月。〔2〕

（5）赈恤政刑有失而致怨气上腾、阴气作沴产生疾疫水旱灾害的受灾之民。穷兵黩武、刑罚不中、赋敛乏均、官吏贪暴等不当政治和刑罚会使民众怨气上升，从而感召阴气作沴产生疾疫水旱等灾

〔1〕《宋大诏令集·令官吏条析宽减差役利害诏治平四年六月辛未》，见《宋大诏令集》（卷第一百八十三），中华书局 1962 年版，第 662 页。

〔2〕《唐大诏令集·温彦博等检行诸州苗稼诏》，见〔宋〕宋敏求编：《唐大诏令集》（卷一百十一），四库全书影印本，第 426 册，上海古籍出版社 1987 年版，第 776 页。

害。此时，古代君王就会委派官吏通过慰勉征戍、救济困穷、平理冤狱、惩治暴吏等方式加以赈恤。

> ① 古者天子有巡守之义，以考国典，以观人风。在时多虞，或所未暇。乃命卿士，使于四方。问人疾苦，廉吏善恶。苟因所任，则如亲临。在安平之时，得资勤恤；当祸乱之际，得无省忧。朕不敏不明，肆于人上。抚御失道，诚信未孚。寇盗烦兴，阻兵拒命。哀我臣庶，陷于匪人。……又以军资滋大，公储不充。厚取于人，罔率厥典。科条虽设，诛敛无常。……以财力之有限，供求取之无涯。暴吏肆威，鞭笞督责。罄彼黔首，控告何依？怨气上腾，咎征斯应。疫厉荐至，水旱相承。罪非朕躬，谁任其责。朕自嗣位，逮及六年。连兵不解，以逾四稔。虽本非获已，义在济人。而事有重劳，敢忘咎己。皆以朕躬寡昧，居安忘危。致寇之由，实始于此。予则不德，人亦何辜。昨者改元施令，悔往布新。将使反侧获安，则干戈自弭。赋役差减，则众庶就康。还定流亡，与之休息。犹惧思虑不周，于庶务诚感未达。……俾代予言，其在良弼。宜令门下侍郎同中书门下平章事萧复充山南东西、荆南、湖南、鄂岳、江南、江西、淮南、浙西东、岭南、福建等道宣慰安抚使。呜呼，往率厥职，敬此朕命。慰勉征戍，劳徕困穷。访其所要，察其所弊。淹滞必达，冤滥必申。勿惮幽远而不被，无略细微而不恤。洎于编氓比屋，咸若朕之躬亲。[1]

> ② 朕以薄德，托于人上。励精庶政，思致雍熙。而诚不动天，政或多失。阴气作沴，暴雨荐臻。自江淮而及

〔1〕《唐大诏令集·奉天遣使宣慰诸道诏》，见〔宋〕宋敏求编：《唐大诏令集》（卷一百十六），四库全书影印本，第426册，上海古籍出版社1987年版，第816页。

荆襄，历宋亳而施河朔。其间郡邑，递有水灾。城郭多伤，公私为害。坏损田舍，次及田苗。或亲戚之漂沦，或资产之沉溺。为之父母所不忍闻，兴言疚怀，良深恻悯。夙夜祗畏，悼于厥心。是用寝不获安，食而忘味。时宜赈恤，庶洽幽明。宜令中书舍人奚陟，往江陵襄郢随鄂申光蔡等州；左庶子姚济梧，往陈许宋亳徐泗等州；秘书少监雷成，往恒冀德棣深赵等州；京兆少尹韦武，往扬楚庐寿徐润苏常湖等州。百姓因水不能自存者，悉宣慰使以赈给。死者各随物故所在，官为收敛埋瘗。其田苗所损，委宣抚使与所在长吏具奏。于戏。一夫不获，一物失所。刑罚不中，赋敛不均。皆可以失阴阳之和，致水旱之沴。其系囚及狱讼久未决者，所在长吏即与决之。务从宽简，俾无冤滞。贪官暴吏，倚法害公，特加惩肃，用明典宪。灾伤之后，切在抚绥。咨尔方镇之臣，咱予守宰。宜悉乃心力，以恤凶灾。宣布中外，咸使知之。[1]

（6）抚绥优恤屯戍兵民以召和气。边陲用兵之后，民生凋弊，人困马乏；通过议狱缓刑、停顿徭役、勤加抚绥优恤，以感召和气、祈求安宁。

① 朕以纂承鸿绪，维御庶邦。荷穹旻之顾怀，谨祖宗之猷训。遐想至治，期臻大宁。访善道以求中，岂佳兵而在念。爰以夏台干纪，陕右用师。侵苦边陲，独阻王命。烽燧犹警，室庐靡安。群帅协心，庶官营职。共图守御之要，伫成戡定之勋。屯戍之劳，载勤于士卒。馈饷之役，深轸于黎元。颇虑伤痍，宜加优恤。俾召至和之气，特霈曲成

[1]《唐大诏令集·遣使宣抚水灾州军》，见〔宋〕宋敏求编：《唐大诏令集》（卷一百十六），四库全书影印本，第426册，上海古籍出版社1987年版，第819页。

之恩。应陕西诸军州，云云于戏。议狱缓刑，式推于利泽。绥边经武，益懋于远图。用示矜存，体兹深意。[1]

② 门下，朕绍承基绪，维御幅员。丕循燕翼之谟，慎固盈成之守。内之则论求文理，外之则讲练武经。冀此蒸民，臻于至治。……江南西路荆湖南路州军，限德音到日，云云。昨以方兴兵旅，远馈军储。如闻漕司，急于集事。动多烦促之令，致伤凋瘵之民。今寇息南邮，师还北道。顿停徭役，方在抚绥。宜令逐路转运司，应有侵刻民力、妨废农务之事，不得更有施行。庶安远人，以召和气。应德音该说不尽事件，委逐州长吏以下，比类闻奏。于戏。[2]

**（7）巡幸六气所交重地。京师河洛之地，是六气所交、万方来贡之地，帝王奉天命、顺众愿而巡幸之。**

咸洛京师，建都惟旧。乃眷时迈，卜征在斯。朕承天纂历，恭己临人。鼎俎虽甘，念疲氓之不足；宫室信美，伤浮户之未安。事内攒于千虑，心外周于万方。则知帝业初启，崤函乃金汤之地；天下大定，河洛为会同之府。周公测景，是曰土中。为六气之所交，均万方之来贡。引鱼盐于淮海，通粳纻于吴越。瞻彼洛汭，长无阻饥。……朕情深救弊，身岂怀安。夷考众心，审听舆诵。上奉天以为孝，下利人以为忠。顺时而动，从众之愿。宜以今年十一月行幸东都。凡厥有司，式遵乃事。[3]

---

〔1〕《宋大诏令集·陕右宿兵德音康定二年四月乙巳》，见《宋大诏令集》（卷第二百十八），中华书局 1962 年版，第 835 页。

〔2〕《宋大诏令集·又曲赦江西湖南德音皇祐五年二月丁亥》，见《宋大诏令集》（卷第二百十八），中华书局 1962 年版，第 836 页。

〔3〕《唐大诏令集·行幸东都诏》，见〔宋〕宋敏求编：《唐大诏令集·行幸东都诏》（卷七十九），四库全书影印本，第 426 册，上海古籍出版社 1987 年版，第 603 页。

# 第三章

# 古代案例中的法与气

案例是记录司法活动中的案件而形成的法律文献，是诉讼审判活动的真实反映。中国古代因有比附断案的惯例和立德立言、泽被后人的观念，所以很重视案例的编撰和整理。从西周时期的“已成故事”——“比”到清代的“判例”，案例经过长期的发展，形成包含“详”“判”“批”等形式的判牍和“决事比”“定例”“通行”等内容的判例，及有关案件的司法勘验记载在内的广泛文献种类。案例中记载的案件，或述其缘由情节加以断判，或条其义理原则予以裁量，或指摘细节悬疑重加议复，或点明方法技巧据证勘验，既是古代法律原则和社会规范在司法实践中的呈现，亦是古代社会文化和意识形态的独特反映。其中记载的对案件的司法勘验、案情推断、定罪量刑等审判程序及息讼、刑狱梳理理念就蕴含了古代的气论哲学和文化。如讲究依气候判断尸体坏变时日、采用洗罨方法，借助与气有关的物象如气味、气貌等剖断案情，讲究“同气”之义而轻刑并信奉怨气化魂诉冤之说，及天人感应观念下民无冤气会使天地之和应，惩酷吏、除积弊、赈刑狱则可以感召和气、培养元气、消除狱气冤气的思想等，都显示出气概念对古代诉讼审判活动的深刻影响。

古代案例，明代以前存世较少，清代有大量判例判牍流传至今。杨一凡、徐立志主编的《历代判例判牍》一书，对古代各种类型的案例加以精选和整理，我们以此书所选案例为主，结合出土文献《睡虎地秦墓竹简》及宋代《洗冤集录》中的案件，梳理出其中的“法”“气”概念关系。所涉及的判例判牍，有通过朝廷确认为判例的如《刑部案例》，有官员编辑自己所审案件而成的判牍如《棘听草》，有汇编他人判牍而成的《名公书判清明集》等。

## 一、司法勘验与气

司法勘验是指对诉讼案件中与犯罪有关的场所、尸体、物品等进行检查和察验，是审断案情的基础工作和要求。中国古代即很重视案情的现场勘验。《睡虎地秦墓竹简》的《封诊式》中有许多司法勘验方法和技术的记载，说明战国时期的司法勘验已达到了相当水平。南宋宋慈所著的《洗冤集录》作为现存第一部系统论述古代司法勘验的专著，被译成英国、德国、法国、朝鲜、日本等国文字传播并受到重视，其中记载的勘验理论和技巧至今都有借鉴意义。《封诊式》和《洗冤集录》记载的司法勘验活动中，气学理念和概念占有重要地位，如：普通的病疫卒死等借助音气、气息剖判；缢死勒死溺死等案情检判时，气脉气血是检查、分析之重要方面；检尸技巧中亦蕴含气理，讲究以醋泼炭火除秽气，及应四时气候不同采用不同洗罨方法、依据气候特点判断尸体坏变时日等。

（1）病疫卒死等案借气剖判。根据眉毛脱落、鼻腔溃烂、两脚不能走、音气败坏可断定是得了麻风病；老年人，手捂致气绝而亡是没有痕迹的；卒死者因涎上壅、气不宣通，所以呈现肌肉不陷、口鼻内有涎沫、面色紫赤的现象。

①（疠）爰书：某里典甲诣里人士五（伍）丙，告曰："疑（疠），来诣。"讯丙，辞曰："以三岁时病疕，麋（眉）突，不可智（知）其可（何）病，毋（无）它坐。"令医丁诊之，丁言曰："丙毋（无）麋（眉），艮本绝，鼻腔坏。刺其鼻不疐（嚏）。肘（膝）□□□到□两足下奇（踦），溃一所。其手毋胈。令□（号），其音气败。厲（疠）殹（也）"。[1]

②又有年老人，以手捂之，而气亦绝，是无痕而死也。[2]

---

〔1〕睡虎地秦墓竹简整理小组编：《睡虎地秦墓竹简》，文物出版社1978年版，第263页。
〔2〕〔南宋〕宋慈：《洗冤集录校译》，杨奉琨校译，群众出版社1980年版，第20页。

③卒死，肌肉不陷，口鼻内有涎沫，面色紫赤。盖其人未死时，涎壅于上，气不宣通，故面色及口鼻如此。[1]

④若被人以外物压塞口鼻，出气不得后命绝死者，眼开，睛突，口鼻内流出清血水，满面血赤黑色，粪门突出，及便溺污坏衣服。[2]

（2）气为缢死勒死案情检判之要素。在检验缢死案情时，要注意观察尸体解下时其口鼻出气状况及气脉有无。检验勒死案情尸体时，要观察其喉下及项下痕迹，来判断是要害处气闷身死，还是死后气血不行时被人所系缚。

①经死　爰书：某里典甲曰："里人士五（伍）丙经死其室，不智（知）故，来告。"即令令史某往诊。令史某爰书：与牢隶臣某即甲、丙妻、女诊丙。丙死（尸）县其室东内中北廦权，南乡（向），以枲索大如大指，旋通系颈，旋终在项。索上终权，再周结索，余末袤二尺。头上去权二尺，足不傅地二寸，头北（背）傅廦，舌出齐唇吻，下遗矢弱（溺），污两却（脚）。解索，其口鼻气出渭（喟）然。索迹椒（椒）郁，不周项二寸。它度毋（无）兵刃木索迹。权大一围，袤三尺，西去堪二尺，堪上可道终索。地坚，不可智（知）人迹。索袤丈。衣络禅襦、裙各一，践□。即令甲、女载丙死（尸）诣廷。诊必先谨审视其□，当独抵死（尸）所，即视索终，终所党有通迹，乃视舌出不出，头足去终所及地各几可（何），遗矢弱（溺）不毆（也）？乃解索，视口鼻渭（喟）然不毆（也）？及视索迹郁之状。道索终所试脱头；能脱，乃□其衣，尽视其

〔1〕〔南宋〕宋慈：《洗冤集录校译》，杨奉琨校译，群众出版社1980年版，第75页。
〔2〕〔南宋〕宋慈：《洗冤集录校译》，杨奉琨校译，群众出版社1980年版，第81页。

身、头发中及篡。舌不出，口鼻不渭（喟）然，索迹不郁，索终急不能脱，□死难审殹（也）。节（即）死久，口鼻或不能渭（喟）然者。自杀者必先有故，问其同居，以合（答）其故。[1]

②凡验自缢人，先问原申人，其身死人是何色目人？见时早晚？曾与不曾解下救应？申官时早晚？如有人识认，即问：自缢人年若干？作何经纪？家内有甚人？却因何在此间自缢？若是奴仆，先问雇主讨契书辨验，仍看契书上有无亲戚，年多少？更看原吊挂踪迹去处。如曾解下救应，即问解下时有气脉无气脉？解下约多少时死？切须仔细。[2]

③绞勒喉下死者，结缔在死人项后。两手不垂下，纵垂下亦不直。项后结交，却有背倚柱等处，或把衫襟搬着，即喉下有衣衫领黑迹，是要害处气闷身死。[3]

④又有死后被人用绳索系扎手脚及项下等处，其人已死，气血不行，虽被系缚，其痕不紫赤，有白痕可验。死后系缚者，无血荫，系缚痕虽深入皮，即无青紫赤色，但只是白痕。[4]

（3）依气缘勘验争斗致死之案。对于争斗中气绝而死的案件，勘验时要分析其是否旧有气疾、宿患或先饮酒至醉的情形，并仔细寻看其要害处及致命伤痕。被他物打伤致死的，要根据毒气蓄积分寸、皮肤颜色判断死亡时间。

〔1〕 睡虎地秦墓竹简整理小组编，《睡虎地秦墓竹简》，文物出版社 1978 年版，第 267 页。
〔2〕〔南宋〕宋慈：《洗冤集录校译》，奉琨校译，群众出版社 1980 年版，第 53 页。
〔3〕〔南宋〕宋慈：《洗冤集录校译》，杨奉琨校译，群众出版社 1980 年版，第 55 页。
〔4〕〔南宋〕宋慈：《洗冤集录校译》，杨奉琨校译，群众出版社 1980 年版，第 55 页。

①凡验因争斗致死，虽二主分明，而尸上并无痕损，何以定要害致命处？此必是被伤人旧有宿患、气疾，或者未争斗以前，先曾饮酒至醉，至争斗时有所触犯，致气绝而死也。如此者，多是肾子或一个或两个缩上不见，须用温醋汤蘸衣服或绵絮之类，罨一饭久，令仵作行人以手按小腹下，其肾子自下，即其验也。然后仔细看要害致命处。[1]

②昔有二人斗殴，俄顷，一人仆地气绝，见证分明。及验出尸乃无痕损，检官甚挠。时方寒，忽思得计。遂令掘一坑，深二尺余，根据尸长短，以柴烧热得所，置尸坑内，以衣物覆之。良久，觉尸温，出尸。以酒醋泼纸贴，则致命痕伤遂出。[2]

③凡他物打着，其痕即斜长或横长；如拳手打着，即方圆；如脚足踢，比如拳（寸）〔手〕分寸较大。（凡伤痕大小定作（掌）〔拳〕足他物，当以上件物比定，方可言分寸）凡打着两日身死，分寸稍大，毒气蓄积向里，可约得一两日后身死；若是打着当下身死，则分寸深重，毒气紫黑，实时向里，可以当下身死。[3]

（4）借气缘检判杀亡之案。古人认为，杀人器物上会留有血腥气，所以利用这一特点，勘破了许多杀人案；对于自杀案，根据气喉、气系伤损情况可以判断所用器物大小和死亡时间。

①有检验被杀尸在路旁，始疑盗者杀之，及点检沿身衣物俱在，遍身镰刀砍伤十余处。检官曰：盗只欲人死取

---

〔1〕〔南宋〕宋慈：《洗冤集录校译》，杨奉琨校译，群众出版社 1980 年版，第 20 页。
〔2〕〔南宋〕宋慈：《洗冤集录校译》，杨奉琨校译，群众出版社 1980 年版，第 30 页。
〔3〕〔南宋〕宋慈：《洗冤集录校译》，杨奉琨校译，群众出版社 1980 年版，第 62 页。

财，今物在伤多，非冤仇而何？遂屏左右，呼其妻问曰："汝夫自来与甚人有冤仇最深？"应曰："夫自来与人无冤仇，只近日有某甲来做债，不得，曾有克期之言，然非冤仇深者。"检官默识其居。遂多差人，分头告示侧近居民："各家所有镰刀尽底将来，只今呈验；如有隐藏，必是杀人贼，当行根勘。"俄而，居民赍到镰刀七八十张，令布列地上。时方盛暑，内镰刀一张，蝇子飞集。检官指此镰刀问为谁者，忽有一人承当，乃是做债克期之人，就擒。讯问犹不伏，检官指刀令自看："众人镰刀无蝇子，今汝杀人，血腥气犹在，蝇子集聚，岂可隐耶？"左右环视者，失声叹服；而杀人者，叩首服罪。[1]

②若用小刀子自割，只可长一寸五分至二寸；用食刀，即长三寸至四寸以来；若用瓷器，分数不大。逐件器刃自割，并下刃一头尖小，但伤着气喉即死。[2]

③凡自割喉下，只是一出刀痕。若当下体死时，痕深一寸七分，食系、气系并断；如伤一日以下体死，深一寸五分，食系断，气系微破；如伤三、五日以后死者，深一寸三分，食系断。须头髻角子散慢。[3]

（5）借气缘勘验溺死之案。在勘验溺死案件时，根据人未死时鼻息取气，则生前落水者鼻窍中有细泥沙屑，气尚未绝落井，若井内有破瓷器划伤则带血痕，以此来判断是否为他人所害致死。

①昔有深池中溺死人，经久，事属大家因仇事发。体

〔1〕〔南宋〕宋慈：《洗冤集录校译》，杨奉琨校译，群众出版社1980年版，第22页。
〔2〕〔南宋〕宋慈：《洗冤集录校译》，杨奉琨校译，群众出版社1980年版，第64页。
〔3〕〔南宋〕宋慈：《洗冤集录校译》，杨奉琨校译，群众出版社1980年版，第64页。

究官见皮肉尽无，惟髑髅、骸骨尚在，累委官不肯验。上司督责至数人，独一官员承当。即行就地检骨，先点检见得其它并无痕迹。乃取髑髅净洗，将净（热）汤瓶细细斟汤，灌从脑门穴入，看有无细泥沙屑自鼻窍中出，以此定是与不是生前溺水身死。盖生前落水，则因鼻息取气，吸入沙土，死后则无。[1]

②投井死人如不曾与人交争，验尸时面目头额，有利刃痕，又依旧带血似生前痕，此须看井内有破瓷器之属，以致伤着。人初入井时，气尚未绝，其痕依旧带血，若验作生前刃伤，岂不利害。[2]

（6）检尸技巧中蕴含气理。检验尸体的技巧中常蕴含气学原理，如讲究以醋泼炭火除秽气、应四时气候不同采用不同洗罨方法、检验毒死尸体时自下而上罨洗使毒气黑色痕迹显现等。

①凡检尸，先令多烧苍术、皂角，方诣尸前。检毕，约三五步，令人将醋泼炭火上，行从上过，其秽气自然去矣。[3]

②初春与冬月，宜热煮醋及炒糟令热。仲春与残秋宜微热。夏秋之内，糟醋微热，以天气炎热，恐伤皮肉。秋将深，则用热，尸左右手、肋相去三、四尺，加火，以气候差凉。冬雪寒凛，尸首僵冻，糟醋虽极热，被衣重叠，拥罨亦不得尸体透软。当掘坑，长阔于尸，深三尺，取炭及木柴遍铺坑内，以火烧令通红。多以醋沃之，气勃勃然，

〔1〕〔南宋〕宋慈：《洗冤集录校译》，杨奉琨校译，群众出版社 1980 年版，第 23 页。
〔2〕〔南宋〕宋慈：《洗冤集录校译》，杨奉琨校译，群众出版社 1980 年版，第 59 页。
〔3〕〔南宋〕宋慈：《洗冤集录校译》，杨奉琨校译，群众出版社 1980 年版，第 28 页。

方连拥罨法物衬簟，舁尸置于坑内。仍用衣被覆盖，再用热醋淋遍。坑两边相去二、三尺，复以火烘。约透，去火，移尸出验。冬残春初，不必掘坑，只用火烘两边，看节候详度。[1]

③凡检验毒死尸，间有服毒已久，蕴积在内，试验不出者，须先以银或铜钗探入死人喉，讫，却用热糟醋自下罨洗，渐渐向上，须令气透，其毒气熏蒸，黑色始现。如便将热糟醋自上而下，则其毒气逼热气向下，不复可见。或就粪门上试探，则用糟醋当反是。[2]

（7）依气候判断尸体坏变时日。南北四时气候不同，故而尸体坏变时间不同。春秋冬气候平和寒冷，尸体变坏所用时间长；盛夏炎热，尸体变坏所用时间短。

①盛热：尸首经一日，即皮肉变动，作青黯色，有气息；经三、四日，皮肉渐坏、尸胀、蛆出、口鼻汁流、头发渐落。[3]

②冬三月：尸经四、五日，身体肉色黄紫，微变；经半月以后，先从面上、口、鼻、两胁、胸前变动。或按在湿地，用荐席裹（角埋瘗）〔著〕，其尸卒难变动。更详月头、月尾，按春秋节气定之。[4]

③盛寒五日，如盛热一日时；半月，如盛热三、四日时。春秋气候平和，两、三日可比夏一日；八、九日可比

〔1〕〔南宋〕宋慈：《洗冤集录校译》，杨奉琨校译，群众出版社1980年版，第36页。
〔2〕〔南宋〕宋慈：《洗冤集录校译》，杨奉琨校译，群众出版社1980年版，第73页。
〔3〕〔南宋〕宋慈：《洗冤集录校译》，杨奉琨校译，群众出版社1980年版，第35页。
〔4〕〔南宋〕宋慈：《洗冤集录校译》，杨奉琨校译，群众出版社1980年版，第35页。

夏三、四日。然人有肥瘦、老少。肥少者易坏，瘦老者难坏。又南北气候不同，山内寒暄不常，更在临时通变审察。[1]

## 二、案情推审与气

案情推审即是对诉讼案件作案过程、细节和缘由等加以审问推断，以此来断定罪犯，裁量罪刑。案情推审是诉讼处理中的一个重要环节，决定审判的直佞冤正。古代除了直接审讯的讯狱、治狱或鞫狱手段，还会通过其他方式和途径分析、推断案情，包括与气学概念相关的理念和技巧。如《折狱龟鉴》关于“武行德”“蔡高”案的记载显示出在推断案情时，会借助与气有关的气味、气貌等剖断案情；《棘听草》“臬司一件为究典真命事”案件反映了李之芳在案情审断时信奉怨气化魂诉冤之说，认为被害亡灵怨气不散，能化为游魂来诉苦鸣冤；《未能信录·自叙》中张五纬主张折狱时讲究悉心静气、“中窍得情”等。这些与气有关的审案理念和技巧，在古代有较多的应用和实证，在当代司法活动中也时有显现，足见其影响之深广。

（1）依气缘推析案情。在推审案情时，借助有关的气味、气貌等使案情得到顺利剖断。

①武行德之守洛京也，国家方设盐法，有能捉获一斤以上者，必加厚赏。时不逞之徒，往往以私盐中人者。常有村童负菜入城，途中值一尼自河东来，与之偕行。去城近，尼辄先入。既而门司搜阅，于菜篮中获盐数斤，遂系之以诣府。行德取其盐视之，裹以白绢手帕子，而龙麝之气袭人，惊曰：“吾视村童弊衣百结，蓝缕之甚者也，岂有

〔1〕〔南宋〕宋慈：《洗冤集录校译》，杨奉琨校译，群众出版社1980年版，第35页。

薰香帕子？必是奸人为之耳。”因问曰“汝离家以来，与何人同途？”村童以实对。行德闻之喜曰：“吾知之矣，此必天女寺尼与门司冀幸以求赏也。”遂问其状，命亲信捕之，即日而获，其事果连门司，而村童获免。自是官吏畏服而不敢欺，京师肃然。[1]

②蔡高调福州长溪尉，民有夫妇皆出，而盗杀其守舍子者。高亟召里民毕会，环坐而熟视之，指一人曰：“此杀人者也。”讯之果服。按民子被杀无所情执，则其夫妇必皆良善，而于同里亦无仇怨，忍杀其守舍子者，乃凶残人也。凶残之人，气貌当异，故不待问之而色动、诘之而辞屈，唯环坐而熟视之，其人已得矣。高之明察，尤可称也。[2]

③尚书李南公为河北提刑时，有班行犯罪下狱，案之不服，闭口不食者百余日，狱吏不敢拷讯。南公曰：“吾能立使之食。”引出，问曰：“吾以一物塞汝鼻，汝能终不食乎？”其人惧，即食。盖彼善服气，以物塞鼻，则气结不通，是以自服。[3]

（2）推理案件信服怨气化魂诉冤之说。断案中出现鸟鸣叫、蛇绕尸等异象时，古人认为这是被害亡灵怨气不散，化为游魂来诉苦鸣冤。

---

〔1〕〔南宋〕郑克编纂：《折狱龟鉴》，见杨一凡、徐立志主编，俞鹿年、汪世荣、闫晓君整理：《历代判例判牍》（第1册），中国社会科学出版社2005年版，第388页。

〔2〕〔南宋〕郑克编纂：《折狱龟鉴》，见杨一凡、徐立志主编，俞鹿年、汪世荣、闫晓君整理：《历代判例判牍》（第1册），中国社会科学出版社2005年版，第457页。

〔3〕〔南宋〕桂万荣编纂，〔明〕吴讷删正：《棠阴比事原编》，见杨一凡、徐立志主编，俞鹿年、汪世荣、闫晓君整理：《历代判例判牍》（第1册），中国社会科学出版社2005年版，第607页。

①审得僧晴云，淫若老猿，凶同毒蝎。幸婺妇之来寺，顿起奸心。入禅室而行强，浑忘佛戒。痛冯氏心如铁石，能励水操。恨秃妖猛甚虎狼，横加霜刀。欺孤侮寡，曹马之故习重萌。剖腹刳胎，桀纣之稔恶复炽。此而可忍，孰不可忍！是肆所为又何弗为？谁识兰体香魂，殡厕中而不染。须信忿情游魂，托禽鸟以鸣冤。切切情悲，抱惨死母子之恨，哀哀叫号，含不白二命之冤。想怨气不磨，故绕法官而诉屈。岂览辉而下，特来方丈以扬声。啼血杜鹃，怨残春且为堕泪，衔木精卫，恨苦海犹然惊心，矧兹烈妇之魂，奚官凶僧之杀。枭其首以正典刑，悬于寺用惩来者。[1]

②审得郑宗兆与虞龙凤开店于金华县二十四都，龙凤乃余姚人，浮踪无定者也。本年正月十七夜，因徽民张秀孤身投止，龙凤探其挟有重资，即于是夜谋死，分肢解体，剖为二断，异乡孤魂，惨亦极矣。彼宗兆实系主人，设使其力行喊救，龙凤即虽凶悖，秀亦未遽为刀下游魂。而况执烛观其下手，且自供分银二两凿凿乎！知情同谋，何待言说？龙凤随将断尸担荷而去，宗兆移居四族，冀泯其迹，孰知壁上血溅殷然，无能掩也？至二月初二日，寻尸出于智井，草荐包裹，有两头蛇盘绕其上。噫，异矣！此殆怨气积成冤魂变相也。望帝啼红，苌弘凝碧，有自来哉！及行确检，而石块、刀砍之伤，周身种种。宗兆以同谋得财律拟斩，以慰幽魂不枉。虞龙凤已经广捕四缉，应俟提获另结。其郑庆三等原不知情，申孝二九一系宗兆远房妻属，

〔1〕〔明〕苏茂相辑、郭万春注：《新镌官板律例临民宝镜所载审语》，见杨一凡、徐立志主编，杨一凡等整理：《历代判例判牍》（第4册），中国社会科学出版社2005年版，第258页。

无辜免拟。

覆审得郑宗兆与虞龙凤谋死张秀一案，行凶黑夜，苦无眼证之人。其先止据宗兆自供执烛，云“是龙凤动手”，其为同谋确无可疑。而二人之外，并未有余伙也。今宗兆既伏天刑，提刀持石，总难穷诘；倘死者有知，默佑擒缉，而使罪人早得，凶手速擒，则眢井惨冤，盘蛇结怨，殆可以悉伸乎！相应批着该县严缉另结。〔1〕

（3）议析介气而死之案。对于一些其他事致气愤自尽、气闭身死的案情，仔细分析案情缘由，议复不当定罪，根据情由律义重新定罪量刑。

①据湖抚审题监利民谢贵殴伤何山宗身死一案，查谢贵虽非捕役，亦无恐吓情事，将谢贵比照捕役诬窃为盗逼认因而致死律绞候。等因。具题。经臣部以例载，捕役人等奉差缉贼，其人本系良民，捏称形迹可疑，素行不轨，妄行拿获，私行拷打，吓诈财物，逼勒认盗，照诬良为盗例治罪。又例载，诬窃为盗，吓诈逼认因而致死者，照诬告致死律绞侯。各等语。细绎例意，盖指明知其人非盗，诬捏妄拿，用强威吓，诈取财物，逼勒诬认，因而致死者而言。今此案谢贵身充更夫，因陈三牛只被窃，令其找寻。谢贵因何山宗不认辄行辱骂。谢贵被骂气忿，随掌伤何山宗左腮颊，接连耳轮、耳垂、耳窍，声言送官刑讯，并未拷打逼认，亦无吓诈情事。而何山宗投水自尽，乃系气忿不甘所致。夫因事用强，殴打威逼致死，果有致命重伤，虽有自尽实迹，例内自有明条。该抚既称并无吓诈情

〔1〕〔清〕李之芳：《棘听草》，见杨一凡、徐立志主编，苏亦工等整理.《历代判例判牍》（第9册），中国社会科学出版社2005年版，第48页。

事，而又将谢贵比照捕役诬窃为盗逼认因而致死例拟绞监候，殊未允协。事关出入，不便率结。应令该抚再行详审例意，妥拟具题到日再议。等因。题驳去后，续据该抚将谢贵改依因事用强殴打威逼人致死律拟军。具题。臣部于乾隆十七年七月内议覆，奉旨依议。[1]

②颜云贤拉勒胞兄颜笃贤身死一案。查颜云贤因胞兄颜笃贤向余谢氏索诈钱文，致余谢氏忿恨服毒身死。颜笃贤畏罪情急，自愿寻死抵制，解下腰带绕颈躺地，嘱令该犯帮同拉勒，致颜笃贤立时气闭身死。该犯并非蓄谋致死，未便科以谋杀期亲尊长之罪。惟伊兄颜笃贤之死，究因该犯下手拉勒所致。将颜云贤依弟殴胞兄死者斩立决。奉旨：九卿议奏。改斩监候。[2]

（4）**悉心静气以推案。折狱时要悉心静气，设身处地地深入思考分析案情，并给予客观判断。**

丙寅夏，余自通州差竣，南旋舟中，无事聊与友人黄赤虹说狐鬼，以消长昼。乃友人乐谈时事，又复善于讨论，余因将西江审结旧案备述一二，友人为之抵掌而称快，曰："旨哉言也！豁心志，广见闻，不远胜于说狐鬼乎？片言折狱，古人有之，君何所操而能摘伏如是耶？"余曰："片言折狱者，折之以理也。后世人心幻诈，情伪百出，理之所无，恒为事之所有。惟有悉心静气为两造作或有之深思，即为一心证必无之见解。古人云：庖丁解牛，得其窍迎刃

---

〔1〕〔清〕丁人可编：《刑部驳案彙钞》，见杨一凡、徐立志主编，孔庆明、姜黎艳等整理：《历代判例判牍》（第6册），中国社会科学出版社2005年版，第176页。

〔2〕〔清〕佚名辑：《各省刑部案》，见杨一凡、徐立志主编，孔庆明、姜黎艳等整理：《历代判例判牍》（第6册），中国社会科学出版社2005年版，第757页。

而解，恢恢乎！具有余地。折狱者，不啻解牛中窍得情，何覆盆之有？”〔1〕

## 三、定罪量刑与气

定罪是对某行为犯罪与否、犯罪种类、罪行轻重等的认定和评判；量刑是对犯罪者适用刑罚种类及其执行方式等进行裁量。定罪量刑在古代也称折狱或谳狱，是对整个案件案情的最终裁判和处置，裁判结果不仅会对犯罪者本人及其亲属产生影响，有时也会影响社会舆论和国家安定，是古今皆慎重对待的法律活动。宋代就为防止司法舞弊、维护审判公正而施行鞫谳分司的审、判分理制度。从《折狱龟鉴》《新镌官板律例临民宝镜》《重刻释音参审批驳四语活套》《刑事判例》《各省刑部案》等案例文献来看，古代在定罪量刑时，除了依据法律规定外，还会依据人情、国势和常理等予以裁定，使与之相关的同气、元气、气血等气学概念在其中得到运用。如讲究“议亲”的“同气”之义而轻刑敦伦，对于斫丧国家元气、变乱朝廷纪纲的官员以极刑处之，对于血气未定的犯人和气愤轻生案例在裁量时要缘情依例定罪等。

（1）议刑时讲究同气之义。亲属之间犯罪议刑时，讲究同气之义而存天理敦人伦。民众与官吏皆天地同气，故而对于胁迫民众的乡司惩之以法。

①按宋文帝时剡县人黄初妻赵打息载妻王死，后遇赦。王有父母及息男称，依法徙赵二千里。司徒左长史傅隆议曰：“父子至亲，分形同气。称之于载，即载之于赵。虽云三代，合之一体。称虽创巨痛深，固无仇祖之义。故古人

〔1〕〔清〕张五纬：《未能信录·自叙》，见杨一凡、徐立志主编，苏亦工等整理：《历代判例判牍》（第9册），中国社会科学出版社2005年版，第502页。

不以父命辞王父命。若云称可杀赵，当何以处载？父子祖孙互相残戮，惧非先王明罚、皋陶立法之本旨也。旧令云：'杀人父母，徙二千里外。'不施父子祖孙。赵当避王期功千里外耳。然令云：'凡流徒者，同籍近亲欲相随听之。'赵既流移，载为人子，何得不从？载行而称不行，岂名教所许？赵虽内愧终身，称亦沉痛没齿。祖孙之义，永不得绝，事理固然。"夫防年得绝其继母，以父故也；称不得绝其祖母，亦以父故也。冤痛之情，或伸或屈，天理存焉，法乃因而制之也。[1]

②当职昨到安仁，有贵溪百姓诉乡司邵远卖弄产税者，其词甚哀，已行不追赴司，十九日入界，一日之间，诉乡司者三十一状，内诉邵远者十六状，诉郑兴者七状，诉郑富者七状，或专状，或同状，伛偻拜伏哀告者四十二人。阅其状，皆重催白敷，胁取钱物，无异虎狼之吞噬，盗贼之劫掠。并生穹壤间，与我皆同气，为民父母者，得不恻然动心乎？邵远照台判疾催追，郑富两名帖县，限一日解赴行司，徐侁系罪犯吏，乃复出害民，帖县追上，杖一百，押送外寨拘锁，限一日申。所有上件三十一状，并帖遣下，请知县阅毕，并入缴回行司。当职巡历，所以待本县者厚矣，知县切不可庇小吏，以伤大体。[2]

（2）议刑时讲究血气性情是否安定。在定罪议刑时，会考虑犯罪者的年龄问题。对于年龄较小者，会根据其血气未定容易受诱惑

[1]〔南宋〕郑克编纂：《折狱龟鉴·议罪》，见杨一凡、徐立志主编，俞鹿年、汪世荣、闫晓君整理：《历代判例判牍》（第1册），中国社会科学出版社2005年版，第401页。

[2]〔宋〕《名公书判清明集》，见杨一凡、徐立志主编，中国社会科学院历史研究所宋辽金元史研究室点校：《历代判例判牍》（第2册），中国社会科学出版社2005年版，第367页。

的特点来析情定罪。

何氏惯以色迷人，先年随奸夫赵子逃走，讼而捕获。今又随奸夫钱丑逃走，露而就擒。未经三载而两度迷人，真色妖也。刎而不死幸矣。其夫不知耻，反诬钱丑之父钱老纵子犯奸。人生有子，但愿成人，今当血气未定之时，而遇狐媚不良之妇，以致狂瞽颠倒，自陷于恶，乃为人父者之大不幸也。而顾谓其父导之耶。且并窃父金，谁则使之。此不必深辩，惟是奸逃情真，应各依律拟罪。〔1〕

（3）伤国之元气处以极刑。专权乱政、任意刑罚的官员会斫伤国家元气、变乱朝廷纪纲，对之处以极刑，以昭示天下、警戒不忠。

赵甲性本险邪，谬膺重托，窃政柄而播弄威权，斥忠良而引援奸党。官爵视苞苴为进退，刑罚任喜怒为重轻。货积如丘山，人命等为草芥。专权乱政，于今数年。蠹国害民，非止一端。流毒中外，恶贯古今。祖宗百余年之元气，斫丧无遗；国家亿万载之纪纲，变乱殆尽。自历已往之罪既负滔天，尚昧无将之戒深怀不轨。伪造宝印而反状已形，私蓄甲兵而谋逆已著。似兹不法，当服极刑。伏望皇上独断乾纲，大张天讨。即将本犯押送市戮，枭首示众。仍将招情并处决尸形之画昭示天下，以为臣子万世不忠之戒。〔2〕

〔1〕〔明〕苏茂相辑，郭万春注：《新镌官板律例临民宝镜所载审语》，见杨一凡、徐立志主编，杨一凡等整理：《历代判例判牍》（第 4 册），中国社会科学出版社 2005 年版，第 203 页。

〔2〕〔明〕萧良泮汇编，康应奎校注：《重刻释音参审批驳四语活套》，见杨一凡、徐立志主编，杨一凡等整理：《历代判例判牍》（第 4 册），中国社会科学出版社 2005 年版，第 19 页。

（4）气愤致轻生案比附定罪。对于因殴打、诬告等致人气愤而轻生的案例，比附相应殴伤、诬告人而致死等案例定罪用刑。

①东抚咨刘廷植等殴伤张本树致张本树气忿服毒身死一案。将刘廷植依因事用强殴打、威逼人致死、重伤而非致命例，杖一百徒三年。刘大修比照他物殴人成伤，笞四十。〔1〕

②许照英因被窃，在王长功园后找获原赃，诬控王长功行窃，致王长功之母气忿自戕抽风身死。原咨内称该犯疑贼有因，并非挟嫌诬陷。照诬告人因而致死例绞监候律上量减一等，拟流。〔2〕

③柴赵氏致伊姑自尽一案。查柴赵氏因姑王氏欲食荞麦，该氏因麦面性冷，伊姑患腹痛忌食性寒之物，不肯与食，致伊姑气忿自尽。讯明该氏情因慎重菽水，并非有心违犯。将柴赵氏比照子贫不能养赡、致父母自缢例，满流。〔3〕

④丁五被王耿氏撕破布褂，将王耿氏之裤并提起两脚腕，踢伤王耿氏左臂等处，致王耿氏气忿自缢。将丁五比照与妇女口角，被此詈骂，妇女一闻秽言，气忿轻生例，拟满流。〔4〕

---

〔1〕〔清〕佚名辑：《刑事判例》，见杨一凡，徐立志主编，孔庆明、姜黎艳等整理：《历代判例判牍》（第6册），中国社会科学出版社2005年版，第434页。

〔2〕〔清〕佚名辑：《各省刑部案》，见杨一凡、徐立志主编，孔庆明、姜黎艳等整理：《历代判例判牍》（第6册），中国社会科学出版社2005年版，第772页。

〔3〕〔清〕佚名辑：《各省刑部案》，见杨一凡、徐立志主编，孔庆明、姜黎艳等整理：《历代判例判牍》（第6册），中国社会科学出版社2005年版，第784页。

〔4〕〔清〕佚名辑：《比照案件》，见杨一凡、徐立志主编，齐钧整理：《历代判例判牍》（第8册），中国社会科学出版社2005年版，第550页。

## 四、刑狱疏理与气

案件经过审判进入刑罚执行阶段，容易出现司法人员渎职、狱政失理、狱刑冤滥延滞等流弊，就需要通过惩戒狱吏、经理狱政、清理狱刑等刑狱疏理方式加以疏理。在古人理念中，刑狱疏理也包含天人感应观下法与气的相互感应互动关系，《棠阴比事》《名公书判清明集》《四西斋决事》《折狱新语》《守禾日记》等案例文献中就蕴含民无冤气会使天地和应，惩酷吏、除积弊、恤刑狱则可以感召和气、培养元气、消除狱气冤气的观点。此外，古代在整肃吏治时还注意戒除吏胥与家丁通同一气的弊端。

（1）无冤民则气和。无冤民就会气和、形和、声和，进而形成天地之和应。

> 无冤民则气和、形和、声和，而天地之和应矣。[1]

（2）狱无冤酷可感召和气、培养元气。惩酷吏、除积弊，也可以感召和气、培养元气。

> ①本路狱事之多，莫如饶、信，居常系狱者动辄百十人，未见有狱空之时。此不可专归罪于民俗之顽犷，皆缘官司不以狱事为意，每遇重辟名件，一切受成吏手，一味根连株逮，以致岁月奄延，狱户充斥。气候不齐之时，春秋之交，多是疾疫相染，无辜瘐死，当职心甚痛之。到任初，首先出榜禁戢，又且夙夜不敢怠，每狱事大情已定者，简径断决。幸而饶州两狱岁首狱空，亦欲两狱举行禳祓，感召和气。不期推吏等人，非其所乐闻，只愿狱户充斥，

〔1〕〔南宋〕桂万荣编纂：《棠阴比事》，见杨一凡、徐立志主编，俞鹿年、汪世荣、闫晓君整理：《历代判例判牍》（第1册），中国社会科学出版社2005年版，第519页。

可以骗乞，反怒当职不合疏决，使狴犴一清，更不照例禳祓。诛心而论，岂可苟免。俗语云：打杀乡胥手，胜斋一千僧。推司枉法受财，出入生死，其为害何止如乡胥而已，配两推吏，胜似斋一万僧，何必缁黄设醮设斛，方可请福。汪仁、刘友系两狱头名推吏，各刺配本州牢城，长枷榜示各狱前，使往来观看，举手加额，道一声称快，自足以感召和气。十七日却押上，仍帖问两狱官。[1]

②自承乏是邦，催科抚字，两无所长，惟思约束书差，除积弊，苏民困，为国家爱育黎庶，培养元气，挽回世变。此心耿耿，靡有已时。[2]

（3）恤刑以除狱气冤气。通过悯恤刑狱消除累年积聚的狱气冤气，使圄草渐羡其绿、狱人悔罪有机。

①看得各犯之羁身囹圄也，历四时皆汤火，而夏尤甚。昔秦时狱气，积数十年，就酿为红虫，无乃火烈为殃，得之夏气居多，而以红见乎？合无请命宪台，除强盗、人命外，余皆酌量保侯，一出犴穴，如游山亭。谓避暑迎凉，无过于斯，则他年狱虫不惊其红，而圄草渐羡其绿可知也。伏乞批允施行。[3]

②长民者与有化导之权，不能使庭无留狱，犴户草菁，

〔1〕〔宋〕《名公书判清明集》，见杨一凡、徐立志主编，中国社会科学院历史研究所宋辽金元史研究室点校：《历代判例判牍》（第2册），中国社会科学出版社2005年版，第370页。

〔2〕〔清〕孙鼎烈：《四西斋决事》，见杨一凡、徐立志主编，高旭晨、俞鹿年、徐立志整理：《历代判例判牍》（第10册），中国社会科学出版社2005年版，第523页。

〔3〕〔明〕李清：《折狱新语·附详语》，见杨一凡、徐立志主编，杨一凡等整理：《历代判例判牍》（第4册），中国社会科学出版社2005年版，第718页。

斯已愧矣。乃不思速狱之由，静治其本，反一旦系之于狱，而后图所以赈之，抑又愧矣。书曰“刑期无刑”，礼曰“有旨无简勿听”，老子曰“古之听狱者，求所以生之”，皆有不得已而用之意焉。夫不得已而用，则五刑不废唐虞，犴狱无辞圣代，势也。流及既衰，法令滋章，烦苛是尚，第知系民于狱，无复求生之心。嗟呼！句圜星满若罔闻，知抢地有耳，悍然不恤。本既不治，末复不图。死无辜于留狱，结冤气于圜中。逮系之民，即欲迁善悔罪而不可得，何如系之于狱，而图所以赈之，犹为不得已而用之一端欤？[1]

（4）戒除吏胥与家丁通同一气之弊。吏胥与家丁通同一气易产生舞弊之事，戒除之法就要从约束家丁开始。

州县衙门动云吏胥舞弊，但吏胥在外承行公事，非与家丁通同一气，必不敢毫无忌惮，刘莲舫《庸吏庸言》论之详矣。故吏治必自约束家丁始，约束之道，莫若用人少而立法严。一官到任，从者数十人，其实衙门中安有许多公事，又安有许多出息。常餐之外，一无所入，三五聚处，饮酒赌博，其愿者典衣借债，其黠者招摇生事，至是而惩之以法，晚矣。此皆徇情滥收之弊，《学治臆说》所谓始于误人，终于自误也。[2]

## 五、息讼之法与气

息讼即平息争讼。孔子曰：“听讼，吾犹人也。必也使无讼

---

〔1〕〔清〕卢崇兴：《守禾日记》，见杨一凡、徐立志主编，苏亦工等整理：《历代判例判牍》（第9册），中国社会科学出版社2005年版，第305页。

〔2〕〔清〕孙鼎烈：《四西斋决事》，见杨一凡、徐立志主编，高旭晨、俞鹿年、徐立志整理：《历代判例判牍》（第10册），中国社会科学出版社2005年版，第573页。

乎。”[1]息讼的目的即在于无讼，这是以和为贵的中华民族对于诉讼和争议的基本态度，也是历代司法人员解决诉讼案件时秉持的基本思想和理念，由此产生了贱讼耻讼思想并贯穿于整个古代法制发展的历史过程，使诉讼的处理带有强烈的和解教化意味，体现了德礼政刑的相互补益。在息讼思想中，气学相关概念也扮演着重要角色。《疑狱集》记载张洽以恳切的语气说服盗贼服罪，说明司法人员的态度和语气会影响办案效果。《黄氏日抄》认为，诉讼是民众惑于一时血气之忿的结果，当以德育教化使之贱讼，点明了血气之忿在诉讼案中的直接导向性及平息方法。《未能信录》《驳案新编》主张通过良好的政绩典范和法纪拘役清理宇内之气、制服人的刁悍桀骜之气，从而达到息讼的效果，这反映出政治和法纪在息讼中对社会风气和民众习气的感化作用。

（1）辞气恳切可息讼。听讼时，恳切的说教语气，可以达到息讼的效果。

> 张洽，嘉定元年改袁州司理参军，有大囚，讯之则服。寻复变异，且力能动摇官吏，累年不决，而逮系者甚众。洽以白提点刑狱杀之。有盗黠甚，辞不能折。会狱有兄弟争财者，洽谕之曰：“讼于官，只为胥吏之地，且昌法以求胜，孰与各守分以全手足之爱乎？”辞气恳切，讼者感悟。盗闻之自伏。[2]

（2）以德教息民众血气之忿讼。诉讼是民众惑于一时血气之忿的结果，当以德育教化使民贱讼。

---

〔1〕《论语·颜渊》，见杨伯峻译注：《论语译注》，中华书局 1980 年版，第 128 页。

〔2〕〔五代〕和凝编纂，〔北宋〕和濛附续，〔明〕张景续编：《疑狱集》，见杨一凡、徐立志主编，俞鹿年、汪世荣、闫晓君整理：《历代判例判牍》（第 1 册），中国社会科学出版社 2005 年版，第 291 页。

讼乃破家灭身之本，骨肉变为冤仇，邻里化为仇敌，贻祸无穷，虽胜亦负，不祥莫大焉。但世俗惑于一时血气之忿，苦不自觉耳。抚州礼仪之乡，何有于讼，近亦间负珥笔之谤，识者固羞之，况当饥歉之余，正宜省事之日。譬如病后，将息为上，又岂人户争讼之时。惟是当职德薄，不足以任教化之责，恐或者未能忘讼，勉为依例门放，以通民情。〔1〕

（3）良政可清宇内之气。良好的政绩典范可以移风易俗、清理宇内之气，起到息讼教化的作用。

今观治堂之政绩，而于古人之立心行事，如或遇之使为民牧者，举是册而类推之，上以副圣天子慎重守令，勤恤民隐之至意；下以启黎民洗心革面、遵守荡平之淳风，将见宇内之气，清和咸理，凡在郡邑，皆如山阴之门阶闲寂，薛乡之囹圄草满也不难，而听讼之事不亦可渐臻于无讼欤！〔2〕

（4）以法纪驯悍骜之气以止罪。通过法纪拘役制服人的刁悍桀骜之气，达到息讼的效果。

①此郡刁悍成风，片言相触，动叠鼓众。一闻格杀，攘臂争先。虽陷大辟而不顾，欲挽狂澜，要在明礼义，以端其趋，敕法纪以夺其气。有地方之责者，加之意耳。〔3〕

---

〔1〕〔宋〕《名公书判清明集》，见杨一凡、徐立志主编，中国社会科学院历史研究所宋辽金元史研究室点校：《历代判例判牍》（第 2 册），中国社会科学出版社 2005 年版，第 553 页。

〔2〕〔清〕张五纬：《未能信录》，见杨一凡、徐立志主编，苏亦工等整理：《历代判例判牍》（第 9 册），中国社会科学出版社 2005 年版，第 500 页。

〔3〕〔明〕萧良泮汇编，康应奎校注：《重刻释音参审批驳四语活套》，见杨一凡、徐立志主编，杨一凡等整理：《历代判例判牍》（第 4 册），中国社会科学出版社 2005 年版，第 69 页。

②又独子养亲一条定例，必先查核死者并非独子，而凶犯实在家无次丁，方准声请，然亦须核其情节本轻，又毫无别故者，始可照例援请。至其中案情稍重，虽经声请不准留养者，前经朕以此等尚非谋故重情常赦不原，曾降旨，俟其拘系经年，驯其桀骜之气，量为末减，亦不必于定案时，将命案正犯遽行开释。是于明慎用刑之中，更寓法外施仁之意。第恐愚民无知，恃有留养之例，凡系独子动辄轻身斗狠，易罗法网，是随案办理留养，非惟无益而且害之，与其急于纵释而民轻犯法，何如稍加慎重之转得矜全乎。嗣后内外问刑衙门，遇此两项案情，务须确覆罪由，审酌至当，妥协办理。毋得意存姑息，以副明允协中之意，将此通谕知之，钦此。[1]

---

〔1〕〔清〕全士潮等纂缉：《驳案新编》，见杨一凡、徐立志主编，李璞、李琳整理：《历代判例判牍》（第7册），中国社会科学出版社2005年版，第629页。

# 第四章 古典文学作品中的法与气

文学作品是在一定的社会经济基础上形成发展起来的社会意识形态，反映一定时代的社会生活和思想意识。其记载描写内容涵盖政治、经济、思想、文化等诸多方面，所以包含了巨大的社会画面和人文信息；作品中所描写的人物上至帝王将相，下至黎民百姓，很多内容反映了下层劳动人民的生活和意识，表达了民间力量和百姓的心声；其体裁有诗歌、小说、散文、戏剧等多种形式，可以用多种方式表达作者的情志思想或描写民众的观念意识。文学作品通过这种由内容到形式，由作者个人意识到作品人物阶层意识的描写刻画，展现了一定社会独特的历史风貌、文化特色、民族气质和思想意识，体现了古代关于法、气关系的看法。古代对法、气关系的看法，表现为相表里、感应互动和相独立、彼此互不干预两个大的方面，从汉代陆贾、贾谊到清代魏源、曹雪芹等，许多作家通过散文、诗歌、小说、戏剧等文学作品形式，或抒发胸臆，或评论时政，或虚构故事，或记载实事，直接或间接地呈现了关于法与气关系的两种观点。如柳宗元《答刘禹锡天论书》《天说》等文中关于法治灾乱与气互不相涉观点的阐发；贾谊、魏源、李白等文论诗词中政治法律与气相感应助用关系的述论；关汉卿、曹雪芹等人的戏剧、小说中对民众怨气、冤气感召灾异，气禀不同而致人品性不同等表达等。

汉代至清代著名文学家贾谊、陆贾、柳宗元、李白、白居易、苏轼、杨士奇、方苞、关汉卿、曹雪芹等人的作品就包含法气关系论说，这些作品的体裁包括政论散文如《天说》《礼论》、诗歌如《狱中上崔相涣》《旅次华州赠袁右丞》、戏曲如《窦娥冤》、小说如《三国演义》《红楼梦》等。

## 一、德礼教化与气

古人云：“道之以政，齐之以刑，民免而无耻；道之以德，齐之以礼，有耻且格。”[1]以强权政治、刑罚措施来治理民众，民众可以免除过错，但不容易形成惭愧耻辱感；以道德规范、礼乐仁义等来教化民众，就能培养民众的耻辱感和自律心。所以德礼教化在社会治理和政治法律活动中占据重要位置，是历代执政者的施政首务，即所谓“德礼为政教之本，刑罚为政教之用”[2]。此外，古代重视德礼教化，也是因为古人认识到德礼教化与气相感应并对人的品行培养具有重要作用。陆贾《新语》、白居易《白居易诗集》、归有光《震川先生集》等文学作品中就有篇章反映以德政治化、握道而治、据德而行，可使和气应、民气乐、六气顺、政通人和、物阜民丰，如果忤天违民，爽物逆伦而治，则会感召恶气、遭受灾祸的思想。《苏轼文集》《全宋词》记载，礼乐仪式有导和气、流协气，使躬行者去除暴戾鄙野之气的功用。明代杨士奇《东里文集》、清代魏源《魏源全集》有关篇章则表达了用言教与身化启智拨愚、垂范设教，以善气、静气、正气感人化物，去除沴气而至安顺的理念。德礼教化与气相感应，意味着其会影响政治效果和社会治乱；德礼教化可依善静正气等感化民众、塑造民性，说明其能化治天下，安定寰宇。由此，德礼教化在气学概念层面上升华了其自身价值和意义，并得到重视和实践。

（1）德政与天地节气等相感应。握道而治，据德而行。察观天文地理节气而治，则威广国安、邪亡奸止；忤天违民、爽物逆伦而治，则会感召恶气，遭受灾祸。

> ①传曰：“天生万物，以地养之，圣人成之，功德参合，而道术生焉。”故曰：张日月，列星辰，序四时，调阴阳，布气治性，次置五行。春生夏长，秋收冬藏，阳生雷

〔1〕《论语·为政》，见杨伯峻译注：《论语译注》，中华书局1980年版，第12页。

〔2〕《唐律疏议·名例律》，见袁文兴、袁超注译：《唐律疏议注译》，甘肃人民出版社2017年版，第2页。

电，阴成雪霜，养育群生，一茂一亡。润之以风雨，曝之以日光，温之以节气，降之以殒霜，位之以众星，制之以斗衡，苞之以六合，罗之以纪纲，改之以灾变，告之以祯祥，动之以生杀，悟之以文章。故在天者可见，在地者可量，在物者可纪，在人者可相。故地封五岳，画四渎，规洿泽，通水泉，树物养类，苞殖万根，暴形养精，以立群生，不违天时，不夺物性，不藏其情，不匿其诈。故知天者仰观天文，知地者俯察地理。跂行喘息蜎飞蠕动之类，水生陆行根著叶长之属，为宁其心而安其性，盖天地相承气感相应而成者也。[1]

②是以君子握道而治，据德而行，席仁而坐，杖义而强，虚无寂寞，通动无量。故制事因短，而动益长，以圆制规，以矩立方。圣人王世，贤者建功，汤举伊尹，周任吕望，行合天地，德配阴阳，承天诛恶，克暴除殃，将气养物，明□设光，耳听八极，目睹四方，忠进谗退，直立邪亡，道行奸止，不得两张，□□本理，杜渐消萌。夫谋事不并仁义者后必败，殖不固本而立高基者后必崩。故圣人防乱以经艺，工正曲以准绳。德盛者威广，力盛者骄众。齐桓公尚德以霸，秦二世尚刑而亡。[2]

③故世衰道失，非天之所为也，乃君国者有以取之也。恶政生恶气，恶气生灾异。螟虫之类，随气而生；虹蜺之属，因政而见。治道失于下，则天文变于上；恶政流于民，则螟虫生于野。贤君智则知随变而改，缘类而试思之，于□□□变。圣人之理，恩及昆虫，泽及草木，乘天气而生，

---

〔1〕〔汉〕陆贾：《新语校注》，王利器校注，中华书局1986年版，第2页。
〔2〕〔汉〕陆贾：《新语校注》，王利器校注，中华书局1986年版，第22页。

随寒暑而动者，莫不延颈而望治，倾耳而听化。圣人察物，无所遗失，上及日月星辰，下至鸟兽草木昆虫，□□□鹢之退飞，治五石之所陨，所以不失纤微。至于鸲鹆来，冬多麋，言鸟兽之类□□□也。十有二月陨霜不煞菽，言寒暑之气，失其节也。鸟兽草木尚欲各得其所，纲之以法，纪之以数，而况于人乎？[1]

④曰：然则有怪而与民物接者，何也？曰：是有二：有鬼，有物。漠然无形与声者，鬼之常也。民有忤于天，有违于民，有爽于物，逆于伦，而感于气，于是乎鬼有形于形，有凭于声以应之，而下殃祸焉，皆民之为之也。其既也，又反乎其常。[2]

⑤一年十二月，每月有常令。君出臣奉行，谓之握金镜。由兹六气顺，以遂万物性。时令一反常，生灵受其病。周汉德下衰，王风始不竞。又从斩晁错，诸侯益强盛。百里不同禁，四时自为政。盛夏兴土功，方春剿人命。谁能救其失，待君佐邦柄。峨峨象魏门，悬法彝伦正。[3]

⑥一元之气发于春而契乎仁者之心。[4]

（2）德治使政顺气和。德政治化，讲礼修乐、恤刑柔远，使和气应、民气乐、六气顺、政通人和、物阜民丰。

①人主之所积，在其取舍，以礼义治之者，积礼义；

---

〔1〕〔汉〕陆贾：《新语校注》，王利器校注，中华书局1986年版，第22页。

〔2〕〔唐〕韩愈：《原鬼》，见马其昶校注：《韩昌黎文集校注》，上海古籍出版社1986年版，第27页。

〔3〕谢思炜：《白居易诗集校注》，中华书局2006年版，第183页。

〔4〕〔明〕杨士奇：《东里文集》，刘伯涵、朱海点校，中华书局1998年版，第76页。

以刑罚治之者，积刑罚。刑罚积而民怨背，礼义积而民和亲。故世主欲民之善同，而所以使民善者或异。或道之以德教，或殴之以法令。道之以德教者，德教洽而民气乐；殴之以法令者，法令极而民风哀。哀乐之感，祸福之应也。[1]

②伏惟皇帝陛下，天资睿圣，神启昌期，端拱受万国之朝，承颜奉两宫之庆。初嗣大位，克扬孝心，三光协明，和气来应。臣伏读赦令，首于奉园陵，尽诚敬，亲九族，苏兆人，次及定章程，止进献，已逋责，涤夙瑕。内照于九重，则归嫔嫱，放鹰犬；外明于四目，则求隐士，开直声。柔远以仁，则还其系虏；赏延以礼，则泽及后昆。如菲食遵夏禹之规，弋绨法汉文之俭。坠典咸举，旧章再明。升平之期，正在今日。[2]

③渭水绿溶溶，华山青崇崇。山水一何丽，君子在其中。才与世会合，物随诚感通。德星降人福，时雨助岁功。化行人无讼，囹圄千日空。政顺气亦和，黍稷三年丰。客自帝城来，驱马出关东。爱此一郡人，如见太古风。方今天子心，忧人正忡忡。安得天下守，尽得如袁公。[3]

④皇帝恤刑之敕，盖好立之德；吴圣天子大赦之语，盖雷雨作之时。吴伏皇盐贾以典谟易传之文奉宣圣人之德，意施旷荡之泽于穷绝之乡。使覆盆之下，咸仰日月之明：解纲之恩，远被湖山之外。则和气之充、丰年之应、百姓目以不霓，而有司亦与其休。[4]

---

〔1〕夏汉宁译注：《贾谊文赋全译》，百花洲文艺出版社 1996 年版，第 65 页。

〔2〕陶敏、陶红雨校注：《刘禹锡全集编年校注》，岳麓书社 2003 年版，第 1079 页。

〔3〕谢思炜：《白居易诗集校注》，中华书局 2006 年版，第 485 页。

〔4〕〔明〕归有光：《震川先生集》，周本淳校点，上海古籍出版社 2007 年版，第 923 页。

（3）礼乐教化，化戾气、致安顺。礼乐仪式，导和气，流协气，使躬行者去除暴戾鄙野之气。

①昔者商、周之际，何其为礼之易也。其在宗庙朝廷之中，笾豆、簠、牛羊、酒醴之荐，交于堂上，而天子、诸侯、大夫、卿、士周旋揖让，献酬百拜，乐作于下，礼行于上，雍容和穆，终日而不乱。夫古之乐人何其知礼而行之不劳也？当此之时，天下之人，惟其习惯而无疑，衣服、器皿、冠冕、佩玉，皆其所常用也，是以其人入于其间，耳目聪明，而手足无所忤，其身安于礼之曲折，而其心不乱，以能深思礼乐之意，故其廉耻退让之节，睟然见于面而盎然发于其躬。夫是以能使天下观其行事，而忘其暴戾鄙野之气。[1]

②然则律制既立，治功日新。号令皆发而中节，磬筦无闻于夺伦。上以导和气于宫掖，下以胥悦豫于臣邻。以清浊任意而相讥，何忧工玉；谓宫商各谐而自遂，无愧音臣。呜呼，赵铎固中于宫商，周尺仍分于清浊。道欲详解，事资学博。倘非夔、旷之徒，孰能正一代之乐？[2]

③数骑飞尘入凤城。朔方诸部奏河清。圜扉木索频年静，大晟箫韶九奏成。流协气，溢欢声。更将何事卜升平。天颜不禁都人看，许近黄金辇路行。[3]

（4）言教与身化，以善气、静气、正气感人化物，去除沴气而至安顺。礼乐言教与身化，启智拨愚、垂范设教，体现了善气、静

---

〔1〕〔宋〕苏轼：《礼论》，见《苏轼集》，顾之川校点，岳麓书社2000年版，第128页。

〔2〕〔宋〕苏轼：《延和殿奏新乐赋》，见《苏轼集》，顾之川校点，岳麓书社2000年版，第64页。

〔3〕唐圭璋编：《全宋词》，中华书局1965年版，第435页。

气、正气感人化物，去除沴气而至安顺的理念。

①气之所禀命者，心也。视之能必见，听之能必闻，行之能必至，思之能必得，是诚之所至也。不听而聪，不视而明，不思而得，不行而至，是性之所固有，而神之所自生也，尽心尽诚者之所至也。故诚之所以能不测者，性也。贤者，鞠以立性者也；圣人，尽性以至诚者也；神生于性，性生于诚，诚生于心，心生于气，气生于形。形者，有生之本。故养生在于保形，充形在于育气，养气在于宁心，宁心在于致诚，致诚在于尽性，不尽性不足以养生。能尽性者，至诚者也；能至诚者，宁心者也；能宁心者，养气者也；能养气者，保形者也；能保形者，养生者也。不养生不足以尽性也。生与性之相因循，志之与气相为表里也。生浑则蔽性，性浑则蔽生，犹志一则动气，气一则动志也。先王知其然，是故体天下之性而为之礼，和天下之性而为之乐。礼者，天下之中经；乐者，天下之中和。礼乐者，先王所以养人之神，正人气而归正性也。是故大礼之极，简而无文；大乐之极，易而希声。简易者，先王建礼乐之本意也。[1]

②粤古圣神，体仁之大，悯时下民。沴气其害，审道辨物，垂范设教，用蠲夭札，用全寿考。[2]

③教以言相感，化以神相感。有教而无化，无以格顽；有化而无教，无以格愚。圣人在上，以《诗》、《书》教民，以礼乐化民；圣人在下，以无体之礼、无声之乐化民。善气迎人，人不得而敖之；静气迎人，人不得而聒之；正气迎人，

〔1〕〔宋〕王安石：《礼乐论》，见《王文公文集》，上海人民出版社1974年版，第333页。
〔2〕〔明〕杨士奇：《东里文集》，刘伯涵、朱海点校，中华书局1998年版，第361页。

人不得而干之；其德盛者化自神，其气足以动物也。积学未至而暴之遽，积诚未至而教之强，学之通弊矣。故言立不如默成，强人不如积感。《诗》曰："载色载笑，匪怒伊教。"[1]

## 二、法制政令与气

法制，即法律和制度；政令，即政府发布的施政命令。法制政令是国家产生后社会管理的主要方式，是通过制度设计和法律规定来调节社会关系、分配社会资源，实现人类社会的和谐共生与发展。人类社会在按法制政令等运作的同时，会受到雨雪风霜、旱涝丰荒、疾疫祸灾、山崩地裂等自然气变的影响。对于法制政令和自然气变的关系，先哲董仲舒、王充等已有论述，唐宋文人柳宗元、刘禹锡、苏轼亦加以探讨。柳宗元《天说》《天爵论》《断刑论》等文认为，法制与道德、灾祸等是存在于人类社会的，灾荒、雪霜、雷霆是自然界的现象，二者都是独自运行而互不干预的；以气候、节气的变化安排农业生产的做法，是圣人制定的，而以国君的貌、言、视、听、思五事，配合水、火、木、金、土五行，决定政治措施和号令，则与圣人之道是相背离的。刘禹锡《武陵观火诗》《天平军节度使厅壁记》、苏轼《御试制科策一道》等诗文认为法制政令与灾荒、雪霜、雷霆等自然之气互动感应，政治不当会导致阴阳之气失序、自然灾害发生；去除苛法，实行均平之政，可以招致和气来应、民丰物阜。法制政令与国家元气、民气也是息息相关的。《魏源全集》《震川先生集》就认为，合理的赋税制度可以整清吏治、平靖民气、培养国家元气；该攻伐时就要攻伐，不当以伤元气为辞而养痈贻患。

（1）法政灾祸与气互不干预。法制与悖乱、道德、灾祸等是人类社会所固有的，万物生长与灾荒、雪霜、雷霆是自然界的现象，

[1]〔清〕魏源：《魏源全集》，岳麓书社2011年版，第61页。

二者都是自然发生、独自运行而互不干预的。元气、雷霆、雪霜、阴阳等不能对人类社会的功过得失加以赏罚。

①韩愈谓柳子曰："若知天之说乎？吾为子言天之说。……元气阴阳之坏，人由之生。虫之生而物益坏，食啮之，攻穴之，虫之祸物也滋甚。其有能去之者，有功于物者也；繁而息之者，物之仇也。人之坏元气阴阳也亦滋甚：垦原田，伐山林，凿泉以井饮，窾墓以送死，而又穴为偃溲，筑为墙垣、城郭、台榭、观游，疏为川渎、沟洫、陂池，燧木以燔，革金以镕，陶甄琢磨，悴然使天地万物不得其情，幸幸冲冲，攻残败挠而未尝息。其为祸元气阴阳也，不甚于虫之所为乎？吾意有能残斯人使日薄岁削，祸元气阴阳者滋少，是则有功于天地者也；繁而息之者，天地之仇也。今夫人举不能知天，故为是呼且怨也。吾意天闻其呼且怨，则有功者受赏必大矣，其祸焉者受罚亦大矣。子以吾言为何如？"柳子曰："子诚有激而为是耶？则信辩且美矣。吾能终其说。彼上而玄者，世谓之天；下而黄者，世谓之地；浑然而中处者，世谓之元气；寒而暑者，世谓之阴阳。是虽大，无异果、痈痔、草木也。假而有能去其攻穴者，是物也。其能有报乎？番而息之者，其能有怒乎？天地，大果蓏也；元气，大痈痔也；阴阳，大草木也；其乌能赏功而罚祸乎？功者自功，祸者自祸，欲望其赏罚者大谬；呼而怨，欲望其哀且仁者，愈大谬矣。子而信子之义以游其内，生而死尔，乌置存亡得丧于果蓏、痈痔、草木耶？"〔1〕

②道德与五常，存乎人者也。克明而有恒，受于天者

〔1〕〔唐〕柳宗元：《天说》，见《柳宗元集》，中国书店2000年版，第242页。

也。呜呼！后之学者，尽力于所及焉。或曰：“子所谓天付之者，若开府库焉，量而与之耶？”曰：否。其各合乎气者也。庄周言天曰自然，吾取之。[1]

③又曰：“反时令，则有飘风、暴雨、霜雪、水潦、大旱、沉阴、氛雾、寒暖之气，大疫、风欬、鼽嚏、痎寒、疥疠之疾，螟蝗、五谷、瓜瓠、果实不成，蓬蒿、藜莠并兴之异，女灾、胎夭伤、水火之讹，寇戎来入相掠，兵革并起，道路不通，边境不宁，土地分裂，四鄙入堡，流亡迁徙之变。”若是者，特瞽史之语，非出于圣人者也。然则夏后、周公之典逸矣。[2]

④或者乃以为：“雪霜者，天之经也；雷霆者，天之权也；非常之罪，不时可以杀，人之权也。当刑者必顺时而杀，人之经也。”是又不然。夫雷霆、雪霜者，特一气耳，非有心于物者也，圣人有心于物者。春夏之有雷霆也，或发而震，破巨石，裂大木，木石岂为非常之罪也哉？秋冬之有霜雪也，举草木而残之，草木岂有非常之罪也哉？彼岂有惩于物也哉？彼无所惩，则效之者惑也。果以为仁必知经，智必知权，是又未尽于经权之道也。[3]

⑤生植与灾荒，皆天也；法制与悖乱，皆人也。二之而已。其事各行不相预，而凶丰理乱出焉。究之矣，凡子之辞，枝叶甚美，而根不直取以遂焉。[4]

---

〔1〕〔唐〕柳宗元：《天爵论》，见《柳宗元集》，易新鼎点校，中国书店2000年版，第46页。

〔2〕〔唐〕柳宗元：《时令论上》，见《柳宗元集》，易新鼎点校，中国书店2000年版，第49页。

〔3〕〔唐〕柳宗元：《断刑论下》，见《柳宗元集》，易新鼎点校，中国书店2000年版，第52页。

〔4〕〔唐〕柳宗元：《答刘禹锡天论书》，见《柳宗元集》，易新鼎点校，中国书店2000年版，第426页。

⑥山川者，特天地之物也。阴与阳者，气而游乎其间者也。自动自休，自峙自流，是恶乎与我谋？自斗自竭，自崩自缺，是恶乎为我没。[1]

（2）合五事五行而施政，与圣人迎日步气之道相悖。圣人之道，旨在利于人，备于事，不探究奇怪的事以表示神秘，不假借有意志的天以表示高贵。《吕氏春秋》十二纪及汉儒《月令》中以十二月七十二候节气的变化，迎日步气，安排农业生产的做法，是圣人制定的；而以国君的貌、言、视、听、思五事，配合水、火、木、金、土五行，决定政治措施和号令，则与圣人之道是相背离的。

《吕氏春秋》十二纪，汉儒论以为《月令》，措诸《礼》以为大法焉。其言有十二月七十有二候，迎日步气，以追寒暑之序，类其物宜而逆为之备，圣人之作也。然而圣人之道，不穷异以为神，不引天以为高，利于人，备于事，如斯而已矣。观《月令》之说，苟以合五事，配五行，而施其政令，离圣人之道，不亦远乎？[2]

（3）法政灾祸与气相感应。法制政令与代表沴气、阴阳之气失序的日食灾祸等相感应。日食、淫雨、寒气过甚等现象的发生，是天对政令失当的告诫和谴责。先哲在五行有沴气、日食、寒气过甚等时，教戒君王修正政治行为过失。

①火德资生人，庸可一日无。御之失其道，敲石弥天隅。晋库走龙剑，吴宫伤燕雏。五行有沴气，先哲垂订谟。宋郑同日起，时当贤大夫。无苛自可乐，弭患非所图。贤

[1]〔唐〕柳宗元：《山川震》，见《柳宗元集》，易新鼎点校，中国书店2000年版，第645页。

[2]〔唐〕柳宗元：《时令论上》，见《柳宗元全集》，曹明纲标点，上海古籍出版社1997年版，第23页。

守恤人瘼，临烟驻骊驹。吊伤色懵怛，唁失词劬愉。下令蠲里布，指期轻市租，闬垣适未立，苫盖自相娱。山木行剪伐，江泥宜墐涂。鲁臣不必葺，何用征越巫。[1]

②夫日食者，是阳气不能履险也。何谓阳气不能履险？臣闻五月二十三分月之二十，是为一交，交当朔则食。交者，是行道之险者也。然而或食或不食，则阳气之有强弱也。今有二人并行而犯雾露，其疾者，必其弱者也。其不疾者，必其强者也。道之险一也，而阳气之强弱异。故夫日之食，非食之日而后为食，其亏也久矣，特遇险而见焉。陛下勿以其未食也为无灾，而其既食而复也为免咎。臣以为未也，特出于险耳。夫淫雨大水者，是阳气融液汗漫而不能收也。诸儒或以为阴盛。臣请得以理折之。夫阳动而外，其于人也为嘘，嘘之气温然而为湿；阴动而内，其于人也为噏，噏之气冷然而为燥。以一人推天地，天地可见也。故春夏者，其一嘘也。秋冬者，其一噏也。夏则川泽洋溢，冬则水泉收缩，此燥湿之效也。是故阳气汗漫融液而不能收，则常为淫雨大水，犹人之嘘而不能噏也。今陛下以至仁柔天下，兵骄而益厚其赐，戎狄桀傲而益加其礼，荡然与天下为咻呴温暖之政，万事惰坏而终无威刑以坚凝之，亦如人之嘘而不能噏，此淫雨大水之所由作也。天地告戒之意，阴阳消复之理，殆无以易此矣！[2]

③宋哲宗元祐八年翰林学士范祖禹上奏曰："……夫天之与人同一气耳，故民愁则天为之戚，民悦则天为之和。

---

〔1〕〔唐〕刘禹锡：《武陵观火诗》，见陶敏、陶红雨校注：《刘禹锡全集编年校注》，岳麓书社 2003 年版，第 79 页。

〔2〕〔宋〕苏轼：《御试制科策一道》，见《苏轼集》，顾之川点校，岳麓书社 2000 年版，第 31 页。

《书》曰‘天视自我民视，天听自我民听’是也。恭惟仁宗，深体此意，是以能诚于事天，诚于畏天。臣伏见自去冬郊祀以来，天人协应，风雨时若，有丰年之祥，此乃皇天向佑，陛下至诚之所感也。而自中春以来，暴风雨雪，寒气过甚，节令不时，丰年之祥，复未可必。夫天之于人君，亦犹人君之于臣下也。小过则戒敕之，若其不改，然后责罚加焉。人君睹小异而不儆戒，则大异将至矣。是以洊雷震则君子恐惧修省，迅雷风烈孔子必变敬，天威怒也。惟陛下戒之慎之，无忽天地之小异：侧身修德，小销大异于未然，则天心常悦，人心常和，四海幸甚。”[1]

（4）去苛法，行平政，可致和气来应。去除横征暴敛的苛法，实行赏罚轻重适宜的均平之政，可以使和气来应、民丰物阜。

①公之来思，如古医之治剧病，宣泄颐养，气还神复。大凡抗诏条国式于身以先之，示菲约以裕人，信赏罚以格物。物力日完，人风自移。涉月报政，逾年鼎治。牙门之容，暨暨而恭；垒门之容，仡仡而和；里门之容，阗阗而遂。劳者以安，去者以归。分星不摇，田祖降福。凡革前非：罢供第无名钱岁钜万，菽粟如之，锦缯且千两；去苛法急征毁家偿租之令，故流庸自占四万室。众无吁咨，和气乃来。三田仍稔，草木咸瑞。岂偶尔哉？[2]

②大都年不顺成，由于雨旸之不时。而雨旸之所以不时者，实由天地之气未和也。伏望皇上，圣不自圣，于

[1]〔明〕杨士奇等：《历代名臣奏议》，四库全书影印本，第433册，上海古籍出版社1987年版，第325页。

[2]〔唐〕刘禹锡：《天平军节度使厅壁记》，见《刘禹锡集》，上海人民出版社1975年版，第71页。

听政之时，大而庆赏刑威，小而一颦一笑，适中轻重之宜。喜所当喜而不失之过，怒所当怒而不失之不及。普均平之治，宏乐利之休，则和气之敷既充于下，而天休之应自征于上，又何患乎雨旸之不时若，而万物之不得其所哉？[1]

（5）漕运赋费关乎民气、元气。合宜的漕运赋费制度可以整清吏治、平靖民气、培养国家元气。

①军船行数千里之运河，过浅过闸有费，督运催偿有费，淮安通坝验米又有费，亦知其所从出乎？出于彼者必取于此，而公私名实之不符，有所赢者必有所绌，而良莠强弱之不平，吏治何由而清，民气何由而靖？[2]

②年年可收清漕，即年年可办全漕，每年藏富于民者数百万金，藏富于国者数百万石，而太仓永无缺贮之虞矣。既无帮费，则州县无借口挪垫，但将地丁正杂税课收钱收银，酌加火耗，以资申解、办公之费。民既喜骤脱于漕困，必不刁难于上下忙银，倘州县再有浮勒于民，亏空于官者，上司执法而行，坦然无复顾虑。吏治、民风、国计一举三善，而清查后永无亏空之息矣。是惟海运可再造东南之民力，惟海运可培国家之元气。[3]

③使人不暇顾廉耻，则国必衰；使人不敢顾家业，则国必亡。善赋民者，譬植柳乎，薪其枝叶而培其本根；不善赋民者，譬则剪韭乎，日剪一畦，不罄不止。《周官》保

〔1〕〔明〕杨士奇等：《御选明臣奏议》，四库全书影印本，第445册，上海古籍出版社1987年版，第341页。
〔2〕〔清〕魏源：《魏源全集》，岳麓书社2011年版，第341页。
〔3〕〔清〕魏源：《魏源全集》，岳麓书社2011年版，第353页。

富之法，诚以富民一方之元气，公家有大征发、大徒役皆倚赖焉，大兵燹、大饥馑皆仰给焉。彼贪人为政也，专腹富民，富民渐罄，复腹中户，中户复然，遂致邑井成墟。故土无富户则国贫，土无中户则国危，至下户流亡而国非其国矣。〔1〕

（6）适时攻伐非伤元气。当攻伐时攻伐，不当以伤元气为辞而养痈贻患。

①攻伐须防元气衰，但将持重拥军麾。养痈或得中医药，不下翻矜国手棋。降虎降龙衣钵在，功人功狗指挥疑。宋家议论何时定，又报河冰冻合时。〔2〕

②妄谓今天下生民元气耗矣，宜专务休养之，不当厉蜂锐事刻覈以取目前之快也。然泥古而不通于时务，信心而不达乎人情，功效蔑闻，罪过山积。〔3〕

## 三、吏治得失与气

吏治，指官吏的作风和政绩。吏治直接关涉政令的实施状况和对民众的管理效果，所以国家治理的关键在于吏治。历代明君讲究“治吏不治民”〔4〕,即在强调吏治的重要。从《苏轼文集》《李太白全集》《刘禹锡全集编年校注》《魏源全集》等文集来看，古人认为吏治也与善气、和气等气学概念紧密联系：君臣百官善德善政能导迎和善之气；贼臣奸相等弄权欺君，会使吏治不明、怨气上激、和气有奸、

〔1〕〔清〕魏源：《魏源全集》，岳麓书社 2011 年版，第 63 页。

〔2〕〔清〕魏源：《魏源全集》，岳麓书社 2011 年版，第 212 页。

〔3〕〔明〕归有光：《震川先生集》，上海古籍出版社 2007 年版，第 791 页。

〔4〕《韩非子·外储说右下》，见〔清〕王先慎：《韩非子集解》，新编诸子集成本，中华书局 1998 年版，第 330 页。

元气有歉。同时，好的吏政，如鼓励官民议政参政，可消除官吏怠惰之气、养其敢言之气等。

（1）君臣善德感召和善之气。治国理邦，如能施恩布德、顺时授政，则能导迎和善之气。

①天子有命，闵兹旱暵。俾我守臣，并走群望。惟神聪明慈惠，求无不获。既再祷矣，虽尝一雨，不及肤寸。吏实不德，不足以蒙神之休，导迎善气，以致甘泽。洪惟圣天子之意，其可不答。而饥羸之民，将转于沟壑，其可不一救之。渎神之罚，吏其敢辞。尚飨。〔1〕

②窃以天地阴阳之动，不得违时；虫鱼草木之生，必皆有政。故兹告朔，宣布有邦。伏惟皇帝陛下兢慎万几，协谐五纪。式谨王正之授，俾知民事之常。臣敢不动静详观，夙宵祗奉，庶召和平之气，用裨化育之仁。臣不任（云云）。〔2〕

③同州状上中书门下：改元赦书。右伏奉今月一日制书，改大和十年为开成元年大赦天下者。伏以律首三元，礼崇四始。顺阳和发生之德，敷人号涣汗之恩。宥过恤刑，弛征已责，尽去人瘼，通知物情。德音朝发于九天，和气夕周于四海。此皆相公弼谐之道，燮赞之功。进孰于密勿之间，发扬成滂沛之淬。某恪守官业，印绶所拘，不获随例拜贺。云云。〔3〕

---

〔1〕〔宋〕苏轼：《祭常山祝文五首》，见《苏轼集》，顾之川点校，岳麓书社 2000 年版，第 1322 页。

〔2〕《谢熙宁六年历日表》，见〔宋〕曾巩：《曾巩集》，陈杏珍等点校，中华书局 1984 年版，第 422 页。

〔3〕〔唐〕刘禹锡：《上宰相贺改元赦书状》，见陶敏、陶红雨校注：《刘禹锡全集编年校注》，岳麓书社 2003 年版，第 1210 页。

（2）不良吏治导怨气、伤和气。贼臣奸相等倾国弄权、欺君蒙主，使吏治不明、怨气上激、和气有奸、元气有欹。

①以臣料人事得失，敢献疑于陛下。臣犹望愚夫千虑，或冀一得。何者？贼臣杨国忠，蔽塞天聪，屠割黎庶；女弟席宠，倾国弄权。九土泉货，尽归其室。怨气上激，水旱荐臻；重罹暴乱，百姓力屈。即欲平殄螯贼，恐难应期。且图万全之计，以成一举之策。〔1〕

②盛夏在辰，常暘为沴。稻将萎瘁，人用嗟忧。由吏治之不明，致奸和气；维佛乘之无碍，善济群生。是敢同祓精诚，虔祈觉荫。觊滂沱于膏泽，俾浃洽于原田。用救焦枯，实依慈惠。〔2〕

③历代亡天下之患有七：暴君、强藩、女主、外戚、宦寺、权奸、鄙夫也。暴君无论矣，强藩、女主、外戚、宦寺、奸相，皆必乘乱世暗君而始得肆其毒，人人得而知之，人人得而攻之。惟鄙夫则不然，虽当全盛之世，有愿治之君，而鄙夫胸中，除富贵而外不知国计民生为何事，除私党而外不知人材为何物；所陈诸上者，无非肤琐不急之谈，纷饰润色之事；以宴安鸩毒为培元气，以养痈贻患为守旧章，以缄默固宠为保明哲，人主被其熏陶渐摩，亦潜化于痿痹不仁而莫之觉。岂知久之又久，无职不旷，无事不蛊，其害且在强藩、女祸、外戚、宦寺、权奸之上；其人则方托老成文学，光辅升平，攻之无可攻，刺之无可刺，使天下阴

〔1〕〔唐〕李白：《为宋中丞请都金陵表》，见《李太白全集》，王琦注，中华书局 1977 年版，第 1212 页。

〔2〕《又大悲祈雨文》，见〔宋〕曾巩：《曾巩集》，陈杏珍等点校，中华书局 1984 年版，第 545 页。

受其害而已不与其责焉。[1]

（3）整饬吏治以养气。消除官吏怠惰之气、养其敢言之气，就要通过与将相之臣议政、访侍读侍讲之人、召见优待慰问上书吏民等方式来整顿改善吏治。

①今治平之日久矣，臣愚以为宜日新盛德，以鼓动天下久安怠惰之气，故陈其五事以备采择。其一曰：将相之臣，天子所恃以为治者，宜日夜召论天下之大计，且以熟观其为人。其二曰：太守刺史，天子所寄以远方之民者，其罢归，皆当问其所以为政，民情风俗之所安，亦以揣知其才之所堪。其三曰：左右扈从侍读侍讲之人，本以论说古今兴衰之大要，非以应故事备数而已。经籍之外，苟有以访之，无伤也。其四曰：吏民上书，苟小有可观者，宜皆召问优慰，以养其敢言之气。其五曰：天下之吏，自一命以上，虽其至贱，无以自通于朝廷，然人主之为，岂有所不可哉？察其善者，卒然召见之，使不知其所从来。如此，则远方之贱吏，亦务自激发为善，不以位卑禄薄无由自通于上而不修饰。使天下习知天子乐善亲贤恤民之心孜孜不倦如此，翕然皆有所感发，知爱于君而不可与为不善。亦将贤人众多，而奸吏衰少，刑法之外，有以大慰天下之心焉耳。[2]

②（南宋理宗）嘉熙二年校书郎徐元杰上奏曰："故臣又愿陛下有以全忠厚之本心，维我祖宗治尚宽厚，而公议一脉极力扶持，所以振起其颓堕不举之处，而使之无壅底不通之患。往者言议之臣指喻时有过当，圣度犹见，涵容中

〔1〕〔清〕魏源：《魏源全集》，岳麓书社2011年版，第58页。
〔2〕〔宋〕苏轼：《策略五首》，见《苏轼集》，顾之川校点，岳麓书社2000年版，第15页。

更。积威之余，风采消沮，虽或求言之意形于诏防，而人惩曩祸，孰肯尽言？言及乘舆，尚见优假；事关廊庙，忿怒斯形。臣恐日往月来，遂成风俗，非所以养敢言之气而为国家之福。臣益愿陛下有以全优容之本心。”〔1〕

（4）消谗慝以召和气。为消除谗慝感召和气，要罢除有害无利的三司条例司。

故臣以为，消谗慝以召和气，复人心而安国本，则莫若罢制置三司条例司。夫陛下之所以创此司者，不过以兴利除害也。使罢之而利不兴，害不除，则勿罢；罢之而天下悦，人心安，兴利除害，无所不可，则何苦而不罢？〔2〕

## 四、狱政狱情与气

狱政是指对监狱的管理。狱情是监狱内在押罪犯个体和群体的基本状况、言行表现、服刑态度、思想倾向等的总体情况。《东里文集》《震川先生集》等作品中反映出狱吏悉心平气审讯、以同气之义说教可以达到息讼教化的效果；不良刀笔之吏任治狱之吏，也会伤害国家吏政元气。《搜神记》《白居易诗集校注》记载的故事反映出不公平的刑狱会使受冤者之冤气、怨气感召灾异，而且刑狱的冤气、怨气也会结为异物。《杜甫全集》《苏轼文集》对旱情、丰年的解释则说明疏理刑狱可以消除怨气、冤气而感召和气祥瑞。《太平广记》《方望溪全集》中篇章则昭示绞缢之刑是借助气绝命亡的原理执行的；囚犯染疫状况也与体气强弱有关，体气强者不易感

〔1〕〔明〕杨士奇等：《历代名臣奏议》，四库全书影印本，第433册，上海古籍出版社1987年版，第120页。

〔2〕〔宋〕苏轼：《上神宗皇帝书》，见《苏轼集》，顾之川校点，岳麓书社2000年版，第948页。

染，或即使感染也很快就好了，体气弱者则很容易感染且不易恢复。这些都说明，在古人观念中，狱政狱情也是蕴含气理气义的，气与狱政狱情存在相互助益感应的内在关系。

（1）狱吏良劣关乎气。良善狱吏议狱时能悉心平气或晓以同气之义，则能达到息讼教化的效果。治狱之史若以不良刀笔之吏任之，则会伤国家吏政元气。

①延平至广西，问察民瘼。延平行部虑囚必平气悉心讯之，使尽其情，即服辜，故所至狱议殊死以下不当者，咸得直。[1]

②余杭民兄弟争田，各有私亲，持说主之累岁，有司不能决。府君至，悉屏其私亲，独召兄弟两人，导之同气友爱之义，晓譬深切，皆感悟。弟曰："实兄之田，我妄意争之。我不义也，请不敢复争。"兄亦曰："弟贫窭，我不恤之，致为此，我之不义。请以田与弟。"竟与弟。其明决类此。[2]

③古人有言：今之狱吏，上下相驱，以刻为明，深者获功名，平者多后患。鬻棺者欲其岁之疫，利在人死也。今治狱之吏犹此矣！又云：祖宗之仁德，犹元气之在人，不使有识缙绅之士议之，而使刀笔之吏弄其文墨，以伤元气，非国之福也。今所上囚帐，上写前供，故多深文刀笔之为，所有下吏所知，略条具于后，用助钦恤之万一，伏惟裁省。[3]

[1]〔明〕杨士奇：《东里文集》，刘伯涵、朱海点校，中华书局 1998 年版，第 321 页。
[2]〔明〕杨士奇：《东里文集》，刘伯涵、朱海点校，中华书局 1998 年版，第 324 页。
[3]〔明〕归有光：《震川先生集》，上海古籍出版社 2007 年版，第 923 页。

（2）刑狱不平致受冤者冤怨之气感召灾异。淳于伯冤死，冤气感应三年之旱；窦娥屈死，怨气感召六月飞雪。所以不公平的刑狱会使冤怨之气感召干旱、风雪等灾异。

①晋元帝建武元年六月，扬州大旱。十二月，河东地震。去年十二月，斩督运令史淳于伯，血逆流，上柱二丈三尺，旋复下流四尺五寸。是时淳于伯冤死，遂频旱三年。刑罚妄加，群阴不附，则阳气胜之。罚又冤气之应也。〔1〕

②【耍孩儿】不是我窦娥罚下这等无头愿，委实的冤情不浅；若没些儿灵圣与世人传，也不见得湛湛青天。我不要半星热血红尘洒，都只在八尺旗枪素练悬。等他四下里皆瞧见，这就是咱苌弘化碧，望帝啼鹃。（刽子云）你还有甚的说话？此时不对监斩大人说，几时说那？（正旦再跪科，云）大人，如今是三伏天道，若窦娥委实冤枉，身死之后，天降三尺瑞雪，遮掩了窦娥尸首。（监斩官云）这等三伏天道，你便有冲天的怨气，也召不得一片雪来，可不胡说！（正旦唱）【二煞】你道是暑气暄，不是那下雪天；岂不闻飞霜六月因邹衍？若果有一腔怨气喷如火，定要感的六出冰花滚似绵，免着我尸骸现；要什么素车白马，断送出古陌荒阡！（正里再跪科，云）大人，我窦娥死的委实冤枉，从今以后，着这楚州亢旱三年！（监斩官云）打嘴！那有这等说话！（正旦唱）【一煞】你道是天公不可期，人心不可怜，不知皇天也肯从人愿。做甚么三年不见甘霖降？也只为东海曾经孝妇冤，如今轮到你山阳县。这都是官吏每无心正法，使百姓有口难言！（刽子做磨旗科，云）怎么这一会儿天色阴了也？（内做风科，刽子云）好冷风也！（正旦唱）【煞尾】浮云为我阴，悲风为我旋，三

〔1〕〔晋〕干宝：《搜神记》，中州古籍出版社 2010 年版，第 157 页。

> 桩儿誓愿明题遍。（做哭科，云）婆婆也，直等待雪飞六月，亢旱三年呵，（唱）那其间才把你个屈死的冤魂这窦娥显！[1]

（3）冤狱冤情伤人志气，且致申诉怨气之行。司马迁、嵇康受冤入狱而使志气受屈；博陵崔氏，冤魂上诉怨气于天庭，且化为鬼怪以复仇。这些事件、故事说明冤狱冤情既会伤人志气，又会导致申诉怨气的狱讼、复仇。

> ①祸患如棼丝，其来无端绪。马迁下蚕室，嵇康就囹圄。抱冤志气屈，忍耻形神沮。当彼戮辱时，奋飞无翅羽。[2]

> ②唐开元二十五年，晋州刺史柳涣外孙女博陵崔氏，家于汴州。有扶风窦凝者，将聘焉，行媒备礼。而凝旧妾有孕，崔氏约遣妾后成礼。凝许之，遂与妾俱之宋州，扬舲下至车道口宿，妾是夕产二女，凝因其困羸毙之，实沙于腹，与女俱沉之。既而还汴，绐崔氏曰："妾已遣去。"遂择日结亲。后一十五年，崔氏产男女数人，男不育，女二人，各成长。永泰二年四月，无何，几上有书一函，开见之，乃凝先府君之札也。言汝枉魂事发，近在期月，宜疾理家事，长女可嫁汴州参军崔延，幼女嫁前开封尉李驲，并良偶也。凝不信，谓其妻曰："此狐狸之变，不足征也。"更旬日，又于室内见一书："吾前已示汝危亡之兆，又何颠倒之甚也。"凝尚犹豫，明日，庭中复得一书，词言哀切，曰："祸起旦夕。"凝方仓惶，妻曰："君自省如何。宜禳避之。"凝虽秘之，而实心惮妾事。五月十六日午

[1]〔元〕关汉卿：《窦娥冤》，见《元杂剧公案卷》，华夏出版社2000年版，第36页。

[2] 谢思炜：《白居易诗集校注》，中华书局2006年版，第203页。

时，人皆休息，忽闻扣门甚急。凝心动，出候之，乃是所杀妾，盛妆饰，前拜凝曰："别久安否？"凝大怖，疾走入内隐匿，其鬼随踵至庭，见崔氏。崔氏惊问之，乃敛容自叙曰："某是窦十五郎妾。凝欲娶娘子时，杀妾于车道口，并二女同命。但妾无负凝，而凝枉杀妾，凝欲娶妻，某自屏迹，奈何忍害某性命，以至于此。妾以贱品，十五余年，诉诸岳渎，怨气上达，闻于帝庭。上帝降鉴，许妾复仇。今来取凝，不干娘子，无惧也。"崔氏悲惶请谢："愿以功德赎罪，可乎？"鬼厉色曰："凝以命还命足矣，何功德而当命也？譬杀娘子，岂以功德可计乎！"词不为屈，乃骂凝曰："天网不漏，何用狐伏鼠窜！"便升堂擒得凝，而啮咬掐捩，宛转楚毒，竟日而去，言曰："汝未虑即死，且可受吾能事耳。"如是每日辄至，则啖嚼支体，其鬼或奇形异貌，变态非常，举家危惧，而计无从出，并搏二女，不堪其苦。于时有僧昙亮，颇善持咒，凝请之。置坛内阁，须臾鬼至，不敢升阶。僧让之曰："鬼道不合干人，何至是耶！吾召金刚，坐见糜碎。"鬼曰："和尚事佛，心合平等，奈何掩义隐贼。且凝非理杀妾，妾岂干人乎？上命照临，许妾仇凝，金刚岂私杀负冤者耶！"言讫登阶，擒凝如初。崔氏令僧潜求聘二女，鬼知而怒曰："和尚为人作媒，得无怍乎！"僧惭而去。后崔氏李氏聘女遁逃，而鬼不追，乃言曰："吾长缚汝足，岂能远耶。"数年，二女皆卒。凝中鬼毒，发狂，自食肢体，入水火，啖粪秽，肌肤焦烂，数年方死。崔氏于东京出家。众共知之。[1]

(4) 刑狱冤怨之气结为异物。冤死囚人冤气不散，会入地而聚结为物。

---

〔1〕《太平广记·窦凝妾》，见〔宋〕李昉等编：《太平广记》，中华书局1961年版，第919页。

①咸阳秦狱气，冤痛结为物。千岁不肯散，一沃亦销失。况兹儿女恨，及彼幽忧疾。快饮无不消，如霜得春日。方知曲糵灵，万物无与匹。[1]

②梁彭城王刘知俊镇同州日，因筑营墙，掘得一物，重八十余斤，状若油囊，召宾幕将校问之。或曰地囊，或曰飞廉，或曰金神七杀。独留源曰："此是冤气所结也。古来囹圄之地或有焉。昔王充据洛阳，修河南府狱，亦获此物，而远祖记之。乃冤死囚人，精爽入地，聚为此物。经百千年，凝结不散。源闻酒能忘忧，请奠以醇醪，或可消释耳。然此物之出，亦非吉征也。"知俊命具酒馔祝酹，复瘗之。寻有扳城背主奔秦之事，乃验之矣。出《鉴戒录》。[2]

（5）疏理刑狱可解冤怨之气，感召和气。如果狱吏只知系囚，而不能及时疏决，则会使怨气积、冤气盛，而招致干旱等自然灾害；如果能及时疏决，就会使怨气消、和气应而风调雨顺。

①今蜀自十月不雨，月旅建卯，非雩之时，奈久旱何？得非狱吏只知禁系，不知疏决，怨气积，冤气盛，亦能致旱？是何川泽之干也，尘雾之塞也，行路皆菜色也，田家其愁痛也？自中丞下车之初，军郡之政，罢弊之俗，已下手开济矣，百事冗长者，又以革削矣。独狱囚未闻处分，岂次第未到，为狱无滥系者乎？谷者百姓之本，百役是出，况冬麦黄枯，秦种不入，公诚能暂辍诸务，亲问囚徒，除

〔1〕〔唐〕白居易：《效陶潜体诗十六首》，见谢思炜：《白居易诗集校注》，中华书局2006年版，第498页。

〔2〕《太平广记·刘知俊》，见〔宋〕李昉等编：《太平广记》，中华书局1961年版，第1041页。

合死者之外，下笔尽放，使囹圄一空，必甘雨大降。但怨气消，则和气应矣。躬自疏决，请以两县及府系为始，管内东西两川，各遣一使，兼委刺史县令对巡使同疏决，如两县及府等囚例处分，众人之望也，随时之义也。〔1〕

②臣轼言。伏睹九月二十七日德音，以上清储祥宫成，减决四京及诸道见禁罪人者。灵光下烛，庆新宫之落成；霈泽旁流，洗庶狱之多罪。散为和气，坐致丰年。臣某诚欢诚忭，顿首顿首。〔2〕

（6）介气执刑。绞缢之刑是借助气绝命亡的原理执行的。

①汤氏子者，其父为乐平尉。令李氏，陇西望族。素轻易，恒以吴人狎侮，尉甚不平。轻为令所猥辱，如是者已数四，尉不能堪。某与其兄，诣令纷争。令格骂，叱左右曳下，将加捶楚，某怀中有剑，直前刺令，中胸不深，后数日死。令家人亦击某系狱。州断刑，令辜内死，当决杀。将入市，无悴容。有善相者云："少年有五品相，必当不死。若死，吾不相人矣。"施刑之人，加之以绳，决毕气绝。牵曳就狱，至夕乃苏。狱卒白官，官云："此手杀人，义无活理。"令卒以绳缢绝。其夕三更，复苏。卒又缢之，及明复苏。狱官以白刺史，举州叹异。而限法不可。呼其父，令自毙之。及于州门，对众缢绝。刺史哀其终始，命家收之。及将归第，复活。因葬空棺，养之暗室。久之无恙。乾元中，为全椒令卒。〔3〕

---

〔1〕〔唐〕杜甫：《说旱》，见《杜甫全集》，高仁标点，上海古籍出版社1996年版，第307页。

〔2〕〔宋〕苏轼：《上清储祥宫成贺德音表》，见《苏轼集》，顾之川校点，岳麓书社2000年版，第1090页。

〔3〕《太平广记·汤氏子》，见〔宋〕李昉等编：《太平广记》，中华书局1961年版，第2989页。

②凡死刑狱上，行刑者先俟于门外，使其党入索财物，名曰“斯罗”。富者就其戚属，贫则面语之。其极刑，曰：“顺我，即先刺心；否则四肢解尽，心犹不死。”其绞缢，曰：“顺我，始缢即气绝；否则三缢加别械，然后得死。”惟大辟无可要，然犹质其首。用此，富其赂数十百金，贫亦罄衣装；绝无有者，则治之如所言。主缚者亦然，不如所欲，缚时即先折筋骨。每岁大决，勾者十三四，留者十六七，皆缚至西市待命。其伤于缚者，即幸留，病数月乃瘳，或竟成痼疾。[1]

（7）狱情关乎气。监狱条件简陋，通气不畅，气息浑浊。春天气节变换时，囚犯大都会染病疫；而杀人重犯，因体强气壮而很少染病，或即使染病也很快就好了。

康熙五十一年三月，余在刑部狱，见死而由窦出者，日四三人。有洪洞令杜君者，作而言曰：“此疫作也。今天时顺正，死者尚稀，往岁多至日十数人。”余叩所以。杜君曰：“是疾易传染，遘者虽戚属，不敢同卧起。而狱中为老监者四，监五室。禁卒居中央，牖其前以通明，屋极有窗以达气。旁四室则无之，而系囚常二百余。每薄暮下管键，矢溺皆闭其中，与饮食之气相薄。又隆冬，贫者席地而卧，春气动，鲜不疫矣。狱中成法，质明启钥，方夜中，生人与死者并踵顶而卧，无可旋避，此所以染者众也。又可怪者，大盗积贼，杀人重囚，气杰旺，染此者十不一二，或随有瘳的；其骈死，皆轻系及牵连佐证法所不及者。”[2]

---

〔1〕〔清〕方苞：《方望溪全集》，中国书店 1991 年版，第 353 页。
〔2〕〔清〕方苞：《方望溪全集》，中国书店 1991 年版，第 352 页。

## 五、兴亡治乱与气

国家社会的盛衰兴亡是人为治理的优良拙劣、自然环境的适宜违逆、社会机制的流畅凝滞等各种因素通力作用的结果。对此，古人也有认识，并将之以气运、气数等气学概念形式表达出来。这些在古代文学作品中也有体现。明代杨士奇《东里文集》、罗贯中《三国演义》及清代魏源的《魏源全集》等书中有言：善德圣政可逆不良气运而使家国等祥顺兴盛，从人为治理的优良拙劣来看待国家社会的盛衰兴亡治乱；王道、人才、家国得气运的享祚久远兴盛，不得气运的受殃衰落，以及王朝京都享年气数、选择都城时选择有帝王之气的地方等，则从社会机制的流畅凝滞及自然环境的适宜违逆出发而谈论国家兴亡盛衰。

（1）王道、国家盛衰关乎气运。王道、人才、国家盛衰与气运息息相关。得气运的人才所到之处百物受其祥，国家享祚久远兴盛；不得气运的人才所到之处百物受其殃，国家衰落。

> ①甚哉功利之殃人，而王道不可一日熄乎！三皇以后，秦以前，一气运焉；汉以后，元以前，一气运焉；其历年有远近，即其得于先王维持之道有厚薄。故汉、唐、宋女祸、夷狄、乱臣、贼子迭出而不至遽亡，民生其间，得少休息十余世，披其牒，考其享祚历年之久近，而其所得于道之分数可知也。[1]

> ②三代以上之人材，由乎教化；三代以下之人材，乘乎气运。乘气运而生者，运尽则息，惟教化出之无穷。气运所生亦有二：国之将昌也，其人材皆如霆启蛰，乘春阳愤

---

〔1〕〔清〕魏源：《魏源全集》，岳麓书社 2011 年版，第 39 页。

盈，而所至百物受其祥；衰则反是，其人材如蛰墐户，湫闭槁窳，所至而百物受其怆恨。是以入其国，观其条教号令，聆其谣议文章，占其山川云物，而国之休悴可知也。[1]

（2）善德圣政可逆不良气运而致祥顺兴盛。家国的盛衰与气运相关，但善德之人可以召至和气，使与之相近的事物得此气而兴盛；圣王能逆乱世气运，通过拨乱反正达到安治天下。

①夫家之盛衰系乎气运，亦必有由于人者。盖善德可以致和气，凡物之近者必先得气，故随之而盛衰焉。[2]

②真人逆精以反气，圣人逆情以复性，帝王逆气运以拨乱反治。逆则生，顺则夭矣；逆则圣，顺则狂矣。[3]

（3）朝代兴亡有气数。王朝京都享年兴旺有气数。汉末，众人感觉汉王朝及东都洛阳气数已尽，纷纷谋立新君，重择帝都。

①卓曰："汉东都洛阳，二百余年，气数已衰。吾观旺气实在长安，吾欲奉驾西幸。汝等各宜促装。"司徒杨彪曰："关中残破零落。今无故捐宗庙，弃皇陵，恐百姓惊动。天下动之至易，安之至难。望丞相监察。"[4]

②天晚酒酣，允请卓入后堂。卓叱退甲士。允捧觞称贺曰："允自幼颇习天文，夜观乾象，汉家气数已尽。太师功德振于天下，若舜之受尧，禹之继舜，正合天心人意。"卓曰："安敢望此！"允曰："自古有道伐无道，无德让有德，岂过分乎！"卓笑曰："若果天命归我，司徒当为元

---

〔1〕〔清〕魏源：《魏源全集》，岳麓书社 2011 年版，第 57 页。

〔2〕〔明〕杨士奇：《东里文集》，刘伯涵、朱海点校，中华书局 1998 年版，第 4 页。

〔3〕〔清〕魏源：《魏源全集》，岳麓书社 2011 年版，第 35 页。

〔4〕〔明〕罗贯中：《三国演义》，中华书局 2005 年版，第 30 页。

勋。”允拜谢。[1]

③却说袁术在淮南，地广粮多，又有孙策所质玉玺，遂思僭称帝号；大会群下议曰：“昔汉高祖不过泗上一亭长，而有天下；今历年四百，气数已尽，海内鼎沸。吾家四世三公，百姓所归；吾效应天顺人，正位九五。尔众人以为何如？”主簿阎象曰：“不可。昔周后稷积德累功，至于文王，三分天下有其二，犹以服事殷。明公家世虽贵，未若有周之盛；汉室虽微，未若殷纣之暴也。此事决不可行。”[2]

④华歆引李伏、许芝近前奏曰：“陛下若不信，可问此二人。”李伏奏曰：“自魏王即位以来，麒麟降生，凤凰来仪，黄龙出现，嘉禾蔚生，甘露下降。此是上天示瑞，魏当代汉之象也。”许芝又奏曰：“臣等职掌司天，夜观乾象，见炎汉气数已终，陛下帝星隐匿不明；魏国乾象，极天际地，言之难尽。更兼上应图谶，其谶曰：鬼在边，委相连；当代汉，无可言。言在东，午在西；两日并光上下移。以此论之，陛下可早禅位。‘鬼在边，委相连’，是‘魏’字也；‘言在东，午在西’，乃‘许’字也；两日并光上下移，乃‘昌’字也：此是魏在许昌应受汉禅也。愿陛下察之。”帝曰：“祥瑞图谶，皆虚妄之事；奈何以虚妄之事，而遽欲朕舍祖宗之基业乎？”王朗奏曰：“自古以来，有兴必有废，有盛必有衰，岂有不亡之国、不败之家乎？汉室相传四百余年，延至陛下，气数已尽，宜早退避，不可迟疑；迟则生变矣。”帝大哭，入后殿去了。百官哂笑而退。[3]

---

〔1〕〔明〕罗贯中：《三国演义》，中华书局2005年版，第42页。
〔2〕〔明〕罗贯中：《三国演义》，中华书局2005年版，第96页。
〔3〕〔明〕罗贯中：《三国演义》，中华书局2005年版，第446页。

（4）依气机选择都城。三国时期，孙权听从张纮之言，迁都于有帝王之气的建业。

人报长史张纮辞疾回家，今已病故，有哀书上呈。权拆视之，书中劝孙权迁居秣陵，言秣陵山川有帝王之气，可速迁于此，以为万世之业。孙权览书，大哭，谓众官曰："张子纲劝吾迁居秣陵，吾如何不从？"即命迁治建业，筑石头城。〔1〕

## 六、圣贤凡庸与气

圣贤凡庸是古代根据才识智慧、道德品质等对人做出的评判和划分。圣贤多为才识卓绝、道德高尚之人，他们在社会中可以齐家治国、感化民众、移风易俗。凡庸一般指普通民众，是社会上的多数，以社会活动主要从事者的身份，推动历史进程。古人认为，不同的人是秉持天地不同的气而生的：圣贤凡庸的差别源于秉气的不同：圣贤才俊和显贵仁者是秉五行秀气及天地和气、正气所生；恶者是秉天地之邪气所生；奇优情痴是偶遇天地灵秀之气和残忍乖邪之气相碰撞搏击而生。同时，在古人观念中，不同禀赋的人，其余气消亡形式也不同，有的消亡得慢，有的不消亡；辅世名臣和劫世恶煞是因气数而生的；贤相能调和元气，同时也被当作国家元气。这些在《韩昌黎文集校注》《刘禹锡全集编年校注》《李太白全集》《红楼梦》《阅微草堂笔记》等文学作品中都有相应的表述。

（1）圣贤依五行秀气及天地和气、正气而生。圣贤才俊和显贵之人，皆为五行秀气与天地和气、正气所生。

①呜呼，天高而明，地厚而平。五气叙行，万汇顺成。

〔1〕〔明〕罗贯中：《三国演义》，中华书局2005年版，第340页。

交感旁畅，圣贤以生。[1]

②五行秀气，得之居多者为俊人，其色潋滟于颜间，其声发而为文章。天之所与，有物来相，彼由学而致者，如工人染夏，以视羽畎，有生死之殊矣。初，贞元中，天子之文章焕乎垂光，庆霄在上，万物五色。天下文人，为气所召，其生乃蕃。灵芝菱莆，与百果齐坼，然煌煌翘翘，出乎其类，终为伟人者，几希矣。……东平吕和叔实生是时，而绝人远甚。……物为大欲。每与其徒讲疑考要，王霸富强之术，臣子忠孝之道，出入上下百千年间，诋诃角逐，叠发连注，得一善，辄盱衡击节，扬袂顿足，信容得色，舞于眉端。以为按是言，循是理，合乎心而气将之，昭昭然若揭日月而行，孰能阏其势而争夫光者乎！呜呼！言可信而时异，道甚长而命窄，精气为物，其有所归乎！[2]

③呜呼，天以和气，钟于贵人，含光不曜，煦物如春。发自贡士，骤为庭臣，鸿雁联行，共陵青云。既操利权，兼秉国钧，食禄甚厚，奉身如贫。井络之隅，益部为大；斗牛之下，扬州繁会。[3]

④天以大运生万物，而以正气钟贤人。至和来宅，其德乃具，公实有焉。[4]

---

〔1〕〔唐〕韩愈：《祭汴州董相公文》，见马其昶校注：《韩昌黎文集校注》，上海古籍出版社 1986 年版，第 687 页。

〔2〕〔唐〕刘禹锡：《唐故衡州刺史吕君集纪》，见陶敏、陶红雨校注：《刘禹锡全集编年校注》，岳麓书社 2003 年版，第 1057—1059 页。

〔3〕〔唐〕刘禹锡：《代诸郎中祭王相国文》，见陶敏、陶红雨校注：《刘禹锡全集编年校注》，岳麓书社 2003 年版，第 1136 页。

〔4〕〔唐〕刘禹锡：《唐故朝议郎赠司空奚公神道碑》，见《刘禹锡集》，上海人民出版社 1975 年版，第 22 页。

⑤天地既以其正气为河岳、为星日，复以余气为日月星辰之怪石。河岳精灵钟伟人，伟人既生石亦出。吁嗟乎！石不自今日而始，石亦不自今日而终。信国与之亦偶逢，遂令千载见者怀清风。当年喋血戎马中，与尔坚白之质相磨砻。方谓事定策尔功，天枢一绝徒相从。天枢绝，坤维裂，潮无信，海水竭，御舟覆，崖山蹶。丰隆伐鼓呼列缺，云师狂奔风烈烈，双轮碎碾蔚蓝屑，万星尽向沧溟灭，竹如意断冬青歇，叠山之外谁见节。斯时日月星辰安在哉？赖此片石独留不夜之星辰，长明之日月！〔1〕

（2）天赋刚健、纯粹之气于欲贵之人。上天要想使某人贵显，就赋予其刚健、纯粹之气；得到这种刚健、纯粹之气，就会志行高远、明达渊博，成为仁义忠信、道德高尚之人。

柳子曰：仁义忠信，先儒名以为天爵，未之尽也。夫天之贵斯人也，则付刚健、纯粹于其躬，倬为至灵，大者圣神，其次贤能，所谓贵也。刚健之气，钟于人也为志，得之者，运行而可大，悠久而不息，拳拳于得善，孜孜于嗜学，则志者其一端耳。纯粹之气，注于人也为明，得之者，爽达而先觉，鉴照而无隐，盹盹于独见，渊渊于默识，则明者又其一端耳。明离为天之用，恒久为天之道，举斯二者，人伦之要尽是焉。故善言天爵者，不必在道德忠信，明与志而已矣。〔2〕

（3）秉气不同而致品性迥异。不同的人是秉持天地不同的气而

〔1〕〔清〕谭嗣同：《文信国日月星辰砚歌并叙》，见《谭嗣同全集》，中华书局 1982 年版，第 72 页。

〔2〕〔唐〕柳宗元：《天爵论》，见《柳宗元全集》，曹明纲标点，上海古籍出版社 1997 年版，第 21 页。

生的。仁者是秉天地之正气所生，如尧、舜、禹、汤、文、武等人；恶者是秉天地之邪气所生，如蚩尤、共工、桀、纣等；逸士高人、奇优情痴是偶遇天地灵秀之气和残忍乖邪之气相碰撞搏击而生的，如许由、陶潜、秦少游、卓文君等。

> 雨村道："天地生人，除大仁大恶，余者皆无大异。若大仁者则应运而生，大恶者则应劫而生，运生世治，劫生世危。尧、舜、禹、汤、文、武、周、召、孔、孟、董、韩、周、程、朱、张，皆应运而生者；蚩尤、共工、桀、纣、始皇、王莽、曹操、桓温、安禄山、秦桧等，皆应劫而生者。大仁者修治天下，大恶者扰乱天下。清明灵秀，天地之正气，仁者之所秉也；残忍乖僻，天地之邪气，恶者之所秉也。今当祚永运隆之日，太平无为之世，清明灵秀之气所秉者，上自朝廷，下至草野，比比皆是。所余之秀气漫无所归，遂为甘露、为和风，洽然溉及四海。彼残忍乖邪之气，不能荡溢于光天化日之下，遂凝结充塞于深沟大壑之中。偶因风荡，或被云摧，略有摇动感发之意，一丝半缕误而逸出者，值灵秀之气适过，正不容邪，邪复妒正，两不相下；如风水雷电地中既遇，既不能消，又不能让，必致搏击掀发。既然发泄，那邪气亦必赋之于人。假使或男或女偶秉此气而生者，上则不能为仁人为君子，下亦不能为大凶大恶。置之千万人之中，其聪俊灵秀之气，则在千万人之上；其乖僻邪谬不近人情之态，又在千万人之下。若生于公侯富贵之家，则为情痴情种。若生于诗书清贫之族，则为逸士高人。纵然生于薄祚寒门，甚至为奇优，为名娼，亦断不至为走卒健仆，甘遭庸夫驱制。如前之许由、陶潜、阮籍、嵇康、刘伶、王谢二族、顾虎头、陈后主、唐明皇、宋徽宗、刘庭芝、温飞卿、米南宫、石

曼卿、柳耆卿、秦少游，近日倪云林、唐伯虎、祝枝山，再如李龟年、黄幡绰、敬新磨、卓文君、红拂、薛涛、崔莺、朝云之流，此皆易地则同之人也。”[1]

（4）不同禀赋品性的人，余气消亡形式不同。古人认为，人的余气为鬼，一般而言余气会渐渐消亡。不消亡的有三种情况：忠孝节义的人，正气不会消亡；勇猛的将士，刚气不会消亡；硕学鸿儒，灵气不会消亡。消亡得慢的也有三种情况：含怨恨而死的人，则怨结而气聚不遽消；大富大贵的人，其精壮气亦不遽消；幽怨多情的人，情感专一而气亦凝结不遽消。至于凶残狠悍的人，他们的戾气也不会很快消亡，十有八九会堕入地狱。

顾郎中德懋亦云判冥。后自言以泄漏阴府事，谪为社公，无可验也。余尝闻其论冥律，已载《滦阳消夏录》中。其论鬼之存亡，亦颇有理。大意谓人之余气为鬼，气久则渐消。其不消者有三：忠孝节义，正气不消；猛将劲卒，刚气不消；鸿材硕学，灵气不消。不遽消者亦三：冤魂恨魄，茹痛黄泉，其怨结则气亦聚也；大富大贵，取多用宏，其精壮则气亦盛也；儿女缠绵，埋忧赍恨，其情专则气亦凝也。至于凶残狠悍，戾气亦不遽消，然堕泥犁者十之九，又不在此数中矣。[2]

（5）丞相为国之元气。古人认为，丞相能调和元气，同时，丞相也被当作国家元气。

①胡马渡洛水，血流征战场。千门闭秋景，万姓危朝霜。贤相燮元气，再欣海县康。台庭有夔龙，列宿粲

[1]〔清〕曹雪芹：《红楼梦》，上海古籍出版社2009年版，第13页。

[2]〔清〕纪昀：《阅微草堂笔记》，吉林文史出版社1997年版，第355页。

成行。羽翼三元圣，发辉两太阳。应念覆盆下，雪泣拜天光。[1]

②吏部考功主事欧阳哲重修族谱一卷。哲世居泰和之蜀江里，其先出唐吉州刺史琮，因有家于吉。琮七世孙曰彪，曰彤。彪，宋文忠公修所自出也。彤会昌中举进士，官至工部尚书，子泽居吉之永和镇泽。……惟欧阳氏自亭侠以来，世有闻人，而莫盛于文忠。后二十年监丞继出。二公文学忠烈炳然于天下，后世君子论其人，盖国家之元气也。[2]

③然文安云卢陵胡氏、杨氏皆国家之元气。[3]

（6）明辅和恶煞是应气数而降生。古人认为，天地降生人才，朝廷设立官职，是用来补救国家气数的。神灵下凡，为名臣辅佐国君；魔怪降世，为恶煞纵横杀劫。

①献县令明晨，应山人，尝欲申雪一冤狱，而虑上官不允，疑惑未决。儒学门斗有王半仙者，与一狐友，言小休咎多有验，遣往问之。狐正色曰："明公为民父母，但当论其冤不冤，不当问其允不允，独不记制府李公之言乎？"门斗返报，明为悚然。因言制府李公卫未达时，尝同一道士渡江。适有与舟子争诟者，道士太息曰："命在须臾，尚较计数文钱耶？"俄其人为帆脚所扫，堕江死。李公心异之。中流风作，舟欲覆。道士禹步诵咒，风止得济。李公再拜谢更生。道士曰："适堕江者，命也，吾不能救。公

〔1〕〔唐〕李白：《狱中上崔相涣》，见《李太白全集》，王琦注，中华书局1977年版，第560页。
〔2〕〔明〕杨士奇：《东里文集》，刘伯涵、朱海点校，中华书局1998年版，第72页。
〔3〕〔明〕杨士奇：《东里文集》，刘伯涵、朱海点校，中华书局1998年版，第135页。

贵人也，遇厄得济，亦命也，吾不能不救。何谢焉？”李公又拜曰：“领师此训，吾终身安命矣。”道士曰：“是不尽然。一身之穷达，当安命，不安命则奔竞排轧，无所不至。不知李林甫、秦桧，即不倾陷善类，亦作宰相，徒自增罪案耳。至国计民生之利害，则不可言命。天地之生才，朝廷之设官，所以补救气数也。身握事权，束手而委命，天地何必生此才，朝廷何必设此官乎？晨门曰：‘是知其不可而为之。’诸葛武侯曰：‘鞠躬尽瘁，死而后已。成败利钝，非所逆睹。’此圣贤立命之学，公其识之。”李公谨受教，拜问姓名。道士曰：“言之恐公骇。”下舟行数十步，翳然灭迹。昔在会城，李公曾话是事。不识此狐何以得也。〔1〕

②表兄安天石，尝卧疾，魂至冥府，以此问司籍之吏。吏曰：“有轮回，有不轮回。轮回者三途：有福受报，有罪受报，有恩有怨者受报。不轮回者亦三途：圣贤仙佛不入轮回，无间地狱不得轮回，无罪无福之人，听其游行于墟墓，余气未尽则存，余气渐消则灭。如露珠水泡，倏有倏无；如闲花野草，自荣自落。如是者无可轮回。或无依魂魄，附人感孕，谓之偷生。高行缁黄，转世借形，谓之夺舍。是皆偶然变现，不在轮回常理之中。至于神灵下降，辅佐明时；魔怪群生，纵横杀劫。是又气数所成，不以轮回论矣。”天石固不信轮回者，病痊以后，尝举以告人曰：“据其所言，乃凿然成理。”〔2〕

〔1〕〔清〕纪昀：《阅微草堂笔记》，吉林文史出版社1997年版，第5页。
〔2〕〔清〕纪昀：《阅微草堂笔记》，吉林文史出版社1997年版，第102页。

# 参考文献


1.〔春秋〕左丘明:《国语》,〔三国吴〕韦昭注,胡文波校点,上海古籍出版社 2015 年版。

2.〔汉〕董仲舒:《春秋繁露》,中华书局 1975 年版。

3.〔汉〕陆贾:《新语校注》,王利器校注,中华书局 1986 年版。

4.〔汉〕王充:《论衡》,上海人民出版社 1974 年版。

5.〔唐〕李林甫等:《唐六典》,中华书局 1992 年版。

6.〔唐〕李白:《李太白全集》,王琦注,中华书局 1977 年版。

7.〔唐〕韩愈:《韩昌黎文集校注》,上海古籍出版社 1986 年版。

8.〔唐〕柳宗元:《柳宗元集》,中国书店 2000 年版。

9.〔宋〕宋敏求:《唐大诏令集》,四库全书影印本,上海古籍出版社 1987 年版。

10.〔宋〕程颢、程颐:《二程遗书》,上海古籍出版社 2000 年版。

11.〔宋〕黎靖德编:《 朱子语类》,海南国际新闻出版中心 1995 年版。

12.〔南宋〕宋慈:《洗冤集录校译》,杨奉琨校译,群众出版社 1980 年版。

13.〔明〕杨士奇等:《历代名臣奏议》,四库全书影印本,上海古籍出版社 1987 年版。

14.〔明〕罗贯中:《三国演义》,中华书局 2005 年版。

15.〔清〕王夫之:《黄书 噩梦》,中华书局 1956 年版。

16.〔清〕曹雪芹:《红楼梦》，上海古籍出版社 2009 年版。
17.〔清〕纪昀:《阅微草堂笔记》，吉林文史出版社 1997 年版。
18.〔清〕阮元校刻:《十三经注疏》，中华书局 1980 年版。
19.〔清〕戴望:《管子校正》，中华书局 1954 年版。
20.〔清〕王先谦:《荀子集解》，中华书局 1988 年版。
21.〔清〕王先慎:《韩非子集解》，中华书局 1954 年版。
22.〔清〕严万里校:《商君书》，中华书局 1954 年版。
23. 杨伯峻译注:《论语译注》，中华书局 1980 年版。
24. 田涛、郑秦点校:《大清律例》，法律出版社 1999 年版。
25. 刘俊文点校:《唐律疏议》，法律出版社 1999 年版。
26. 冯友兰:《冯友兰文集》，长春出版社 2017 年版。
27. 张立文主编:《气》，中国人民大学出版社 1990 年版。
28. 曾振宇:《中国气论哲学研究》，山东大学出版社 2001 年版。
29. 杨一凡、徐立志主编:《历代判例判牍》，中国社会科学出版社 2005 年版。
30. 严存生:《法律的人性基础》，中国法制出版社 2016 年版。
31［日］小野泽精一、福永光司、山井涌编:《气的思想：中国自然观与人的观念的发展》，李庆译，上海人民出版社 2014 年版。
32. 李平:《“法”义新论》，载《现代法学》2013 年第 2 期。

# 后　记

时值五月，草长莺飞，百花争艳，我们跋书山涉文海，历时六年多编撰的《法与气》书稿即将付梓，心中在充满期待的同时，亦怀有无比的激动和良多感慨。

作为“中国传统法哲学基本范畴研究”丛书中的一部，《法与气》的撰写紧紧围绕丛书“是中国传统文化中关于某题目的论述、描述、解释、刻画、反映、展现、运用的综合或整合”的要求，将写作重点放在对传统文献的梳理和筛选上，通过对传统典籍文献、古代法典、古代案例、古代文学作品中有关法与气关系资料的收集、整理、归纳、分析，概括出包含原理规律、典章制度、刑罚律令、风俗习惯等广义法概念范畴的法与气的关系的不同义项和历史表达。

全书的写作采取的是以概念分析为着眼点，从小节到章再到绪论的逐级归纳方法。每一节有对该节内容的总结和概括，每章先对该章下各节内容进行归纳总结和概括，而绪论又是对全书内容的归纳总结和概括。突破往常以时代、学派或人物等为纲的撰写惯例，本书各章以文献类别来统领立目，旨在使全书既形成对传统法气关系思想的较系统的阐述，亦成为传统法气关系资料的集中展现，以实现此书是法气关系研究的滥觞之作、亦是法气关系研究的奠基之作的目标。

孔子以“四毋”教诫学生做人，法律审判讲究“以事实为根据，以法律为准绳”，这些都在强调待人处事的客观公正态度。写作此书时，面对浩繁的文献资料及其蕴含的思想，不断进行分析、判断、归类和概括，此刻，我们就成了文献资料的“检察官”和“法官”，需要细心审阅，合理裁决。我们深知，只有较为全面客观地呈现传统法气关系文献及其蕴含的法气关系思想，才能算是对古人思想的公正对待和客观评判，故而书中对古代截然相反的法气关系思想及其史料亦做了客观呈现和概括；将传统文献中蕴含的法气关系思想概括为“相表里、互致用”和“相独立、互不预”两大流派；对两大流派的观念持以平等对待、各有优长的态度和评判。

“书到用时方恨少，事非经过不知难。”我们曾在讨论书稿有关事宜时和本丛书项目负责老师庞从容编辑开玩笑说：“平生忙读他人书，也愿有书他人读。”现在才真真切切体会到这个“有书”的过程是多么不容易了！从项目的选题研讨、审报时的材料准备到书稿完成时的三审三校等，每一步都倾注了主编、编委、编审和编辑老师的巨大心血。主编於兴中、李其瑞二位老师多次亲自指导图书编撰，编委俞荣根、黄源盛等老师积极参与研讨、提出建议，外审专家霍存福老师细心评阅书稿并拨冗赐序。在他们身上我们充分感悟到了前辈学者对文化的兢兢业业、无私奉献，感受到了长者老师对后生的栽培和造就！庞从容和薛迎春两位编辑老师，一人负责项目申报，一人负责图书编校。在多次电话商讨书稿事宜中，我暗暗赞叹两位老师的敬业精神和业务能力。庞老师办事雷厉风行，勇毅果敢，又细密周全，曾为申报项目连夜奋战；薛老师校稿逻辑严密，精益求精，能敏锐地发现书稿中的失误之处，显示出高超的编辑水平。即将“有”的这本书的背后，就是这些老师们的默默付出和辛苦劳作，在此我们对各位老师致以深深感谢！

古来著书，有有序，有无序，有他序，有自序。读有序的书，如走生路，来人引导，就更易行走而且可得到切磋交流的快乐；读无序的书，如独自行走新路，需自己探索，多方打听，方可知其方向状况；他序如他人指路，既可以明白道路方向、亦可以分享他人的行走体验和感受；自序如主人自报家门路径，内外细节一目了然，会省却许多考索探究之苦。于此，在本书出版之际，我们草草完成此记，记录下其撰著始末。

作者

2023 年 5 月 3 日